VOL. 42

Dados Internacionais de Catalogação na Publicação (CIP)
(Câmara Brasileira do Livro, SP, Brasil)

Terapia de vida passada: uma abordagem profunda do inconsciente / Livio Tulio Pincherle organizador. – São Paulo: Summus, 1990. (Novas buscas em psicoterapia; v. 42)

Bibliografia.
ISBN 85-323-0070-7

1. Cura mental 2. Hipnotismo 3. Reencarnação e psicoterapia I. Pincherle, Livio Tulio. II. Título. III. Série.

	CDD-131
	-154.7
90-1246	-615.851

Índices para catálogo sistemático:

1. Cura mental : Terapias mentais   615.851
2. Hipnose : Psicologia   154.7
3. Psicoterapia e reencarnação   131
4. Reencarnação : Parapsicologia   131
5. Reencarnação e psicoterapia   131

Compre em lugar de fotocopiar.
Cada real que você dá por um livro recompensa seus autores
e os convida a produzir mais sobre o tema;
incentiva seus editores a encomendar, traduzir e publicar
outras obras sobre o assunto;
e paga aos livreiros por estocar e levar até você livros
para a sua informação e o seu entretenimento.
Cada real que você dá pela fotocópia não autorizada de um livro
financia o crime
e ajuda a matar a produção intelectual de seu país.

Terapia de vida passada

Uma abordagem profunda do inconsciente

Livio Tulio Pincherle
Herminia Prado Godoy
Dirce Barsottini
Maria Teodora Guimarães
Maria Elisa dos Santos
Ricardo Mazzonetto
Michel C. Maluf
Tirço José Merluzzi Filho

summus editorial

TERAPIA DE VIDA PASSADA
Uma abordagem profunda do inconsciente
Copyright© 1990 by Dirce Barsottini, Hermínia Prado Godoy, Livio Tulio Pincherle, Maria Elisa dos Santos, Maria Teodora Guimarães, Michel C. Maluf, Ricardo Mazzonetto, Tirço José Merluzzi Filho.
Direitos desta edição reservados por Summus Editorial

Capa: **Ettore Bottini**

Summus Editorial

Departamento editorial:
Rua Itapicuru, 613 – 7º andar
05006-000 – São Paulo – SP
Fone: (11) 3872-3322
Fax: (11) 3872-7476
http://www.summus.com.br
e-mail: summus@summus.com.br

Atendimento ao consumidor:
Summus Editorial
Fone: (11) 3865-9890

Vendas por atacado:
Fone: (11) 3873-8638
Fax: (11) 3873-7085
e-mail: vendas@summus.com.br

Impresso no Brasil

NOVAS BUSCAS EM PSICOTERAPIA

Esta coleção tem como intuito colocar ao alcance do público interessado as novas formas de psicoterapia que vêm se desenvolvendo mais recentemente em outros continentes.

Tais desenvolvimentos têm suas origens, por um lado, na grande fertilidade que caracteriza o trabalho no campo da psicoterapia nas últimas décadas, e, por outro, na ampliação das solicitações a que está sujeito o psicólogo, por parte dos clientes que o procuram.

É cada vez maior o número de pessoas interessadas em ampliar suas possibilidades de experiência, em desenvolver novos sentidos para suas vidas, em aumentar sua capacidade de contato consigo mesmas, com os outros e com os acontecimentos.

Estas novas solicitações, ao lado das frustrações impostas pelas limitações do trabalho clínico tradicional, inspiram a busca de novas formas de atuar junto ao cliente.

Embora seja dedicada às novas gerações de psicólogos e psiquiatras em formação, e represente enriquecimento e atualização para os profissionais filiados a outras orientações em psicoterapia, esta coleção vem suprir o interesse crescente do público em geral pelas contribuições que este ramo da Psicologia tem a oferecer à vida do homem atual.

NOVAS BUSCAS EM PSICOTERAPIA

SÉRIE B: NOSSAS BUSCAS

Nossas Buscas deseja se constituir num espaço aberto a ser preenchido por publicações de autores nacionais. Sem negar as dimensões universais dos problemas humanos, que independem de contingências históricas e culturais, Nossas Buscas quer deter-se sobre a maneira específica como está acontecendo entre nós a psicoterapia.

Sem se negar a autores mais antigos e mais publicados, aspira privilegiar as gerações de psicoterapeutas formados nestes últimos vinte anos. Tais gerações são oriundas das anteriores. Devem-lhes muito. É necessário que paguem esta dívida. Sobretudo, andando com as próprias pernas, pensando com a própria cabeça. Transformando em frutos o que receberam em gérmen.

Sem se tornar um veículo de modas, Nossas Buscas pretende fazer com que a atualidade em psicoterapia seja mais perceptível. Com seus erros e acertos. Facilitar a passagem do que vem para passar, possibilitar a fixação do que vier para ficar. Nossas Buscas é um desafio aos psicoterapetuas que estão em atuação.

Cresce o número de pessoas que procuram a psicoterapia. Para tentar resolver suas dificuldades e para ampliar suas possibilidades de viver. A estas pessoas se dedica, e se oferece como fonte de informação esta série B: Nossas Buscas em Psicoterapia.

ÍNDICE

Introdução à segunda edição — *Livio Tulio Pincherle*..... 9

Introdução — *Livio Tulio Pincherle* 11

Filosofia e ciência
Livio Tulio Pincherle 13

Papéis vivenciados em Terapia de Vida Passada
Maria Elisa dos Santos 77

Concepção, vida intra-uterina e parto nas terapias regressivas
Dirce Barsottini 83

A TVP nas doenças mentais graves (psicoses)
Maria Teodora Guimarães 111

Relação terapeuta/cliente
Hermínia Prado Godoy 131

Contribuições da parapsicologia
Ricardo Mazzonetto 139

Desdobramento e vivências extracorpóreas (um estado de vigília transistencial)
Tirço José Merluzzi Filho 159

A reencarnação sob o ponto de vista científico
Michel C. Maluf 165

Felix qui potuit rerum cognoscere causas

Virgílio, *As geórgicas.*

(Feliz de quem pôde conhecer as causas das coisas)

Dedicado à memória do
Dr. Alberto Lyra
24/08/1907 — 05/06/1988

Nosso mestre, psiquiatra espiritualista,
escritor de importantes obras, que
nos ensinou a olhar para os fenômenos
psíquicos a partir de diferentes pontos
de vista: da ciência e da intuição.

INTRODUÇÃO À SEGUNDA EDIÇÃO

Ao lançarmos esta segunda edição, parece-nos importante chamar a atenção para um fato. No espaço de apenas um ano do lançamento da primeira edição, a procura dessa forma atual de terapia regressiva tem aumentado de uma maneira notável. Há necessidade de psicoterapias mais ativas e mais rápidas, apesar do fato que profissionais psicoterapeutas ainda acreditam que somente poderão ser alcançados resultados de uma forma lenta e gradual. Terapias sem limites não cabem mais num mundo em evolução rápida.

Desejo ainda frisar três fatos:

O PRIMEIRO — O cérebro humano tem uma enorme gama de possibilidade de resolver problemas que ele mesmo criou, por caminhos os mais variados. Resultados podem ser obtidos mesmo misturando-se técnicas e filosofias diversas. Behaviorismo, Programação neurolinguística, Terapia da Gestalt, Terapia de Vida Passada, massagens, terapias corporais as mais diversas, Terapia cognitiva etc. podem somar-se, e facilitar o autoconhecimento e mesmo a cura de determinados problemas.

O SEGUNDO — Conceitos que pareciam representar dois extremos opostos, como MATERIALISMO e ESPIRITUALISMO, não podem mais ser aceitos perante os conhecimentos atuais da física moderna. Aquilo que nos parece a realidade física é apenas uma construção cerebral de um universo tridimensional ou, como Pibram admite, uma espécie de holografia construída por outro holograma, que nós chamamos de cérebro. O átomo indivisível de Leucipo e Demócrito, há muito tempo deixou de ser aceito. A níveis subatômicos, conceitos excessivamente banais daquilo que é matéria devem ser considerados apenas simplórios.

O TERCEIRO — Pesquisas sobre o ALÉM DA VIDA não podem ser deixadas apenas às várias religiões existentes em nosso planeta, por mais respeitáveis que elas possam ser, mas muitas vezes conflitantes entre si. A psicologia da profundidade deve e pode tomar consciência de uma enorme gama de fenômenos relegados à margem da ciência, como muitos fenômenos parapsicológicos e mesmo a reencarnação. Enfrentar conceitos solidamente arraigados requer coragem, estudo e pesquisa, e a decisão de não respeitar limites clássicos ou opiniões de um ou outro famoso mestre. O conhecimento evolui através de desafios, inovações e aprimoramentos perenes e sem fronteiras. As psicoterapias são, portanto, modificáveis e só existe um limite: não ser nocivo para o cliente.

Livio T. Pincherle

Outubro/91

Introdução

Tratamento psicoterapêutico
pela Terapia de Vida Passada

A proposta de escrever um livro sobre "Terapia de Vida Passada" surgiu como conseqüência lógica da criação da "Associação Brasileira de Terapia de Vida Passada" em fins do ano de 1987. Para isso, todavia, parecia-nos necessária a criação de uma estrutura social que se dedicasse à formação de pessoas que, além de interessadas na aplicação prática dessa forma de terapia, quisessem dedicar-se também ao estudo e à produção de literatura nessa nova linha transpessoal. Quando tive a honra de ser eleito o primeiro presidente da ABTVP, senti logo que ao meu redor teria realmente um grupo altamente interessado no assunto e capacitado a levar adiante a nossa proposta.

Creio que para que alguém possa ser um bom presidente de qualquer entidade, e até mesmo de um país, precisa sempre cercar-se de pessoas adequadas e motivadas. Não tenho qualquer dúvida de que meus colegas e minhas colegas, tanto psicólogos quanto médicos, orientados psicoterapeuticamente, têm todas as qualidades necessárias, a vontade e a constância, para fazer progredir a associação e levar adiante suas metas de criar novos alunos e produzir cientificamente.

A literatura sobre TVP é paupérrima entre nós; portanto, escrever uma publicação ampla sobre o assunto pareceu-nos primordial.

Este volume é portanto o primeiro resultado de tudo o que citei acima. Os autores apresentar-se-ão por si, com seus títulos, mas não posso furtar-me a deixar aqui registrado um sincero agradecimento à dra. Maria Teodora R. Guimarães, nossa diretora científica, que orientou o estatuto e o programa de formação de maneira similar à que está sendo posta em prática nos Estados Unidos pela Association for Past Life Research and Therapy, onde ela estudou.

Vai aqui também uma lembrança especial à dra. Maria Júlia P. Moraes Priéto Peres, presidente de uma associação irmã, a quem devemos o início de todo este movimento desde a vinda ao Brasil do dr. Netherton, convidado pela Associação Médico-Espírita sediada em São Paulo.

Tudo o que pode ser lido neste livro é dedicado fundamentalmente aos nossos alunos e a todas as pessoas de espírito aberto, que se interessam por uma moderna psicoterapia em bases espiritualistas, de grande atividade e principalmente atualidade. Sei que teremos que defender um ponto de vista muitas vezes bem diferente daquele de outras correntes psicoterapêuticas, mais materialistas, mas não existe progresso sem luta. São as novas idéias que criam o progresso. Tudo que aqui vai é uma idéia nova do ponto de vista psicoterapêutico, mas baseada em conceitos tão antigos como a história da civilização, durante a qual o homem sempre se perguntou por que vivemos, por que sofremos e para onde vamos.

Livio Tulio Pincherle

Filosofia e ciência

Livio Tulio Pincherle

Neste livro, antes de apresentarmos propriamente o que é TERAPIA DE VIDA PASSADA, procuraremos propor uma série de explicações e definições que possam aproximar conceitos filosóficos de uma visão científica, porque nos dias atuais não é possível uma propositura meramente espiritualista. Por outro lado, veremos como são insuficientes os conceitos materialistas ligados apenas à visão newtoniana-cartesiana em certas condições específicas. Aquilo que parece válido num universo próximo e macroscópico, ligado aos nossos "cinco sentidos", torna-se inadequado para explicar fenômenos subatômicos, onde só um universo polidimensional é aceitável. Certos fenômenos mentais e espirituais não são compreensíveis no espaço-tempo vulgarmente aceito.

No ano de 1986 a Universidade de Campinas, UNICAMP, sensível a novos direcionamentos e tendências da cultura, e partindo de uma visão mais holística do conhecimento humano, abriu suas portas para alguns simpósios que visavam discutir um assunto que basicamente se ligava ao suposto dualismo entre mente e matéria.

O professor dr. Amilcar O. Herrera dizia: "Ainda que as características atribuídas à mente variem muito de acordo com os estudiosos, existe um acordo geral sobre quatro propriedades fundamentais:

Pensamento
Conhecimento
Capacidade de conhecer-se a si mesmo
Propósito ou vontade.

Quanto à natureza da mente, alguns são dualistas: MENTE e MATÉRIA são entidades diferentes, e outros são monistas. Entre os primeiros estão Aristóteles, Platão, Plotino, São Tomás de Aquino, Hume, Locke, Descartes, Spinoza e outros, e, entre os modernos, William James. Os monistas principais são Lucrécio e Hobbes, para os quais a mente é um epifenômeno da matéria. Para Berkeley, a matéria não existe. Existe apenas a mente.

O prof. dr. M. R. Covian afirmava:

"Apesar dos avanços dos últimos anos, a natureza intrínseca da relação entre cérebro e mente permanece ainda um enigma. A tendência científica atual é a seguinte:

a) Os estados mentais são independentes dos eventos cerebrais.

b) Trata-se de fazer a mente acessível à ciência.

c) Cérebro e mente são idênticos.

d) A mente aparece como entidade emergente da atividade cerebral.

e) Não se pode esperar que um neurônio ou um conjunto de neurônios, ou uma área cortical, possa isoladamente perceber, sentir, experimentar ou pensar".

O prof. dr. Waldir Alves Rodrigues Jr. por sua vez dizia:

"Alguns desenvolvimentos recentes da física teórica e experimental, bem como a compreensão mais profunda do significado e da validade das teorias físicas, sugerem um rompimento com o dualismo MENTE-MATÉRIA que acompanhou o desenvolvimento da ciência, principalmente depois da revolução científica. Discutimos o PRINCÍPIO ENTRÓPICO, e tudo isso implica necessariamente a participação do universo. Portanto, nas teorias físicas deve-se estudar as propostas recentes de J. E. Charon".

Esses simpósios da UNICAMP mostraram como a física moderna interessa-se cada vez mais por toda uma fenomenologia mental que nos últimos séculos parecia pertencer apenas ao âmbito da psicologia, ou até da sociologia e, há menos tempo, da medicina psiquiátrica. Esta lidaria com a "mente patológica" como doença do sistema nervoso central. Se de um lado os avanços da pesquisa sobre o funcionamento íntimo do cérebro abrem novas esperanças para aliviar o sofrimento da mente humana, isto ainda não prova, até onde chegam nossos conhecimentos deste fim de milênio, que mente e cérebro sejam a mesma coisa, ou que uma seja subproduto do outro.

Por outro lado, existem inúmeras teorias da personalidade e psicoterapias baseadas nelas.

No livro *Psicoterapias e estados de transe*, que publicamos com outros autores em 1985, a dra. Alla Milstein Gonçalves diz: "Pululam psicoterapias em cada esquina porque nenhuma delas é realmente útil para ajudar o paciente quando é proposta como uma panacéia".

Diríamos então que nos poucos milênios em que o homem começou a dilatar sua consciência chegou apenas a atingir o primeiro degrau do CONHECIMENTO.

Antes de entrarmos mais profundamente na psicoterapia temos que continuar à procura de definições e maneiras adequadas de entender a *mente*, e daí os *estados de consciência*, para depois chegarmos a entender aquilo que em inglês se chama *awareness*, que só pode ser traduzido como *tomada de consciência*, que é a base da resolução de uma problemática psíquica.

Em suas pesquisas sobre o uso do ácido lisérgico, Grof relata que nos "estados psicodélicos" existe uma transcendência entre matéria, energia e consciência. Mais adiante, fala sobre consciência individual: "Um aspecto muito importante dos estados psicodélicos é a ocorrência de experiências complexas, com conteúdos condensados ou compostos. No decorrer da psicoterapia com LSD algumas das experiências podem ser compreendidas como formações simbólicas multiplamente determinadas que combinam de modo bastante criativo elementos de muitas áreas diferentes, emocional e tematicamente relacionadas..." e ainda "experiências de unidade dual com outra pessoa (isto é, a sensação da própria identidade, e, ao mesmo tempo, unidade e identidade com outra pessoa), a percepção de um grupo de indivíduos, de toda a população de um país (Índia, Rússia czarista, Alemanha nazista) ou de toda a humanidade..."

Vamos então esclarecer o que se entende por *consciência humana*.

O que se chama consciência humana pode ser esquematicamente dividido em três estágios:

CONSCIÊNCIA NORMAL   CONSCIÊNCIA SUPERIOR   SUBCONSCIENTE

Para a maioria dos autores pós-freudianos a consciência normal é aquela de que nos servimos diariamente para recordar, por exemplo, o que fizemos no dia anterior, ou para aprender números ou dados, fazer contas, etc. É um vasto depósito de memórias que nos permite enfrentar a vida diária. Chamamos de subconsciente a um outro banco de dados que a nível consciente não parece existir, pois contém memórias de fatos acontecidos em idades muito primitivas de nossa vida atual, de nosso nascimento e da vida intra-uterina. O subconsciente não tem muita capacidade de raciocinar, ou talvez nem a tenha. É apenas capaz de arquivar dados e acreditar neles assim como os recebeu. Desempenha todavia um papel muito importante no nosso comportamento e na vida diária, sem que possamos entender o porquê de determinadas atitudes que tomamos, ou emoções que sentimos e que muitas vezes poderão ser extremamente perturbadoras.

O *estado de consciência superior* foi assim denominado por Maslow como *a sede de faculdades psíquicas insuspeitáveis*. É um campo de uma vastidão enorme, que pode ser sentido como imutável e eterno. E o campo das experiências altamente espiritualizadas ultrapassa as possibilidades dos assim chamados cinco sentidos. Costuma ser atingido pela ioga, pelo tai-chi e por outros estados de meditação. Para as mais antigas tradições filosófico-religiosas, é nesse campo que as pessoas realizam sua transcendência para atingir a verdadeira realidade, ou melhor, sua verdadeira natureza.

A experimentação desses estados recebeu várias denominações: êxtase místico, experiência mística ou cósmica, consciência cósmica, experiência oceânica, transcendência, nirvana, satori, sétimo céu ou beatitude.

Embora Grof, Castanheda, Leary e outros tenham utilizado drogas tais como peiote e o LSD, geralmente não é necessário recorrer a tais métodos perigosos e artificiais. Técnicas de respiração como a pranaiama, a meditação transcendental com o uso de mantras obtêm o mesmo resultado.

Charles Tart denominou essa expansão da consciência de *estados alterados de consciência*, e Grof, de *estados não usuais de consciência*. Assagioli, criador da *psicossíntese*, chamou a psicologia desses estados de *psicologia transpessoal*, termo utilizado entre nós, principalmente pela escola de Pierre Weil, professor da Faculdade de Belo Horizonte. À Sociedade de Psicologia Transpessoal aderiram, entre outros sábios, Maslow, Watt e Frankl.

A *terapia de vida passada*, criada por Morris Netherton com o nome em inglês de *past life therapy*, deve ser considerada uma forma de terapia transpessoal tecnicamente orientada para a cura de inúmeros problemas psíquicos e psicossomáticos.

O nosso século caracterizou-se em sua primeira metade pelo domínio do materialismo positivista sobre o espiritualismo. Mas, dentro do antigo conceito oriental do *yin* e do *yang*, tudo no universo traz em seu bojo a semente de seu oposto, e a segunda metade do mesmo século levou ao ressurgimento e à evolução de valores espiritualistas, sem todavia abandonar aquilo que o materialis-

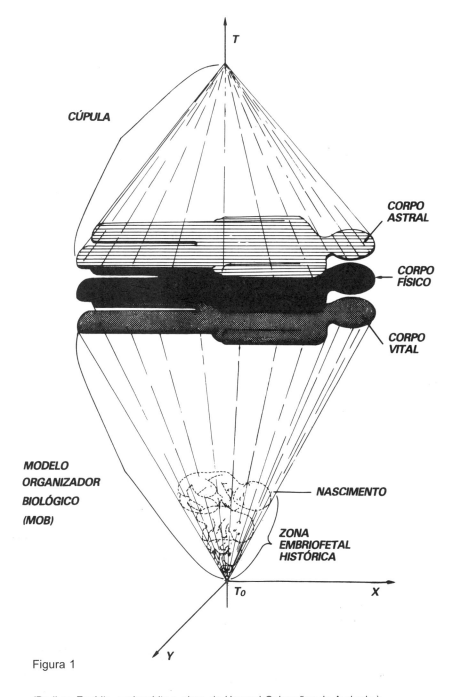

Figura 1

(Do livro *Espírito, periespírito e alma*, de Hernani Guimarães de Andrade.)

mo trouxe à cultura. Se o conhecimento de mecanismos íntimos do funcionamento cerebral nos deu os primeiros remédios realmente eficazes para certas patologias psíquicas, a abertura maior das psicoterapias para a eternidade do espírito e a memória cósmica permite uma visão, pelo menos teórica, de uma enorme fenomenologia geralmente desprezada pela ciência "oficial".

Com a construção de um arcabouço teórico podemos ir juntando os conceitos científicos correntes às modernas visões transpessoais, e utilizar o todo para curar.

Já dissemos que o conceito newtoniano-cartesiano, válido para a física do século passado, tornou-se absolutamente insuficiente para as grandes descobertas da física moderna. Isto permitiu o desenvolvimento da mecânica quântica, a partir da teoria da relatividade einsteiniana. A visão tridimensional do universo é então superada, e com isso o conceito de *espírito* capaz de atravessar o tempo e o espaço passa a ser compreendido, ou pelo menos torna-se compreensível.

Posso aconselhar ao leitor interessado a leitura de um magnífico livro de Hernani Guimarães de Andrade, *Espírito, periespírito e alma*, onde tudo isso é explicado de forma extremamente séria e clara. A esse mesmo autor devemos o conceito de MODELO ORGANIZADOR BIOLÓGICO criador da forma física (Fig. 1).

Segundo Andrade, a doutrina espírita afirma que o *espírito* seria composto de *periespírito* e *alma*, mas ele próprio admite que o espírito propriamente dito seria uma individualidade feita de matéria PSI que formaria uma estrutura tetradimensional, possuindo uma *cúpula* e um *domínio informacional histórico*, ou *modelo organizador biológico*, capaz de atuar sobre a matéria orgânica e provocar-lhe o desenvolvimento biológico.

Admite também a existência de uma estrutura "biomagnética" que uniria o *corpo astral* ao *corpo vital*. Essa seria uma cópia fiel do soma fisiológico, porém constituída apenas de linhas de força de um campo biomagnético.

A alma animaria um corpo físico numa determinada encarnação, fazendo todavia parte da estrutura eletromagnética do corpo espiritual, que Kardek denominou *periespírito*.

Quando o *corpo físico* se destrói, o *corpo astral* vem superpor-se ao *corpo vital*, personificando então o *corpo espiritual*.

Essas premissas parecem-nos importantes para entendermos o que se passa quando um paciente em terapia de regressão se vê saindo do corpo no fim de uma encarnação, o que também pode ocorrer durante um exercício de *meditação* ou *viagem astral* espontânea.

A citação desses dados serve para chamar a atenção para o fato de que cientistas modernos de renome estudam ou estudaram toda uma gama de fenômenos que a medicina não leva em consideração, e pelos quais a psicologia ainda pouco se interessa, chegando mesmo a fingir que tudo aquilo que não é compreensível pela filosofia newtoniano-cartesiana simplesmente não existe.

Grof afirma todavia que fenômenos tais como a telepatia, a clarividência, a projeção astral, a visão à distância, o diagnóstico e a cura psíquica, a psicocinese, etc., que podem oferecer indícios importantes para uma nova compreensão da *realidade*, foram amplamente estudados por cientistas como Rhine, Murphy, Eisenbud, Tart, Elmer, Green, Hastings e Targe Puthoff.

Isso porém sensibilizou muito mais pesquisadores dedicados à física quântica do que psiquiatras ou psicólogos tradicionais.

Em seu livro *Memória e tempo*, Miranda diz: "Freud, apesar de toda a sua genialidade, recusou-se a olhar além da fresta acanhada de alguns postulados limitadores. Via o ser humano como um mecanismo biológico movido por um conjunto de instintos rebeldes, inconformados, prontos a saltarem os limites da conveniência".

É interessante notar que, a muito custo, Freud deixa aparecer um vago conceito de *experiência oceânica* para casos de "iluminação" tão imponentes que não poderiam ser confundidos com instintos sexuais reprimidos ou fatos similares. Essa visão limitada da psicanálise freudiana foi modificada de certa maneira por Jung como dissidente da teoria clássica do mestre, centrada quase que somente na pulsão sexual e na libido, vista apenas como uma energia baseada na sexualidade.

Por pertencer a uma família protestante, Jung não partiu em seus estudos de uma visão reencarnatória, mas, sendo ele próprio um "sensitivo", e portanto apresentando fenômenos que absolutamente não poderiam ser explicados por aquilo que havia aprendido com Freud, partiu para novos conceitos. O mais importante foi a percepção de que, por mais que uma pessoa fosse psicanalisada, o *inconsciente* freudiano não se esgotava. Partiu então para a conceituação de um *inconsciente coletivo* e dos *arquétipos*, o que parecia ser uma forma de ver bastante razoável para toda uma vasta fenomenologia rejeitada quase que aprioristicamente pela filosofia freudiana.

Numa de suas aulas em São Paulo, Morris Netherton contou-nos que numa viagem à Suíça procurou a filha de Jung. Ela mostrou-lhe uma série de páginas manuscritas pelo pai, nas quais afirmava, já no fim de sua longa vida, que certas memórias que surgiam do inconsciente humano somente poderiam ser explicadas pela reencarnação. Essa afirmação foi tão malvista por seus editores, que, no livro impresso, frases inteiras haviam sido modificadas. Onde nos originais se via a palavra "reencarnação" lia-se "memórias provindas do *inconsciente coletivo*". Além disso, nos últimos anos alguns de seus próprios familiares achavam que ele já estava caducando.

Todavia, com a influência cada vez maior das filosofias orientais, muitos pesquisadores dedicaram-se ao estudo da reencarnação, tanto no Oriente como no Ocidente. Citamos expressamente Banerjee, com mais de mil casos catalogados seriamente, em que crianças apresentavam conhecimentos que, por sua idade e no ambiente em que viviam, não poderiam possuir.

De seu instituto na Índia, Banerjee era requisitado para esclarecer casos em diversas partes do mundo, tanto na Ásia como na Europa e na América. Também esteve aqui entre nós, no Brasil.

Brilhantes também são os estudos da dra. Helen Wambach, que faleceu há poucos anos na Califórnia. Em seu livro *Recordando vidas passadas*, relata uma pesquisa feita com cerca de mil voluntários, que eram submetidos à hipnose grupal. A seguir, era-lhes proposto que voltassem mentalmente a encarnações anteriores em séculos predeterminados. Aqueles que se viam encarnados nessas épocas eram submetidos a interrogatórios padronizados.

A autora relata que em 1.088 questionários coligidos, apenas onze exibiam claros indícios de divergências absurdas. Anacronismos relativos à roupa, à arquitetura, ao clima ou a paisagens descritas foram raríssimos. Inexatidões sobre dados referidos, como por exemplo tocar piano antes que o instrumento tivesse sido inventado, só atingiram 1% de todos os dados questionados.

O livro parece-nos resultado de um trabalho absolutamente honesto e correto, e o confronto com a realidade histórica foi analisado em uma faculdade de psicologia de forma adequada.

É interessante notar que, desde as famosas discussões sobre o "caso Bridey Murphy", tem-se discutido se a hipnose seria um método suficiente para pesquisar memórias arcaicas, de vidas anteriores.

Philips Berg, cabalista e autor do livro *Las ruedas de un alma* (tradução em castelhano, de 1985), afirma que um método que tem tido êxito é a meditação cabalística. O praticante poderia iniciá-la dedicando alguns minutos à pergunta silenciosa: O que eu quero?, ou a preces em recolhimento a fim de obter o relaxamento da mente, freando o fluxo contínuo de palavras interiores. Notamos que ele não acredita que a hipnose seja por si só suficiente para essa busca profunda. Existem todavia inúmeras opiniões divergentes a respeito do assunto.

Em *A consciência cósmica*, Weil diz: "Como já mostrei em outro trabalho, o ioga, através de seus exercícios psicofísicos, também é um método que leva a uma regressão intra-uterina e pré-uterina; não me refiro ao ioga superficial de emagrecimento e manutenção de saúde, mas ao ioga tomado como ascese mística, incluindo a meditação" (Weil usa a palavra "ioga" no masculino).

Em 1969, Tart diz que a hipnose permite também chegar a certos estágios de regressão profunda que alcança vidas passadas, e mesmo estados que lembram a consciência cósmica, e, mais adiante: "Há uma tese oposta, segundo a qual a consciência cósmica seria um estado superior da consciência, fruto de um longo trabalho de educação sobre si mesmo". Encontramos este mesmo ponto de vista em todas as escolas esotéricas, e ele é magnificamente desenvolvido por Ouspenski, inspirado em seu mestre Gurdjeff; a evolução para a consciência cósmica passaria por três estágios iniciais (que correspondem a três tipos de homem):

o instintivo
o emocional
o mental.

Só a partir de um quarto estágio de consciência, além desses três primeiros, é que a pessoa começa a se aproximar da consciência cósmica. O homem, "adormecido" nos seus três primeiros degraus, precisa "acordar" de um estado quase hipnótico. Este acordar se faz graças a métodos e técnicas de constante conscientização no aqui e agora do campo total em que o indivíduo atua.

Do ponto de vista científico pouco conhecemos sobre as diferenças entre estados hipnóticos e os de profunda meditação do tipo transcendental.

Akira Kasamatsu e Tomio Hirai, numa monografia publicada no volume 5/3 do livro *Psicofisiologia da consciência cósmica*, relatam o resultado de um trabalho de pesquisa que pretende diferenciar através do eletroencefalograma (EEG) esses dois estados alterados de consciência. Além do EEG, anotaram o pulso e a respiração mediante traçados poligráficos.

Referem ainda que 48 sujeitos que cooperaram foram selecionados entre sacerdotes e discípulos de Soto e de Rinzai.

Suas idades variavam entre vinte e quatro e setenta e dois anos. De acordo com sua experiência no treinamento zen, essas pessoas foram classificadas nos três grupos seguintes:

Grupo 1: de 1 a 5 anos de experiência (20 discípulos)

Grupo 2: de 5 a 20 anos de experiência (12 discípulos)
Grupo 3: mais de 20 anos de experiência (16 sacerdotes)
Grupo de controle: 18 pesquisadores de 23 a 33 anos, 4 homens de 54 a 60 anos, sem experiência em meditação zen. Seus EEG foram obtidos nas mesmas condições dos discípulos zen, de olhos abertos.

A análise do caso de um mestre zen demonstrou que após 50 segundos apareceram ondas alfa bem organizadas de 40 a 50 microvolts (11 a 12 por segundo).

Após 8 minutos e 20 segundos, a amplitude das ondas alfa chegou a 60 e 70 microvolts, predominantemente nas regiões frontal e central (isso com os olhos abertos).

Após 27 minutos e 10 segundos, apareceram ondas rítmicas de 7 a 8 segundos durante 1 a 2 segundos.

Vinte segundos mais tarde começaram a aparecer séries de ondas beta (6 a 7 por segundo) de 70 a 100 microvolts.

Após o término da meditação, apareceram ainda ondas alfa, como efeito posterior... Nada de especial foi notado nos controles.

Ao longo do trabalho que acima sintetizamos, ficou demonstrado que não somente existem nítidas alterações do traçado, mas que isso depende também dos anos de experiência, e que os próprios mestres eram capazes de reconhecer aqueles discípulos que eram mais ou menos experientes. Tudo era confirmado pelas alterações que surgiam nos traçados EEG.

Nos estados de transe hipnótico, verificou-se que são vistas poucas ondas alfa, mas o padrão de ativação é mais proeminente no EEG durante a meditação zen, e a série de modificações eletroencefalográficas que surgiam no zen não apareciam durante a hipnose.

Num estudo não publicado que fiz no serviço de eletroencefalografia do Hospital das Clínicas da Universidade de São Paulo há mais de vinte e cinco anos, também verifiquei, como já é universalmente sabido, que os traçados eram realmente de vigília mesmo nos pacientes profundamente hipnotizados, e que apareciam raras ondas alfa.

Lembramos que tanto na meditação como na hipnose uma pessoa pode cair em sono, e aí o traçado se modifica. Mas se a pessoa é estimulada adequadamente, sairá desse estado para o anterior.

Em 1968, conforme nos relata Granone, H. Gastaut dizia que numa pesquisa bem feita, realizada em Marselha perante inúmeros especialistas orientais e ocidentais, chegou-se à conclusão de que: a contemplação e o êxtase místico natural dos iogues, dos monges zen e de seus discípulos ocidentais não apresentaram um quadro característico no EEG. Pode haver como manifestação somente uma sincronização lenta dos neurônios (aceleração do ritmo alfa e aparecimento do ritmo beta quando os olhos estão abertos, fato que geralmente deveria dessincronizar o traçado).

Isto testemunha uma condição comparável à do treinamento autógeno ou da hipnose.

Segundo esse autor, a identidade entre hipnose, relaxamento autógeno e estados místicos estaria evidenciada num plano meramente eletroencefalográfico.

A contemplação e o êxtase artificial por meio de drogas ou não modifica o traçado ou induz uma sincronização neurônica cortical rápida (aceleração do ritmo alfa e surgimento do beta quando os olhos estão fechados, isto é, nas condições em que geralmente se evidenciam os ritmos mais lentos).

Tudo isto indica um estado de hiperexcitabilidade cortical idêntico àquele que é regularmente provocado pelas drogas alucinógenas em experimentação laboratorial, sem provocar êxtase.

Só chegamos a uma conclusão, meramente provisória, de que não há uniformidade de opiniões.

Passando a outro assunto relativo aos estados de transe, é interessante notar visões diferentes sobre o momento da morte.

O *zohar* da cabala, segundo Berg, diz que, quando a alma sai do corpo, o faz por um longo túnel, que há poucos anos Kubler-Ross descreveu em seus trabalhos com pessoas que atingiram por alguns minutos o estado de morte clínica. Todavia, as pessoas não precisam estar "mortas" para atravessá-lo. Os estados de meditação, levando a experiências extracorpóreas, conduziriam a alma pela mesma rota.

Em minha experiência durante estados hipnóticos em TVP, é muito raro que algum paciente relate esse túnel no momento da saída do corpo físico no desencarne (ou morte). Essa saída parece fazer-se de uma forma mais vaga, enquanto o regresso a vidas anteriores parece fazer-se freqüentemente por ele.

O que temos observado é que, no instante final, o sofrimento físico subitamente cede e a pessoa começa a ver seu próprio corpo caído, deitado ou ferido, dependendo da *causa mortis*, como se estivesse flutuando acima dele e em geral afastando-se pouco a pouco para o alto (?). Certos sentimentos, como tristeza, ódio ou pena, podem permanecer presos à alma.

Todavia, a respeito desse túnel, lembro-me de uma experiência pessoal na minha infância, quando fui levado à mesa cirúrgica por uma apendicite aguda. Ao ser anestesiado com uma máscara com éter, tive uma terrível sensação de sufocação que precedeu por alguns segundos a perda da consciência. Nessa fase, senti nitidamente que entrava num túnel, inicialmente luminoso, e no fundo negro, onde estranhos sons ecoavam e reverberavam.

Toda essa introdução tem por finalidade ampliar o conhecimento do psicoterapeuta que pretenda utilizar a TVP para ajudar seus pacientes. Porém, por mais diferentes que sejam as linhas filosóficas pessoais e por mais empolgantes que sejam as "supostas" memórias relatadas no estado de transe, o interesse deve estar direcionado para a obtenção de resultados que tornem a vida do paciente mais adequada e mais adaptativa. Isto significa reduzir ou levar à solução sofrimento mental ou físico, e ainda modificar para melhor comportamentos perturbadores. Não pretendo neste livro abrir uma polêmica sobre o que significam as premissas acima, pois toda vez que se fala em cura de um problema surge a dúvida quanto à visão médica, a psicológica e a espiritual.

Enfim, se as metas são alcançadas, teremos realizado nossa função de terapeutas, abrindo novas portas de compreensão de si mesmo aos nossos pacientes.

William Blake dizia: "Se pudéssemos limpar as portas da percepção, tudo se revelaria ao homem tal qual é infinito".

Aldous Huxley, grande romancista e pesquisador de estados da mente, afirmava em seu livro *As portas da percepção* (como outros filósofos já haviam dito antes dele) que o nosso cérebro é apenas um redutor. Juntamente com o sistema nervoso, protege-nos, evitando que sejamos esmagados por uma enorme massa de conhecimentos, muitos dos quais inúteis, deixando passar apenas poucas sensações selecionadas que provavelmente terão utilidade prática em nossa existência.

Todavia, não esqueçamos que Huxley abriu as portas da percepção através do peiote, cujo princípio ativo é a mescalina. De forma similar, Grof penetrou no inconsciente por meio do LSD. Mas, lamentavelmente, mesmo que tudo isso tenha trazido algum novo conhecimento para uma melhor compreensão do que sejam o êxtase e a loucura, as drogas escancararam os portões do inferno ao sofrimento pela adição ou vício.

Já em 1965, Frosch, Robbins e Stern advertiam sobre o uso inadequado de substâncias psicodélicas, prevendo o grave desastre provocado pelo abuso.

Em 1975, Pahnke e Richards avisavam que, quando pessoas em estados fronteiriços ou pré-psicóticos se drogam sem uma supervisão psiquiátrica capacitada, há risco do desencadeamento de psicoses graves, comportamentos irresponsáveis e suicídio. Mesmo aqueles que gozam de boa saúde física e mental podem ser abalados emocionalmente quando descobrem que seu senso de controle usual está suspenso.

Sabemos que em muitas civilizações chamadas primitivas, como por exemplo entre indígenas brasileiros, várias drogas de origem vegetal são utilizadas para provocar transes místicos e divinatórios, mas não existe a utilização abusiva nem experimental em massas humanas, como em nossas denominadas civilizações adiantadas*.

Todavia, Pahnke e Richards, em seu artigo "Implicações do LSD e do misticismo oriental", defendem o uso dessa droga sob controle, para fins de pesquisa no futuro, quando passar a onda de embaraços criados pela histeria popular e pela legislação excessivamente restritiva. E comparam essa onda com o que aconteceu em relação à hipnose, que só atualmente está começando a se recuperar da publicidade sensacionalista e das reações irracionais do tempo de Mesmer, que suprimiram o seu uso por mais de um século.

Pessoalmente, tenho sempre dito aos meus alunos que tudo aquilo que podemos fazer conosco por meios naturais é geralmente menos tóxico e menos prejudicial do que o uso de drogas. Cabem aqui o relaxamento, as massagens, certas ginásticas, a sexualidade bem orientada, a hipnose, etc. Aliás, já na década de 50 citava sempre a hipnose como uma técnica muito útil em mãos positivamente experimentadas. Dizia até que psicólogos e enfermeiras deveriam aprender a utilizá-la. Naqueles tempos, falar em aulas na Faculdade de Medicina sobre hipnotismo ou relações sexuais era quase uma heresia. Nem os psicólogos nem os enfermeiros estavam interessados em tais assuntos.

Os tempos mudaram bastante, mas ainda hoje muitas pessoas acham que, se Freud abandonou a hipnose, é porque era inútil ou prejudicial, como se ele tivesse sido a fonte única de toda a sabedoria humana. Em ciência, nada é definitivo. Além disso, o próprio Freud, já na velhice, chegou a dizer que "a hipnose era muito importante".

Estados de transe: a hipnose

Em 1985, quando, juntamente com outros colegas, escrevemos o livro *Psicoterapia e estados de transe* sobre esse assunto citávamos, à página 12, Granone. Este autor, no *Trattato di ipnosi*, provavelmente um dos livros mais completos sobre a matéria, defi-

---

* O "abuso" das folhas de coca em civilizações andinas tem a função de permitir a sobrevivência, dada a subalimentação em altas altitudes.

ne "hipnotismo" como sendo a possibilidade de induzir num sujeito um estado psicofísico que permite influenciar suas condições psíquicas, somáticas e viscerais por meio do *rapport* criado entre o sujeito e o hipnotizador. Logo a seguir, critiquei esta definição por ser tão cuidadosa que não define absolutamente nada. Mas, lamentavelmente, como aliás já vimos, ninguém até o momento conseguiu incluir numa definição tudo aquilo que a hipnose pode obter.

Alguns autores falam de concentração da consciência, enquanto outros acham que se trata de dilatação da mesma consciência. Provavelmente os dois fenômenos são concomitantes, ou talvez a mesma coisa. O universo está simultaneamente no infinitamente grande e no infinitamente pequeno.

Kenneth Ring esquematiza aquilo que ele próprio chama de "concentração da consciência" como uma série de anéis concêntricos (Fig. 2), e diz que, ao vermos o mapa, é útil imaginar que estamos enxergando uma figura piramidal (creio que queira dizer cônica), do alto para baixo. A consciência de vigília comum está no ápice, e os outros níveis situam-se de forma descendente.

Figura 2: Mapa concêntrico da consciência (Kenneth Ring).

É interessante notar que neste ponto o autor não fala de estado hipnótico como nível de consciência em si. Poucas páginas depois, no entanto, fala de regressão hipnótica a vidas passadas. Isto significa que ele vê não estado ou estados hipnóticos, mas apenas hipnose como uma técnica para alterar a consciência. Já Granone fala de "hipnose" como estado alterado. (Hipnotismo é, para esse autor, a ciência que estuda os estados hipnóticos.)

Mas, voltando a Ring, como vemos no esquema anterior, no centro do mapa está a *Vigília* comum, que seria o estado normal e que englobaria uma vasta quantidade do funcionamento mental. A não ser o *Preconsciente*, todos os outros estados seriam de consciência alterada.

O *Preconsciente* teria, conforme a teoria freudiana, o conteúdo psíquico que num momento determinado está fora de foco, podendo todavia ser recuperado sem dificuldade.

O *Inconsciente psicodinâmico* seria a região onde age a psicanálise, fonte de memórias, impulsos e desejos importantes que levam carga emotiva. Eu não aceito esse nível, por ser apenas um artefato conseqüente de uma determinada forma de pesquisa da consciência.

O *Inconsciente ontogenético* é outro artefato criado pela teoria de Otto Rank (1929), que se dedicou ao estudo de reminiscências intra-uterinas e ao processo do nascimento, que Grof vasculhou muito melhor por meio do LSD anos mais tarde. Não me parece que memórias ligadas à vida intra-uterina ou ao processo de nascimento representem um estado de consciência diferente. Em TVP não há qualquer alteração visível da consciência se o paciente relata estar numa vida anterior, no útero da mãe atual, ou nascendo, ou ainda nos primeiros tempos desta vida.

No estado do *Inconsciente transindividual* o indivíduo transcende os limites individuais. Surgiriam aqui então experiências ancestrais, vidas passadas em encarnações anteriores, experiências coletivas e raciais e experiências arquetípicas. Nas experiências ancestrais, o indivíduo recorda elementos reais que fazem parte de sua própria história individual, pois, segundo Grof, estaria lendo seu próprio código genético.

As experiências de vidas anteriores são sentidas com uma intensidade e um sofrimento específicos do próprio ego encarnado nessas vidas. Concordamos com Ring quando ele afirma que nessas situações o indivíduo intui a *lei do carma*, ou, na visão cabalística, o *tikun*, restauração da alma à sua verdadeira unidade criadora e real equilíbrio cósmico.

Carma é definido do induísmo como a "lei de causa e efeito". É no mundo físico que se resgatam dívidas de vidas anteriores.

Nas experiências coletivas e raciais a pessoa que está numa vivência *transindividual* capta não somente sua vida, mas algo que parece pertencer ao *inconsciente coletivo*, ou *inconsciente grupal* de uma civilização qualquer, que não precisa ter sido de sua própria alma individual, nem de seus próprios ancestrais.

As *experiências arquetípicas* incluem, segundo C. G. Jung, todo o desenvolvimento histórico e cultural humano. Nelas está contido o simbolismo comum a várias civilizações diferentes e longínquas.

No *inconsciente filogenético* encontramos a evolução da vida, significando a própria evolução, não só o entendimento racional, mas a experienciação de toda a seqüência evolutiva desde os primórdios da vida, e além, uma célula única, uma bactéria, um peixe, um vegetal ou um animal. Surgem aqui sentimentos e sensações de um animal ou de um determinado órgão, tecido ou célula, sendo possível que o sujeito se sinta também como matéria inorgânica, uma pedra ou um átomo.

No estado do *inconsciente extraterreno* estamos além deste planeta. Aqui estariam os encontros espirituais com seres superiores, guias, entidades de luz, etc. Nesta esfera estariam os fenômenos mediúnicos, clarividência, clariaudiência, escrita automática, viagens clarividentes e fusão com outras entidades. O tempo e o espaço podem não mais ter sentido.

O *supraconsciente* é a região do inefável, do êxtase espiritual, da fusão com a Mente Universal, com a bem-aventurança e com o Infinito. O indivíduo deixa de existir, podendo fundir-se numa galáxia ou ser o universo inteiro. Geralmente isso não pode ser descrito, pois a palavra é insuficiente para descrever algo que está acima do sentido comum.

No *vácuo* está-se além do tempo e do espaço, além do bem e do mal, da luz e da sombra, da estabilidade e do movimento, da agonia e do êxtase.

Grof diz que essa descrição corresponde ao Nirvana budista, onde a consciência tem por função sua própria extinção.

Ring cita ainda Goleman (1972), que afirma existir aparentemente um estado de existência que pode ser considerado "transnirvânico". Pouco conhecido no Ocidente, ele é denominado *nimrodh*. Este não deve ser considerado um estado de consciência. Seria antes um estado de "puro ser".

Tudo isso, segundo o próprio Ring e inúmeros outros autores espiritualistas, tem uma enorme importância no tratamento das assim chamadas *psicoses*. Ouvir vozes, ter visões, ilusões e possessões, e até mesmo sensações de contato com o divino, pode ser algo ligado ao domínio do transpessoal.

Eu pessoalmente creio que a esquizofrenia de hoje estará para a psiquiatria do próximo século como o "nó nas tripas" do século passado está para a gastroenterologia atual.

Provavelmente, nas esquizofrenias (prefiro usar o plural) misturam-se tanto defeitos do aparelho cerebral quanto fenômenos mentais ou espirituais. Vivemos hoje num estranho mundo onde domina a dualidade *religião-ciência*, onde o misticismo, por não ser mensurável dentro dos conceitos científicos atuais das ciências biológicas, é desconsiderado. Além disso, se qualquer médico tentasse introduzir o assunto na maioria de nossas faculdades de medicina, seria provavelmente ridicularizado por colegas que freqüentam, em outras horas, suas igrejas e seus templos. Há poucos anos, na Clínica Psiquiátrica da Faculdade de Medicina de São Paulo, um curso meu sobre hipnose foi recusado pela simples razão de que no programa um dos pontos era: discussão sobre a "assim chamada Terapia de Vida Passada".

Enfim, fenômenos estranhos aos conceitos corriqueiros não podem existir! Basta ver o sorriso incrédulo, ou até de mofa, que muitos médicos emitem quando um paciente vem a um ambulatório e tem a ousadia de relatar que melhorou após ter estado num terreiro, ou numa mesa branca espírita. É preferível aplicar-lhe um rótulo de supersticioso, ou quem sabe de inocente, crédulo ou até histérico.

Assim, freqüentemente o paciente que relata algum sintoma estranho e incompreensível dentro dos estreitos limites do raciocínio psiquiátrico recebe apenas um tranqüilizante ou até um neuroléptico.

O que fazer, por exemplo, por uma paciente que refere ter a sensação de que alguma coisa prende seus tornozelos, quando nada existe clinicamente? (Caso n.º 1, p. 32).

E pelo paciente, que referia uma dor no peito como se fosse uma facada, que os clínicos não conseguiam diagnosticar nem aliviar, quando nada surgia nas radiografias nem nos inúmeros outros métodos auxiliares realizados? (Caso n.º 2, p. 32).

E por aquele outro que referia tonturas sem correspondência nos exames neurológicos e otoneurológicos? (Caso n.º 3, p. 32).

A primeira paciente era uma psicóloga jovem, culta e inteligente que havia feito alguns anos de uma inútil psicanálise à procura do problema intrapsíquico que não surgia. Aliás, semanalmente recebo clientes de todas as partes do Brasil que já fizeram de um a quinze anos, ou mais, de psicanálise, que às vezes os ajuda a crescer um pouco, mas que absolutamente não esclarece o diagnóstico da queixa inicial. O que essa análise muitas vezes faz é deixar-lhes alguma sensação de culpa pelo "complexo de Édipo" não resolvi-

29

do, ou alguma fixação à "fase oral", e assim por diante. Entretanto, muitas vezes em menos de duas horas na primeira sessão de terapia regressiva, TVP, começam a entender por si mesmos as causas do problema, e às vezes resolvem-no em poucas sessões.

Não quero que o leitor, principalmente se profissional em alguma forma de psicoterapia, pense que estou falando absurdos ou prometendo falsos milagres.

O que significa então isso? Que os estados de transe ou estados hipnóticos são muito mais eficazes ao provocar a regressão psicológica do que a terapia verbalizada em estado consciente de vigília plena. E, ainda, que a aceitação de memórias arcaicas, sejam elas consideradas verdadeiras ou não, permite amplificar as possibilidades de pesquisa do inconsciente e do supraconsciente também.

Um pouco mais adiante falaremos novamente desses casos.

Num interessante trabalho do dr. Nubor Faccure, médico neurologista, sobre "As bases neurológicas das atividades espirituais", publicado no *Boletim Médico Espírita* em agosto de 1988, encontramos um trecho em que ele admite que: "No hipocampo, que é a área cerebral mais intimamente ligada à memória, devem estar registrados os nossos compromissos de várias encarnações, e por esta via este passado pode ser recapitulado através de técnicas de regressão hipnótica". Afirma ainda que "o hipocampo deve conter códigos mnemônicos que nos permitem realizar as recordações da psicometria". Mais adiante, admite que a intuição, a precognição e outros fenômenos, como a pintura mediúnica, estariam ligados ao hemisfério direito do cérebro, assim como os exercícios de concentração e meditação. Nesses casos, seria como se se apagasse a influência da expressão falada e das exigências lógicas e críticas do hemisfério esquerdo. Segundo o autor, isso predisporia o cérebro dos médiuns ao contato com entidades espirituais comunicantes.

Enfim, como diz o grande físico moderno Fritjof Capra, "aquilo que os místicos há muitos anos haviam percebido em suas buscas interiores somente agora a ciência começa a compreender".

Não cabe neste livro uma análise dos trabalhos de Capra ou os de outro grande nome, Charon, mas são autores de grande atualidade, cujos trabalhos devem ser lidos por quem se interesse por uma visão multidimensional de todos os incríveis fenômenos absurdamente chamados "PARA"-psicológicos, que durante este último século continuam à margem do pensamento científico, desconsiderados geralmente como se não existissem, ou, quando muito, citados em capítulo à parte, como se pudessem somente ser analisados por uma "PARA"-compreensão.

Mesmo que este capítulo não seja dedicado ao estudo de resultados terapêuticos, podemos citar a síntese de um caso, onde se nota a rapidez com que em estado de transe uma pessoa atinge a origem do trauma e o resolve, enquanto uma longa psicoterapia anterior não obteve resultados. Trata-se apenas de uma hipermnésia hipnótica de um trauma de infância na vida atual.

(Caso nº 4) Identificação: A.D.P., sexo feminino, 35 anos, casada, prendas domésticas.

Queixa e duração. Medo de escuro a nível de pânico que surgiu no início da adolescência (não sabe identificar a data certa) e pânico também perante baratas, que a deixam travada num estado de terror. Sente então falta de ar, tremores, tonturas. Isso parece ter se tornado alarmante há aproximadamente seis anos. Foi encaminhada pelo clínico a um psicanalista, com o qual permaneceu durante quatro anos sem obter qualquer melhora do quadro.

Após anotados os dados de interesse do ponto de vista anamnéstico, marcamos a primeira regressão, reservando para isso duas horas.

Nota: Nessa época tínhamos começado há pouco tempo o uso da TVP, e como ainda não estivéssemos convencidos de sua utilidade e realidade, às vezes nada dizíamos ao cliente sobre o que faríamos com ele, para não sugestioná-lo. Decidimos então agir dessa maneira.

Primeira regressão: Dissemos à paciente que faríamos um relaxamento. Pedimos que se deitasse e mantivesse as pálpebras fechadas enquanto induzíamos um estado de transe tranqüilo, propondo um afrouxamento gradual de seus músculos a partir da fronte. Percebemos a entrada em transe, em completa imobilidade; dissemos-lhe então que voltasse à origem de seus problemas:

Paciente — Estou no armazém de meu pai... ele bebe... está cheio daqueles bichos horríveis...

Terapeuta — Que bichos?

P — Baratas...

T — O que você sente?

P — Tenho medo de meu pai... ele está de novo bêbado... e aí ele bate em nós... na mamãe... (sinais de angústia e choro infantil)

T — O que está acontecendo?

P — Agora é de noite... estou deitada na cama entre eles... está escuro. Sinto alguma coisa peluda andando pelo meu corpo... acho que é uma barata... (sinais de nojo)... Meu Deus, é a mão peluda de meu pai na minha barriga.. ele toca meu sexo... eu tenho medo... medo... Não consigo me mexer... Sinto enjôo... estou completamente tonta... Tenho horror... (choro, sinais de pânico).

T — E que mais?

P — Raiva... Ódio... mas estou muito amedrontada... completamente tonta.

Após trinta minutos na revisão total dessa cena e de descarga da angústia a ela ligada, seguida de uma proposta de que emitisse toda a raiva nela contida, fizemos com que a paciente voltasse gradualmente à vigília. E a seguir, falando a respeito do que tinha surgido, perguntei-lhe: "Evidentemente esse fato já deve ter sido muito trabalhado durante a psicanálise?" A resposta surpreendente foi: "Não. Isso nunca surgiu!" E inquiriu, quase com surpresa: "Ah, então é por isso que tenho tanto medo do escuro e que no escuro possam existir baratas que sobem no meu corpo?" Limitei-me a responder: "É bem possível".

O fato incrível é que durante os quatro anos de psicanálise essa cena-chave que se dera ao redor dos oito anos, jamais surgira. A carga de angústia havia sido tão grande que ela a tinha reprimido no inconsciente. Enquanto a terapia de vigília plena nada havia conseguido, a hipnose alcançou-a em poucos minutos, e já na primeira sessão começou a surgir certo alívio.

Mas, como já vimos, a TVP é uma terapia transpessoal que pesquisa não somente as memórias da vida atual, como também reminiscências da vida intra-uterina e de vidas pregressas. São justamente nessas memórias que surgem freqüentemente as causas e os porquês dos fenômenos, ou mesmo decisões tomadas que desencadeiam em vidas posteriores sintomas e patologias os mais variados.

Claro está que tais explicações não são aceitas pela psiquiatria nem pelas psicoterapias clássicas. Então, como um psiquiatra ou um psicólogo não acostumados a uma psicoterapia transpessoal poderiam aceitar que a paciente que sentia uma estranha sensação que apertava seus tornozelos (Caso nº 1) havia sido pirata numa vida anterior, há vários séculos, que após ter perdido uma batalha naval fora aprisionado e agrilhoado como remador escravo numa caravela, até que os grilhões feriram tanto suas pernas que elas lhe foram amputadas? Em quatro sessões a parestesia foi desaparecendo.

E a dor de uma facada no peito de outro cliente que nenhum tratamento resolvia (Caso nº 2) desapareceu rapidamente depois que ele vivenciou a batalha medieval em que uma lança o derrubara de uma montaria, transfixando-lhe o tórax e levando-o a uma morte lenta, caído entre dezenas de mortos e moribundos.

E o outro caso, citado pouco acima, do paciente que sofria de tonturas inexplicáveis (Caso nº 3), foi melhorando rapidamente depois que ele reviveu sua morte ocorrida há centenas de anos. Fora um ladrão de aldeia que, agarrado pela turba enfurecida, havia sido colocado dentro de um barril e rolado do alto de uma montanha, indo espatifar-se e morrer nas pedras do fundo do vale. Volto a dizer que nem todos os casos são fáceis. O problema pode ter-se repetido em muitas vidas diferentes. Alguns pacientes têm muita dificuldade de entrar em transe; outros negam-se a penetrar no inconsciente transindividual. Ao longo dessas páginas o leitor receberá todas as instruções necessárias para vencer as dificuldades mais freqüentes, mas devemos lembrar que o *rapport* entre clínico e paciente depende de fatores diversos, e às vezes de difícil resolução.

Lembramos desde já que a pura e simples visualização cênica, por mais clara que seja, não é geralmente curativa se não houver uma descarga emocional de toda a *gestalt*.

Escrevo essas linhas com mais de trinta anos de experiência em terapia por hipnose, e lutei muito para que a "respeitável hipnose", como dizia Van Pelt, voltasse hoje a receber a aceitação séria em círculos profissionais. Resta porém muito caminho à nossa frente.

Origens da terapia de vida passada

Desde tempos imemoriais os xamãs e os sacerdotes de inúmeros povos aprenderam a entrar em estados de transe místico por meio de técnicas iniciáticas mais ou menos complexas. Ritmos, danças, sons variados, exercícios respiratórios, jejuns, contenção sexual ou até utilização da sexualidade com contenção do orgasmo, e ainda pelo uso de drogas as mais variadas, geralmente de origem vegetal.

Com a entrada da civilização na fase científica começou-se a valorizar o ensino generalizado em contraposição à cultura iniciática, à qual somente os eleitos tinham acesso.

A partir dos últimos anos do século XVIII, a obtenção dos estados hipnóticos passou gradualmente a poder ser ensinada a quem por ela se interessasse, sem premissas de ordem mística ou religiosa.

Não cabe aqui repetirmos a história da hipnose, que poderá ser encontrada no livro *Psicoterapia e estados de transe*, mas citaremos apenas que foi com Franz Friedrich Mesmer (1734-1815), filósofo, médico e astrólogo, que começou o ensino daquilo que ele chamava de *magnetismo animal*, e que mais tarde o dr. James Braid (1795-1860), também médico, apelidou inadequadamente de *sono neuro-hipnótico*, ou mais simplesmente, de *hipnotismo*. Foi porém Armand Chastenet, conde de Puysegur, aluno de Mesmer, um dedicado filantropo, que estudou o transe tranqüilo e percebeu, talvez mais claramente que seu próprio mestre, que nesse estado surgiam estranhos fenômenos de clarividência. Ele tentava magnetizar um paciente, um camponês analfabeto chamado Victor Race, e verificou que em transe ele era capaz de se autodiagnosticar e automedicar. Foram principalmente esses três personagens que transformaram o hipnotismo numa arma médica. Como vemos, tudo isso começou somente há pouco mais de dois séculos.

Desde então o uso da hipnose para fins terapêuticos passou por fases áureas e por épocas de profundo descrédito. O próprio Mesmer foi por duas vezes quase escorraçado pelos colegas, tanto em Viena como, poucos anos depois, em Paris, onde fizera um enorme sucesso popular, com algo que ele mesmo não entendia e não sabia explicar. A última fase áurea ocorreu com o dr. Martin Charcot (1825-1893), professor da famosa Escola da Salpetrière de Paris; mas, com sua morte e com o início da psicanálise de Sigmund Freud (1856-1939), ela entra num longo período de abandono. Todavia, na Rússia, importantes trabalhos de Ivan Petróvich Pávlov (1849-1936) sobre os reflexos condicionados se mantêm em uso na medicina soviética.

Na Alemanha, o último grande hipnólogo da primeira metade do século é Johannes Meinrinch Schultz, que valorizou certos poderes excepcionais dos estados de transe.

Mais tarde, com o surgimento do behaviorismo, Hans Jurgen Eysenck (1916-) volta a utilizar a hipnose tendo em vista principalmente seu valor relaxante no tratamento das fobias.

Também não podemos esquecer um grande psicanalista americano, Milton Erickson, que volta a mostrar a importância dos estados hipnóticos nas psicoterapias.

Por outro lado, um nome que não pertence à medicina deixa uma marca inesquecível na filosofia dos estados de transe. Trata-se de Hyppolite Leon Denizard Rivail (1804-1869), mais conhecido como Allan Kardek, que se dedica ao estudo da comunicação com os espíritos desencarnados através de sensitivos considerados médiuns (*"medium"* em latim significa "meio"). Devem-se a ele uma vasta literatura e a codificação daquela linha de pensamento que se chamou espiritismo.

No Brasil, principalmente, o espiritismo passa a ser visto mais como uma religião do que uma ciência, como o próprio criador o colocava. Este assunto será revisto em profundidade no capítulo dedicado à reencarnação.

Como já dissemos anteriormente, neste século o mundo ocidental passou de uma fase fortemente materialista para uma segunda fase, mais espiritualista.

Roberto Assagioli, com a *psicossíntese*, Abraham Maslow, já na década de 60, com a *psicologia transpessoal*, à qual se liga também Stanislaw Grof, dedicam seus estudos a uma psicologia mais ampla, onde a hipermnésia hipnótica passa a ser valorizada, especialmente no que se refere a vivências intra-uterinas e, mais além, às reminiscências de vidas anteriores. Todavia, alguns hipnólogos acham que tudo isso não passa de mistificação inconsciente. Voltemos então ao "Caso Bridey Murphy", estudado por Berenstein (*The search of Bridey Murphy*, 1956). A paciente Ruth Simons, que usa no relato o pseudônimo de sra. Tighe, em transe hipnótico regressivo descreve uma vida pregressa onde teria vivido na Irlanda, e transmite uma série de dados aparentemente corretos. Gina Germinara, em *Nuevos descubrimentos sobre la reincarnacion* (Edaf, Madri, 1979), descreve muito claramente toda a história. Em hipnose, fala algumas frases em gaélico, que supostamente não conhecia. Dauven, numa análise do caso, diz que ela teria aprendido as tais frases na infância, aparentemente esquecidas (F. Granone, *Trattato di ipnosi*, pág. 423). O mesmo Granone relata que Disertori acredita que um sensitivo adquiriria noções a ele desconhecidas, provenientes de um *cosmic reservoir*, uma espécie de depósito cósmico segundo a hipótese de William James, uma "panpsique pitagórica" capaz de registrar e conservar todas as lembranças universais, e que Jung chamou de "inconsciente coletivo".

O próprio Granone comenta que o importante não é tanto seguir essa ou aquela teoria, mas limitar-se a anotar os fatos.

Nos Estados Unidos, a psicoterapia baseada nas encarnações pregressas começou a surgir principalmente depois das publicações dos livros *There is a river*, de Thomas Sugrue (Henry Colt e Co., Nova York, 1943), biografia do famoso sensitivo Edgar Cayce, e *Many Mansions*, de Gina Germinara (William Sloane, Nova York, 1950).

Num país eminentemente protestante não é fácil transformar a mera pesquisa parapsicológica em algo com função psicoterapêutica.

Morris Netherton nos falou na grande dificuldade de apresentar sua "Past Lives Therapy" para o grande público. O mesmo sentiu a psicóloga Edith Fiore, que também esteve entre nós no Brasil.

Claro que nos países onde predominam religiões que admitem a reencarnação como fenômeno universal é mais fácil a aceitação de uma terapia em bases reencarnatórias do que naqueles onde isso não é tão aceito. No Brasil, apesar de ser um país católico, a influência do espiritismo, e também do espiritualismo de linhas africanas é muito forte, portanto encontra-se uma aceitação bastante ampla no âmbito popular.

Um outro fato que fez com que a TVP fosse bem recebida entre os nosso pacientes é a decepção com a psicanálise, muito lenta e sem rumo.

Notamos que o posicionamento do facilitador em TVP não é passivo nem interpretativo. Ao contrário, tem função estimuladora da regressão da memória, e ajuda o cliente a atingir as situações traumáticas, dando-lhe apoio para que possa descarregar as emoções nelas contidas. Ajuda-o também a compreender que tais eventos não pertencem ao aqui e agora, e que portanto sua vida atual pode ser redecidida. Isto é particularmente importante quando um problema atual está ligado a uma decisão arcaica muito "forte".

Vejamos um caso: Uma cliente de 31 anos que não conseguia relacionar-se bem com os homens nem obter prazer com as relações sexuais fez uma série de regressões sucessivas. Na primeira, viu-se vivendo na antiga Grécia, no tempo da ocupação romana. Apaixonou-se por um soldado romano, que tivera ordem de não confraternizar com o povo no local onde ela vivia. Teve um romance muito intenso, até que seu amante foi morto por ter desobedecido à ordem recebida. Ao saber disso, ela suicidou-se, pensando fortemente: "Nunca mais hei de amar outro homem!"

Em vidas sucessivas foi prostituta, usando os homens; feiticeira, lidando com bruxaria; mulher fútil, que se casara por dinheiro; na Florença medieval, foi politicamente poderosa, novamente usando os homens; e finalmente freira. Somente após um trabalho bastante difícil conseguiu apagar as mágoas, ódios e tristezas de todas essas vivências e começar um relacionamento com um rapaz, percebendo pela primeira vez algumas sensações sexuais.

Geralmente os resultados terapêuticos se fazem sentir já desde as primeiras sessões de regressão, mas não podemos esperar soluções imediatas, principalmente quando o problema se mantém em inúmeras vidas sucessivas.

Hans Ten Dam costuma dizer em suas aulas que o *trauma* tem INÍCIO, FIM e CARGA.

Se no fim da sessão a carga não é aliviada, o paciente sai mal. É provável que exista um *hang-over* (sobra), o que significa que o problema é repetitivo e será encontrado em duas ou mais vidas. Quando isso acontece, o paciente costuma queixar-se de sensações crônicas, como por exemplo náuseas sem explicação.

Mais adiante neste livro o leitor encontrará maiores informações sobre o assunto.

36

A anamnese e o início do tratamento

A colheita de dados anamnésticos para o terapeuta de vida passada deve manter as características de qualquer anamnese psiquiátrica ou psicológica. Delas se diferencia, porém, pela especial atenção que deve ser dada à utilização por parte do paciente de frases ou palavras que pareçam destacar-se do contexto verbalizado, por sua incongruência ou por serem repetidas muitas vezes com ênfase exagerada ou inadequada, ou ainda porque essa repetição não parece claramente consciente. Da mesma forma, exclamações reiteradas de desânimo ou desespero absurdo também devem ser anotadas. Tudo isso representa possivelmente material reprimido no "inconsciente", cujo real sentido poderá ser encontrado durante a regressão de memória, expressões provindas de épocas muito primitivas da vida atual, da vida intra-uterina (podem ter sido utilizadas pela mãe) ou estarem ligadas a fatos acontecidos em vidas pregressas. Portanto não parecem ter qualquer sentido, ou são absolutamente inadequadas para o momento atual.

Queixas estranhas, incompreensíveis para o raciocínio lógico, têm boa probabilidade de terem um significado claro num contexto ligado a uma vida anterior.

Muitas fobias ou sintomas psicossomáticos os mais variados, tais como dores estranhas, parestesias, tonturas ou vertigens, pseudodispnéias, etc., são pistas a serem levadas seriamente em consideração.

Sonhos de repetição, *déjà vu*, ou impressões de "já sentido" ou "já ouvido", fazem parte desse material capaz de desencadear memórias provenientes da profundidade da mente.

A histeria ou pitiatismo, quadro para o qual a psiquiatria não tem uma forma adequada de tratamento e a psicanálise atinge pouco e com grande dificuldade, representa geralmente a regressão em si, e portanto é um dos mais indicados para a TVP.

É preciso frisar aqui que doenças físicas, mesmo que provenientes de somatizações duradouras, necessitam de tratamento clínico adequado, e não exclusivamente de psicoterapia. É por exemplo o caso de uma asma grave ou de uma úlcera gastroduodenal.

O estudo anamnéstico pode ocupar mais do que uma sessão inicial, pois sabemos que a tomada de dados com pacientes confusos ou tímidos pode ser extremamente difícil. Temos neste livro um pequeno capítulo dedicado especialmente à relação terapeuta-paciente.

Por mais profissionalizados que possamos ser, e por mais pacientes e interessados, sabemos que os clientes com certa freqüência tendem a nos enredar em suas neuroses, que às vezes desencadeiam as nossas. Se um contato se torna opressivo para nós, talvez seja mais prudente encaminhar o cliente para outro colega, fazendo o possível para convencê-lo a seguir o conselho, sem todavia sermos agressivos ou inadequados. Holloway, um exímio transacionalista e gestaltista, costumava dizer: "Nunca podemos fazer com que o paciente esteja melhor que nós mesmos". Isto significa que um problema que não superamos tornará dificílimo o tratamento do mesmo problema num cliente. Isto poderá criar uma série de transações inadequadas e antiterapêuticas. Para os interessados, aconselho vivamente a leitura do livro de Eric Berne, *Os jogos da vida*.

Quanto mais completa a anamnese, melhores e mais claras serão as pistas para o tratamento.

Início do tratamento

Para iniciarmos a terapia regressiva usamos uma sala silenciosa (sempre que possível), com temperatura agradável. Temos poltronas cômodas e divã, almofadas espalhadas numa sala atapetada. As luzes podem ser diminuídas gradualmente, pois em geral as pessoas concentram-se melhor em local mais escuro, a menos que tenham alguma fobia à escuridão. Tenho lençóis e cobertores, como também aquecedor e ventilador. Não esqueçamos que com freqüência as pessoas em regressão sentem muito frio. É bom, como ensinava Fritz Perls, ter à disposição uma caixa de lencinhos de papel, porque o choro pode ser abundante.

O tempo necessário para as primeiras regressões deve ser geralmente de duas horas. Não podemos interromper uma situação emocional em plena fase de rememoração por falta de tempo. Se a catarse não for completa, o paciente poderá voltar à superfície com grande angústia e permanecer angustiado por diversos dias. As sessões seguintes poderão ter uma ou duas horas, e isso depende do paciente e da rapidez de sua rememoração. Alguns acham que sempre se deve usar duas horas pelo menos.

Aconselhamos os/as clientes a abrirem suas roupas apertadas, a retirarem brincos e óculos ou lentes de contato, e a esvaziarem a bexiga, se necessário. Devem-se evitar interrupção ou telefonemas.

Nos últimos tempos, tenho colocado um pequeno microfone ligado a um radiogravador, que, além de possibilitar a gravação da sessão, me permite usar auriculares para ampliar a voz, pois muitas vezes durante a regressão o cliente fala muito baixo ou murmura, e isso acaba cansando o terapeuta, obrigado a se esforçar para ouvir o relato daquilo que passa pela mente da pessoa em transe.

Indução

Existem inúmeras formas de indução hipnótica. Podemos, por exemplo, escolher uma das técnicas clássicas, como o *pestanejamento sincrônico* ou a *levitação da mão* de Milton Erickson. Na primeira, dizemos ao cliente que iremos contar até um número qualquer (que poderá ser 30 ou 40) e que a cada número ele deverá fechar e abrir seus olhos com movimentos moles e pesados de suas pálpebras, até que as mesmas comecem a ficar pesadas. Durante a contagem, sugestionamos que elas estão realmente ficando pesadas até que isso aconteça. Daí para a frente, paramos de contar e induzimos um relaxamento gradual do corpo a partir da cabeça ou dos pés, até que ele entre em estado hipnótico. É aconselhável falar em voz lenta e monótona, que facilita um estado de sonolência.

Na técnica ericksoniana, a voz inicialmente deve ser rápida. O cliente em geral fica sentado (pode estar também deitado), apóia uma mão num joelho, com os dedos fechados, fixando com as pálpebras bem abertas um ponto qualquer dessa mão, evitando piscar pelo maior tempo que consiga. Gradualmente, nós o sugestionamos para que seus dedos se abram como um leque, repetindo a sugestão inúmeras vezes, até que isso aconteça realmente. Então, com a mesma voz rápida, dizemos-lhe que seu braço está perdendo peso, e que começa a subir até a mão atingir a fronte. Continuando, afirmamos que a mão espalmada irá encostar nas pálpebras, que se fecharão pesadamente. Com tais sugestões monótonas e rapidamente repetidas, o braço sobe com movimentos automáticos, sem que o paciente lhe sinta o peso, e assim ele entra numa hipnose gradual e consciente. Daí em diante podemos continuar falando com voz mais lenta e tranqüila, enquanto propomos que a mão volte aos poucos à posição de repouso, aprofundando o estado de sonolência.

Para maiores detalhes, remetemos o leitor ao livro *Psicoterapias e estados de transe*, onde esses e outros métodos estão mais amplamente descritos.

Muitas vezes pode ser suficiente dizer ao/à paciente que feche os olhos e focalize mentalmente um ponto bem no centro de sua fronte, e que comece a respirar seguida e profundamente por mais tempo que consiga. Em alguns casos, a hiperpnéia pode produzir uma série de sintomas que do ponto de vista psiquiátrico seriam rotulados de histéricos, mas que para nós são verdadeiros estados de regressão. Existem pessoas que induzem assim a regressão, mas nós não as utilizamos, a não ser que isso aconteça naturalmente. Algumas pessoas necessitam de uma indução lenta e gradual, e podemos por exemplo propor-lhes que imaginem de olhos fechados uma estrela luminosa que começa a afastar-se cada vez mais... e mais... e sua luminosidade diminui, tornando difícil sua visualização... sua luz diminui... a vista vai ficando cansada... o corpo mole... e assim por diante, até produzir uma sonolência hipnoidal.

A regressão no tempo pode ser iniciada com a proposta de imaginar um relógio que começa a girar rapidamente para trás, ou uma folhinha que volta no tempo, ou melhor, uma longa rampa em caracol cujas espiras amplas e suaves levam a regredir no tempo à procura do momento em que o trauma começou, seja na adolescência, na infância, na vida intra-uterina, ou muito antes desta vida, pois a rampa se perde na escuridão do passado.

Antigamente eu propunha uma escadaria, mas várias vezes clientes me disseram que tinham medo de cair e machucar-se.

Uma longa estrada que vai além do horizonte pode ser proposta, ou então o túnel do tempo, e assim por diante.

Aquilo que interessa, e que deve ser dito ao cliente, é que nos comunique qualquer imagem, intuição ou emoção que surja, como também qualquer sensação corporal, por menor que seja, para que possamos entender aquilo que vem à sua mente.

Pode-se, antes da regressão, fazer um relaxamento sob indução verbal, iniciando com a frase: "Comece relaxando os músculos de sua fronte", e a seguir continuar na face, crânio e nuca, braços, antebraços, mãos e dedos, tronco, tanto na face anterior, liberando a respiração, tranqüilizando o coração, boca do estômago e abdômen, quanto na face posterior, descendo pela coluna, afrouxando vértebra por vértebra, e os músculos, desde os ombros até as ancas, descendo pelos membros inferiores até os pés e artelhos.

Steven Raymond criticou num artigo o uso de um relaxamento prévio, pois o relaxamento seria antitético ao conceito de que a própria tensão, ligada à problemática, levaria à descoberta da etiologia. Em nossa experiência, isso em nada dificulta a regressão.

A maioria dos autores que trabalha com hipnose fala em aprofundamento hipnótico. Isso não passa de uma fantasia meramente individual.

Todo conceito de tempo, anterior ou posterior, e de aprofundamento é na realidade incongruente, pois, cosmicamente, que valor podemos dar ao tempo, se a nossa mente pode estar no mesmo instante aqui e lá? E o que significa aprofundar no tempo? Apesar disto, se perguntamos a um paciente em transe se ele se sente mais ou menos profundo, ele valoriza isto, e se ainda lhe perguntarmos se a vida que está revivendo num momento determinado é mais ou menos antiga do que outra, ele responderá dentro dos conceitos cerebrais de espaço-tempo.

Tudo que uma pessoa relata é provavelmente filtrado pelo córtex cerebral que vive neste espaço-tempo. Esta, aliás, deve ser também a razão pela qual raramente uma pessoa pode usar a língua original que teria falado numa vida anterior. Temos a impressão de que o córtex em geral é mais capaz de externar o raciocínio na língua atual. Algumas palavras em língua de outras vidas podem surgir apenas como memória residual. Até hoje, jamais encontrei alguém que falasse corretamente uma língua desconhecida na vida corrente. Sei todavia que essa capacidade já foi descrita por diversos autores, como veremos em outro capítulo deste livro, dedicado às provas da reencarnação. Em um curso que dei há poucos dias uma aluna relatou-me que durante uma regressão um cliente falava corretamente em hebraico, língua que afirmava não conhecer, pois pertencia a uma família brasileira não-judia e não mantinha contatos estreitos com judeus. Essa aluna contou-me ainda que, ao consultar uma pessoa que conhecia hebraico, essa lhe confirmou que as palavras que ela anotara conforme ouvira do cliente em transe correspondiam ao texto de rezas nessa língua.

Netherton utiliza uma técnica muito interessante, que é hoje em dia a mais usada para levar o paciente rapidamente à regressão.

Propõe que o paciente, de olhos fechados, se concentre naquelas frases ou palavras incongruentes ou fora do contexto, anotadas na anamnese, que fizeram parte de sua própria queixa. Devemos dizer-lhe que repita tudo isso (poucas palavras) várias vezes de maneira monótona, regredindo no tempo até que surjam em sua mente memórias ou até fantasias que poderiam estar ligadas ao desencadeante inicial do problema a ser tratado.

O material que surge não deve ser analisado, mas aceito e descarregado. Não se trata de algo como o "SONHO ACORDADO DIRIGIDO" de Desoille, ou da técnica de Assagioli descrita em seu livro *Psicossíntese*. Em TVP raramente se fala de símbolos. O sintoma patológico é a ponta de um *iceberg* que emerge do inconsciente, e só o paciente poderá entendê-lo.

Além da queixa de um sintoma, um sonho de repetição pode ser rememorado como indutor da regressão, e o mesmo pode ser dito em relação a um *déjà vu*.

Outra característica importante do método de Netherton é que

41

para a eliminação dos sintomas o paciente é induzido a repetir a emoção que sente nos momentos dramáticos da regressão até que desapareça a angústia a eles ligada. A seguir, a pessoa é levada à vida intra-uterina na atual existência, numa época próxima de seu nascimento, pois com muita freqüência as memórias traumáticas são reavivadas por algum acontecimento perinatal que de certa forma se assemelha ao trauma primitivo de vidas anteriores. Isto também deve ser descarregado emocionalmente. Como exemplo bem característico, temos diversos casos em que uma circular do cordão umbilical na hora do parto reavivou a lembrança de um enforcamento ou afogamento.

Diferentemente de Netherton, a dra. Edith Fiore não usa essa revisão da fase perinatal. Todavia, temos confirmado inúmeras vezes traumas reforçados nesse período.

Deve-se notar que um mesmo problema pode ter surgido de forma semelhante em diversas vidas pregressas. Isso é especialmente importante em traumas sexuais e problemas homossexuais.

Temos encontrado com muita freqüência pacientes homossexuais que foram monges ou padres em vidas anteriores, fato esse que nos foi confirmado por outros psicoterapeutas. Historicamente, é provável que conventos tenham sido refúgio freqüente para pessoas com problemas de ordem sexual.

Já que falamos em importantes "coincidências", lembro que nós, psiquiatras e psicólogos, geralmente fomos "bruxos" e "sacerdotes" em alguma vida anterior.

Técnicas não-verbais

Até aqui falamos de métodos de indução verbalizados, isto é, que usam a hipnose falada. Pode-se todavia induzir um transe mediante técnicas não-verbais.

Respiração profunda muito prolongada, movimentos com apoio de músicas ou ritmos, como a *terpsícore-transe-terapia* de Ackstein, que usa ritmos provindos da umbanda e provoca o impulso inicial do transe cinético mediante um impulso na direção contrária ao movimento dos ponteiros de um relógio, com o corpo ereto e a cabeça em extensão. Coloca-se a ponta dos dedos da mão direita sobre a cabeça do paciente, impulsionando-o a girar gradualmente até que o transe se instale.

Uma outra técnica inicia-se com o paciente em pé e o tronco inclinado num ângulo de até 90 graus em relação às pernas. Coloca-se a mão direita na nuca do paciente, e com a esquerda impulsiona-se seu braço direito para dar algumas viradas até que o transe se instale.

A regressão pode também ser provocada por acupuntura. Não tenho todavia experiência a respeito do assunto.

Sabemos, outrossim, que ouvir com olhos fechados sons ligados a experiências infantis, como gritos, escadas rangendo, suspiros, choro, vento, trovoadas, sons de palmadas ou pancadas, etc., pode nos levar a memórias esquecidas e até provocar angústia. É por demais sabido que certas músicas nos levam facilmente ao passado. Devemos ainda lembrar que um susto violento, ou uma explosão, também podem provocar um estado de estupor hipnótico.

Uma forma terapeuticamente importante e capaz de desencadear regressão, às vezes instantânea, é a *digitopressura* sobre um ponto determinado do corpo do paciente, que se mantém de olhos fechados. Essa técnica é utilizada quando ele nos relata uma dor localizada ou uma sensação de pressão ou peso num local específico.

Um paciente meu que referia uma dor como a de uma facada na face posterior do tórax voltou imediatamente à cena de uma briga com punhal, na qual morreu numa vida passada, sem que fosse necessária qualquer outra forma de indução, a não ser a pergunta: O que vem à sua mente?

Uma técnica que tenho experimentado é uma mistura da dessensibilização sistemática do behaviorismo com a TVP.

Em certos casos de fobias, posso começar o tratamento usando a hierarquia gradual de aproximação ao objeto fobígeno com intensidade crescente, e quando o paciente refere ou sinaliza tensão, eu pergunto: Onde? Em que parte do corpo? Dependendo da resposta, proponho-lhe que entre em contato com essa parte do corpo, perguntando-lhe mentalmente, ou em voz baixa, por que a parte se tensiona e o que essa parte lhe lembra, onde isso já aconteceu em outros tempos, nesta ou em qualquer vida anterior.

Essa técnica mista torna o tratamento mais completo, mais rápido, e une as filosofias psicodinâmicas e a comportamental, demonstrando mais uma vez que isso não traz qualquer prejuízo.

(Caso n.º 5) Homem de 34 anos que, após intoxicação alimentar, começou a ter medo de passar mal em público, com súbitas diarréias, há dois anos. Tem dificuldade de viajar de ônibus e convidar alguém a viajar em seu carro.

Foi preparada a hierarquia de intensidade do medo, a partir do menos intenso para o mais intenso:

medo numa rua de uma cidade desconhecida

medo perto de casa

medo de visitas

medo de ônibus

medo de estar com alguém no ônibus

medo de estar numa viagem com convidado no carro

Logo de início, após a entrada em transe hipnótico, ao ser-lhe proposta a primeira imagem, ele referiu contrações no esfíncter anal. Disse-lhe que voltasse à origem da contratura, e isso o levou a uma cena da infância, onde um primo tentou forçá-lo a uma relação sexual-anal que foi descoberta pela mãe, com grande escândalo. Liberada a angústia, passamos a uma segunda apresentação, onde surgiram tensões nas pernas, que o levaram a regredir a brigas na infância com "a turma da rua", que queria pegá-lo, e ele com muito medo via-se fugindo para esconder-se. No momento o paciente está em tratamento e já apresentou melhoras depois da primeira sessão.

Tenho ainda pouca experiência com essa forma de tratar, mas me parece promissora.

Aprofundamento

Muitas vezes são necessárias diversas sessões para eliminar um determinado trauma, e, se a sessão por alguma razão não foi bem conduzida, o paciente pode sair dela perturbado em vez de aliviado.

Hans Ten Dam diz que uma regressão adequada deve ter uma curva suave de aprofundamento e uma volta simétrica. Isto lamentavelmente nem sempre é possível, pois depende da capacidade de revisualização das situações perturbadoras e da velocidade e clareza da rememoração.

INDUÇÃO ☆   ☆ EDUÇÃO

☆   ☆

REMEMOR ☆ AÇÃO   ☆ COMPREENSÃO (REDECISÃO E ALÍVIO FINAL)

☆   ☆

☆   ☆

☆

CATARSE

☆ ☆ ☆ ☆ ☆ ☆ ☆

À medida que o paciente começa a aprofundar-se na hipnose, nós lhe pedimos que comunique qualquer sensação que surja em seu corpo. Se ele relata estar sentindo, por exemplo, as mãos enrijecidas, dizemos: "Agora repita isto várias vezes: — Minhas mãos estão enrijecidas"; se sente como se estivesse sufocando, deverá passar a repetir essa mesma frase: "Estou sufocando... Estou sufocando...", e assim por diante.

Enfim, através daquilo que ele mesmo relata, provocamos o ressurgimento das memórias "esquecidas". Não se deve induzi-lo a dizer algo que pressupomos que esteja acontecendo. Geralmente ele próprio reage, afirmando: "Não! Não é isso". Por exemplo, se ele afirma que está sufocando e nós supomos que está morrendo estrangulado, isto não deve ser induzido. O importante é que ele próprio entenda o que está surgindo e descarregue sua emoção, medo, raiva, dor, tristeza, etc., até seu esgotamento. Devemos então dizer: "Repita isso... repita novamente... mais uma vez...", até que, com essa mesma repetição, a angústia se perca.

Alguns pacientes iniciam relatando lembranças bastante superficiais, isto é, fatos acontecidos há pouco tempo, ou há alguns anos. Após revivenciá-los, continuamos dizendo: "Vá mais para trás", para que gradualmente surjam da profundidade fatos que pareciam esquecidos, até que a angústia contida possa ser descarregada suficientemente. Em determinado momento podemos propor: "Agora volte à época antes de seu nascimento. Sinta-se dentro do útero de sua mãe. Toque mentalmente ao seu redor. Diga o que sente". Pedimos ainda que "entre em contato com sua mãe" e procure intuir o que ela está sentindo (e às vezes mesmo o pai).

Alguns admitem que o feto é telepata, e com isso percebe se está sendo esperado com carinho ou não. No último caso não é raro que não queira nascer e reviva o parto materno difícil, pois ele mesmo teria tentado desesperadamente evitar seu próprio nascimento (vide Caso n.º 5, p. 74).

Como vimos, alguns pacientes regridem de forma gradual até a vida intra-uterina. Se a seguir eu quero que eles passem a uma vida anterior, sugiro: "Vá mais além... muito além... muito antes de estar no útero de sua mãe..." Nessa fase, às vezes o paciente afirma não enxergar nada, ou estar no escuro. Alguns dizem que não sentem o corpo, ou que estão flutuando no espaço. Então eu continuo dizendo: "Siga mais para trás no tempo, até que surja uma imagem ou uma recordação..." A frase pode ser repetida algumas vezes até que o paciente comece a descrever uma cena que nada tem a ver com sua vida atual. Uma cena estranha, um lugar desconhecido ou uma pessoa desconhecida: "Se você vê algo ao seu redor, descreva... Se você está lá, diga o que calça... o que veste... qual o seu sexo... Você é adulto ou criança?..."

Se descreve, por exemplo, uma rua, é interessante perguntar: "Há algum veículo nesta rua, ou como são as casas?" Às vezes o paciente relata que só existem carruagens, carros antigos ou cavalos, etc., e com isso ele percebe estar numa outra época, facilitando a tomada de consciência.

Outros pacientes, desde os primeiros minutos da sessão, precipitam-se em "vidas anteriores". Lembro-me de alguns que assim procederam sem que eu lhes tivesse dado qualquer orientação de que trabalharia com TVP.

Tais memórias podem surgir aos poucos, e às vezes o paciente refere de início uma cena aparentemente inocente ou alegre. Não nos deixemos enganar, porque se lhe dissermos: "Vá adiante...", geralmente ele relata a cena traumática ou uma situação trágica que precede a sua morte. Outras vezes pode dar sinais de grande sofrimento, por estar encarcerado numa masmorra ou sendo torturado, ou estar se afogando, ou ainda enterrado vivo, e assim por diante.

Não devemos suspender a sessão porque o paciente grita ou chora, ou ainda aparenta terrível desespero. Muitas vezes ele de início nega-se a ir adiante, porque "sabe" que acontecerá um fato terrível. Temos então que dar-lhe apoio para que enfrente tudo isso e revivencie a cena temida.

Alguns terapeutas, quando percebem que o paciente denota sofrimento excessivo, propõem que ele veja a cena de muito longe inicialmente, e que se aproxime dela de uma forma gradual. Uma outra maneira seria mandar que ele veja as imagens como se filtradas por um vidro opaco. Às vezes basta dizer que ele poderá entender e perceber tudo, mas que não é necessário que ele sofra tanto.

Eu às vezes pergunto se ele necessita de apoio, e, em certas situações, digo-lhe que me dê a mão e que estou a seu lado para que possa enfrentar com mais segurança tudo aquilo que passou em outros tempos. Repito-lhe que somente sua revisão dar-lhe-á alívio.

Quero aqui frisar que não há qualquer razão para ser ter medo de tocar fisicamente alguém que está em grande angústia. Muitas vezes pacientes me disseram como foi importante isso, porque nunca antes haviam sentido um toque afetivo.

O caso que se segue é demonstrativo de como a recordação deve ser levada adiante apesar da aparência de intenso sofrimento:

(Caso n? 6) J.R.S, 48 anos, sexo masculino, brasileiro, de origem portuguesa. Veio com a queixa de que de vez em quando tinha crises súbitas de impotência sem explicação. Era casado e tinha casos extraconjugais. Já na primeira regressão referiu ser um jovem alsaciano, de origem alemã, que havia passado a maior parte de sua vida do lado francês. Em 1870 (de início ele disse 1860) estoura a guerra franco-prussiana. Quando um regimento alemão que invadiu a localidade onde morava o prendeu ao descobrir que ele era alemão, foi considerado traidor e torturado por alguns soldados, que esmagaram seus testículos com alicate. Ao reviver esta cena de tortura, ele gritava de dor, aparentando grande sofrimento. Deitado em almofadas, dava verdadeiros pinotes. No entanto, no fim das sessões, saía sentindo-se otimamente. Numa outra regressão, ele se viu como um hindu, há muitos séculos na Índia, como pária. Por ter-se apaixonado por uma mulher casada de casta superior, foi preso, e seus órgãos genitais foram queimados. Após meia dúzia de sessões, a impotência desapareceu.

A Gestalt se fecha quando o paciente não dá mais demonstração de grande sofrimento após repetições sucessivas das cenas traumáticas. As repetições e a diminuição gradual da angústia seguem o mecanismo behaviorista da "dessensibilização sistemática" que se usa para o tratamento de fobias.

Alguns pacientes relatam as cenas como se as vissem, com cores vivas, enquanto outros falam com lentidão e de forma monótona, e afirmam que as memórias surgem de maneira intuitiva, mas não visual. Enquanto uns passam facilmente de uma para outra vida, às vezes de forma confusa e tumultuada, outros permanecem várias sessões numa mesma "vida". Em alguns casos, devemos até brecar a pessoa que quer saltar de uma para outra vivência sem ter esgotado seu conteúdo dramático.

É preciso lembrar que datas nem sempre correspondem exatamente, como aliás acontece quando relatamos numa conversa memórias de nossa vida atual. Em certos casos, o paciente pode estar vivendo fatos acontecidos "numa infância", ou pode ter sido inculto, ou ainda nossas datas atuais não faziam sentido naquela época (ex., antes de Cristo). Outras vezes, os dados referidos em sessões sucessivas a respeito de uma mesma vida parecem não corresponder.

Lembro um paciente que referia ter sido um padre jesuíta que morreu jovem no púlpito de uma igreja, onde fora agredido por estar atacando em seus sermões um príncipe espanhol. Numa sessão, na semana seguinte, voltou a sentir-se como padre jesuíta, mas afirmou ter morrido na Bahia, no século XVI, já velho. Como os dados pareciam incoerentes, fomos pesquisando melhor e gradualmente surgiu o fato de que ele havia sido duas vezes jesuíta, e nas duas vidas havia estudado em Roma, no mesmo colégio jesuíta. Eram duas existências bastante parecidas. Daí os dados relatados em ambas as sessões parecerem falsos e não confiáveis do ponto de vista histórico.

Alguns pacientes parecem viver nas regressões uma realidade

em outro espaço-tempo, enquanto outros se perguntam se tudo o que disseram durante a sessão não teria sido mera fantasia. Não nos interessa a discussão, porque, como já frisamos, nossa função é levar o cliente a obter resultados práticos, e não discutir filosoficamente a reencarnação ou a realidade de suas memórias.

Repito, quanto maior a emoção descarregada, maior o alívio. A simples revisão de uma vida pregressa pode não ter valor curativo.

Van Ten Dam, num curso proferido em São Paulo, falou da possibilidade de entrarmos em contato com uma personalidade intrusa, e de estarmos então lidando, sem o saber, com vidas pregressas dessa personalidade intrusa, e não do paciente. Estamos falando de pessoas que estariam obsedadas. Não é fácil saber se estamos realmente em contato com o cliente ou não, e diferenciar uma auto-obsessão de uma hetero-obsessão.

Às vezes surge abruptamente uma mudança de voz ou de personalidade durante a regressão. Já me aconteceu que, suspeitando de um fenômeno de obsessão, ao perguntar com quem estava falando, recebi uma resposta agressiva que não era a forma normal com que a paciente se comunicava comigo. Poderia tratar-se de dupla personalidade ou de uma verdadeira obsessão.

A dra. Fiore diz que em seu consultório nos Estados Unidos ela mesma se dedica a tentar afastar essas entidades intrusas, mas sua forma de enfrentação nem sempre foi considerada muito adequada por pessoas que entre nós costumam lidar com obsessores em sessões espíritas. Quando isso me acontece, o que não é muito freqüente, prefiro acalmar essas entidades (ou outra personalidade) e, se me parece o caso, encaminho o cliente a algum centro espírita de linha kardecista ou africana, dependendo da preferência da pessoa, ou ainda a um padre exorcista, a um rabino ou parapsicólogo.

Mundim, falando em *nooterapia* ou terapia espiritualista, diz que desobsessão é o procedimento de lise do processo obsessivo, ou parasitose mental, através de psicogrupos ou grupos de desobsessão, de que tomam parte médiuns de "incorporação" ou "psicofônicos", principalmente para a mediação das comunicações dos "espíritos obsessores com a doutrinação destes", interferindo no deslinde do binômio obsessor-obsediado. Segundo Denizard Souza, esses psicogrupos devem reunir-se semanalmente em sessões de uma a uma hora e meia.

Não é fácil lidar com problemas psíquicos que de um lado podem ser interpretados psiquiatricamente como patologias do cérebro e de outro podem ser vistos como fenômenos cósmicos somente intelegíveis pela intuição como mecanismo de compreensão do universo. É interessante notar que enquanto um famoso psiquiatra como Jasper fala só de patologia da mente, em seu livro *Psicopatologia mental*, Kardek descreve quadros idênticos de obsessão, como interação entre espíritos (Oliveira I. P.).

Como já dissemos no capítulo anterior, a medicação psiquiátrica também deve ser utilizada quando for considerada necessária, pois defeitos nos mecanismos cerebrais necessitam de intervenção médica adequada. Nossa experiência em TVP na assim chamada *esquizofrenia* ainda é muito reduzida, e não podemos emitir uma opinião definitiva. Num surto psicótico não é geralmente possível uma concentração suficiente para obter uma entrada em transe hipnótico e, portanto, a terapia regressiva não pode ser tentada. Dizemos apenas que em certos casos, além da medicação, uma atenção "diferente" é desejável, quando o contato é possível.

Nas depressões do tipo neurótico a TVP pode ser útil, mas nos quadros graves de doenças afetivas, como nas *depressões psicóticas* do tipo *maníaco-depressivo uni* ou *bipolares*, o tratamento medicamentoso é fundamental.

Não podemos esquecer o grande avanço medicamentoso que a psiquiatria obteve mediante os modernos antidepressivos, antipsicóticos, e com o carbonato de lítio.

Aos psicólogos que estejam lendo essas linhas aconselho vivamente que nestes últimos casos peçam a ajuda de um psiquiatra experimentado, que saiba dosar adequadamente a medicação. Esses remédios provocam com alta freqüência uma série de sintomas secundários desagradáveis e de certa gravidade.

Casos: exemplos de·indução pelo método de Morris Netherton e outras técnicas

Em alguns casos aqui descritos foi usado o hipno-relaxamento prévio, enquanto em outros isso não foi necessário, pois pelo contato com o/a paciente tivemos a nítida sensação de que o problema estava quase atingindo a consciência. Como já disse anteriormente, a ponta do *iceberg* estava emergindo. Veremos então como foi feita a pesquisa do "corpo submerso" e sua terapeutização.

Os casos aqui relatados foram sintetizados quanto à queixa e ao número de repetições das frases de conteúdo emocional durante as sessões de regressão. Isto estará sinalizado com a palavra "etc.", significando que mandávamos o paciente repeti-las quantas vezes fosse necessário, para que a emoção se reduzisse e o conteúdo fosse emitido já com um tom de voz mais tranqüilo.

(Caso N? 7) J.O., paciente do sexo masculino, branco, 32 anos. Começou a falar de uma maneira muito confusa: "Há mais de cinco anos sinto uma dor no peito e nas costas, não agüento mais. Essa dor é terrível. Nenhum médico que consultei foi capaz de encontrar qualquer coisa. Já me mandaram fazer um monte de exames, raios X, eletrocardiogramas e vários tipos de exames de sangue completamente inúteis. A dor me pega subitamente, e é como se fosse uma facada. Agora mesmo está doendo, começou pouco antes de eu entrar na sua sala". (Enquanto afirmava sentir essa dor terrível, seus traços faciais não demonstravam qualquer sofrimento.)

"Quando isso me acontece, sinto muito medo, doutor, sinto um medo horrível de morrer. Já tomei um monte de remédios que não aliviam. Os médicos dizem que é o sistema nervoso, e aí decidi procurar o senhor, por conselho de um seu antigo paciente."

Após ouvir sua queixa, relatada de forma confusa e incongruente, perguntamos-lhe sobre antecedentes pessoais, que somente revelavam dificuldade de comunicação, que havia piorado desde o início da dor. Era solteiro, com poucas experiências afetivas e sexuais. Nos antecedentes familiares: pai falecido há dez anos, bom e trabalhador, e mãe viva, nervosa, preocupada (*sic*).

Na sessão seguinte pedi-lhe que se deitasse nas almofadas da forma que quisesse, após dar-lhe alguma orientação sobre aquilo que eu iria fazer.

TERAPEUTA — Tome uma posição bem cômoda, mantenha suas pálpebras molemente fechadas, distenda seu corpo, respire algumas vezes profundamente, e a seguir repita de forma monótona, murmurando baixinho como se estivesse rezando: "Recebi uma facada no peito, estou com medo, recebi uma facada no peito, estou com muito medo...", etc.

PACIENTE — Estou com medo, recebi uma facada no peito, estou com muito medo, recebi... me deram uma facada no peito... estou com medo... muito medo..., etc.

T — Comunique-me se surgir em sua mente qualquer imagem, fantasia ou intuição sobre isso, como também qualquer sensação corporal, por mínima que seja. Não analise nem discuta o que vem à sua mente, mesmo que lhe pareça absurdo (falando com voz lenta e monótona para facilitar a indução ao transe). Continue murmurando mesmo que eu fale com você. Aprofunde na rampa do tempo, vá regredindo à procura da causa inicial do seu problema, regrida no tempo, aprofunde mais e mais..., etc.

(O paciente estava deitado, de olhos molemente fechados, repetindo baixinho as frases acima, quando subitamente começou a contrair as pálpebras e mostrar algumas alterações mímicas da face.)

T — O que está acontecendo? Fale sem abrir os olhos, deixe que venha...

P — Esquisito, estou vendo um cavalo. Alguém está andando a cavalo.

T — Quem?

P — Não sei... parece que sou eu... mas o cavalo tem algo esquisito... parece uma armadura... e eu também...

T — O que você sente... Onde você está indo?

P — Eu acho que está começando uma batalha... Mas é num tempo muito antigo. Tem outros na minha frente. Estou vendo bandeiras.

T — O que você sente?

P — Estou com medo... com muito medo. Eu não queria vir. Meu Deus, eles vêm vindo... eles são muitos, eu tenho medo... eles vêm contra a gente...

T — Repita aquilo que você sente.

P — Eu tenho medo... muito medo...

(A voz e a mímica transmitiam realmente o medo, e subitamente ele emitiu um forte gemido.)

T — O que está acontecendo?

P — Ele me atingiu nas costas. Dói muito... sinto que vou cair do cavalo.

T — Repita tudo isso.

P — Dói... Dói muito nas costas e no peito... dói muito... a lança me transfixou... etc.

T — O que acontece com você?

P — Estou caído no chão... Acho que estou morrendo... dói muito, não quero morrer.

(Mandei que repetisse essa cena da morte várias vezes, até que a angústia da descrição começou a diminuir, como também a dor.)

P — Estou me vendo caído, com a lança enterrada no peito e no chão.

T — E onde está você?

P — Acho que já não estou no corpo, vejo tudo do alto... Não dói mais... estou bem.

T — Perceba que esta cena não pertence à sua vida atual. Não há qualquer razão para você estar sentindo hoje, nesta vida, dores no peito. Isto não pertence à sua vida atual, etc.

(O paciente continuou descrevendo que, apesar de estar flutuando longe, ainda estava vendo o desenrolar da batalha, e que muitos amigos estavam morrendo. Disse ainda sentir muita tristeza por abandonar aquele corpo tão bonito. Deixei-o descarregar a tristeza.)

T — Muito bem, afaste-se definitivamente dessa cena e volte a esta vida, porém ainda dentro do útero de sua mãe atual. O que está sentindo agora?

P — Estou bem. Está quente.

T — Sua mãe quer você?

P — Sim. Sinto que ela me espera, mas tem medo da dor do parto.

T — Isto tem importância para você?

P — Sim. Tenho medo de sentir dor novamente.

(Provavelmente ele estava captando o medo da dor de sua mãe.)

T — Perceba bem se esse medo da dor é seu ou de sua mãe.

P — Acho que é dela, mas... não sei...

T — Vá ao momento do parto.

P — Está me apertando (o útero)... agora ele está se abrindo, me aperta... agora vejo luz (novos sinais mímicos de dor) Aii... Alguma coisa dura me machuca o peito... dói... dói muito de novo.

T — O que te machuca?

P — Acho que é um ferro, me machuca o peito. Agora me puxa a cabeça... dói... (chora)

(Voltamos a fazer a descarga catártica como acima, explicando que foi essa dor ao nascer que reavivou a memória da morte anterior, mas que não havia razões para que continuasse na vida adulta a ter dores no tórax. Dissemos ainda que podia voltar gradualmente à sua idade atual, sentindo-se bem e sem medo ou dor.)

T — Agora você poderá gradualmente voltar à sua idade atual sentindo-se bem, calmo e tranqüilo, e principalmente sem medo de morrer. Suba gradualmente a rampa do tempo e volte à vigília plena no momento que se sentir bem.

(A dor no peito foi desaparecendo em cinco sessões. O paciente referia ainda que o mais grave havia sido o medo da morte que sentia concomitantemente à dor no peito, e que foi o primeiro a desaparecer.)

(Caso n? 8) O próximo caso será sintetizado porque surgiu durante uma aula nossa no Rio de Janeiro, e a transcrição não foi completa, mas é muito interessante quanto à queixa estranha. No correr do curso pedimos uma voluntária que quisesse expor seu problema publicamente e submeter-se a uma sessão de terapia.

Apresentou-se uma psicóloga, pessoa adulta com mais de 40 anos, que relatou uma certa fobia em lugares descampados, claustrofobia em cubículos escuros, e que ela "se perdia facilmente e, quando se perdia, não conseguia pedir ajuda'', fato esse que a deixava muito ansiosa.

Como não entendêssemos o que ela queria dizer com "não consigo pedir ajuda", pedimos que explicasse melhor, mas ela foi incapaz, disse apenas que não dava para pedir a alguém que a orientasse.

Deitada em almofadas, de pálpebras fechadas, dissemos apenas que começasse a repetir monotonamente sua queixa, e poucos instantes depois surgiram tremores pelo corpo.

T — O que está sentindo?

P — Está muito frio... Está nevando muito...

T — Onde você está?

P — Acho que... no norte da Europa, mas não sei localizar exatamente.

T — O que está acontecendo?

P — Os homens estão se matando.

T — Que homens, e por quê?

P — Acho que é uma guerra, ou quem sabe uma revolução.

T — Por que você não sabe?

P — Sou uma menina, acho que tenho menos de quinze anos.

T — Está só?

P — Meus parentes foram todos mortos. Toda a família morta. (Sinais de tristeza.)

T — O que há?

P — Está começando outro bombardeio. Tenho medo... Tem umas casas de madeira... Tem homens bebendo... os homens me puxam para um abrigo... levantam uma espécie de alçapão e me empurram escada abaixo. Continuo ouvindo o tiroteio... Tenho muito medo... Tenho medo de morrer... quero sair de lá.

T — Fica lá muito tempo?

P — Até acabar o bombardeio... parece que não acaba mais... não agüento mais o lugar. É abafado, pequeno e escuro. (Choraminga.)

T — E depois?

P — Saio correndo pelos campos nevados... e lá vou me perdendo... Não sei mais onde estou.

T — Passa alguém por lá?

P — Sim, às vezes.

T — E por que você não pede ajuda?

P — Porque não sei se são amigos ou inimigos, que poderiam me matar!

T — E o que mais lhe acontece?

P — Acabo perdendo-me nos campos nevados... Estou cansa-

da... frio... muito cansada... quero deitar-me. Não agüento mais...
Agora não sinto mais nada.

T — Onde você está?

P — Estranho, vejo meu corpo encolhido lá na neve, mas acho que já saí dele.

T — Preste atenção: esse medo de pedir ajuda não tem sentido na sua vida atual, nem os outros medos. Isto tudo pertenceu a uma vida anterior..., etc.

Ao terminar a sessão, ela sentiu-se perdida no momento de nascer, mas voltou bem ao aqui e agora. Perguntei-lhe então: "Se você se perdesse agora, aqui no Rio, poderia pedir ajuda?" A resposta imediata foi "Claro que sim", e ela mesma estranhou a resposta lógica e fácil.

Na União Soviética, Bárbara Ivânova, uma famosa sensitiva e estudiosa de fenômenos psicotrônicos, que esteve há pouco no Brasil, diz que a terapia regressiva, aplicada com prudência, se constitui em instrumento eficaz quando realmente atinge esse objetivo educativo nas transformações de certos comportamentos. Ela ainda afirma que "regressões por mera curiosidade são atos imorais e perigosos, não permitidos pelas leis cósmicas".

Num artigo publicado na *Folha Espírita* de fevereiro de 1987, há o relato de um caso de cura de gagueira pela regressão, obtida por Ivânova:

"Um paciente portador de forte gagueira, regredindo, falou normalmente por uma hora, descrevendo sua vida como um importante personagem espanhol, com todos os costumes aristocráticos, em total contraste com o moço comum que é hoje. Nunca gaguejou durante as experimentações. Posteriormente, falou fluentemente perante cento e cinqüenta participantes de um seminário dado pela Ivânova. Ele tornou-se depois um curador, porque as regressões o educaram e o fizeram desejoso e feliz em ajudar as pessoas". À pergunta sobre como agem esses trabalhos, a autora responde: "Houve uma profunda psicanálise da fase pré-nascimento e uma psico-educação como resultado das regressões. Nesse último caso o rapaz viu que ele não gaguejava em outras vidas; então, por que haveria de gaguejar nesta? Esse 'porquê' foi a causa mais importante para atingir a raiz de seu mal". O caso exigia maior investigação, mas estava ele bem melhor, porém não totalmente curado. A razão real do problema deveria ser analisada mais minuciosamente e discutida com ele. Ivânova então obteve uma regressão na qual ele a encontrou: teria vivido num país oriental, onde fora condenado por um velho sábio, na frente de quem mentira e blasfemara, gaguejando, e então ele atingiu o ponto de como liberar-se da condenação.

Num meio transe, o paciente respondeu às perguntas de Ivânova sobre se ele teria sofrido muito com o seu crime. Em voz baixa e culposa, respondeu: "Não", e começou a chorar. A pergunta que ele se fez de como livrar-se desse castigo encontrou a resposta: "Fazendo o bem para as pessoas"...

Ivânova perguntou-lhe: "Você já fez bastante nesta vida para livrar-se da culpa?". A resposta foi: "Não, somente na próxima".

Ivânova acha que seu método diferencia-se da psicanálise por estar direcionado a um nível mais profundo, isto é, às memórias reencarnatórias submersas no inconsciente, e ao fato de que os problemas são revistos de um ponto de partida ético e moral, em vez de sexual.

Um outro tipo de pesquisa em regressão pode ser feito a partir de um sonho repetitivo, principalmente quando ele é de alguma forma perturbador.

(Caso n? 9) Trata-se de um rapaz de 19 anos que vem à consulta por uma série de problemas, sendo que o principal era um sonho que o angustiava havia muitos anos, desde a infância. Ele via um quarto branco e frio. Lá estavam algumas mulheres de roupa preta. Ele ia angustiado à janela e via então uma carruagem negra puxada por cavalos, que estava indo embora. Nesse momento, acordava muito angustiado e sobressaltado.

Um fato muito estranho nos antecedentes deste rapaz era que, apesar de pertencer a uma família brasileira e católica, aos 13 anos havia começado a dizer que queria ser judeu, sem que houvesse pressões externas para isso. Era uma idéia obsessiva, principalmente tratando-se de uma religião que não faz qualquer tipo de proselitismo fora do grupo assim chamado racial ou religioso.

Assumiu a religião hebraica, estudou a língua da Bíblia sem que a família entendesse a razão dessa forte tendência.

Foi-lhe proposta uma terapia de regressão, e após um hipno-relaxamento inicial, eu disse:

T — Com os olhos fechados, imagine que você está dormindo à noite em sua casa. Agora você começa a sonhar... Você está sonhando aquele sonho, novamente... você está lá, naquele quarto branco e frio... Você vai à janela e vê a carruagem negra... O que você sente? O que acontece?

P — Os dois se foram. (Tristeza.)

T — Quem?

P — Meus pais morreram. A epidemia os matou... A carruagem negra veio buscá-los para levá-los ao cemitério... Agora só restamos eu e meu irmão, sozinhos.

T — O que você sente?

P — Frio... muito frio e tristeza...

T — Onde você está?

P — Na Rússia... mas sou judeu. Quero ir embora deste país gelado.

A seguir relatou uma longa história segundo a qual teria viajado para a França a fim de estudar, mas ao explodir a Primeira Guerra Mundial teria entrado para um exército e combatido. Mas, por alguma razão que não soube explicar, teria sido acusado injustamente por alta traição e condenado ao enforcamento, e, ao morrer no patíbulo, continuou gritando sua inocência.

Em outra sessão viu-se novamente como judeu há mais de dois mil anos na Palestina, como um rabino bastante severo.

Lamentavelmente, ele não terminou o tratamento, mas parece que o sonho não mais voltou.

Interessante foi o fato de que, anos depois, ao encontrar um conhecido comum, soube que ele havia viajado para Israel para continuar seus estudos, e lá quis fazer o curso de *moel*, a pessoa especializada em fazer a circuncisão ritual dos recém-nascidos. Como estivesse num grupo de rabinos muito ortodoxos e cabalistas, achou que deveria comunicar o fato de não ser um judeu de família judia, mas "apenas um convertido". Na hora isto provocou um certo mal-estar. Todavia, disseram-lhe que fariam um estudo sobre o assunto pela Cabala, para saber se ele podia ser aceito. Alguns dias depois, foi chamado para receber a informação de que não havia problemas, porque em encarnações anteriores ele fora judeu, e portanto possuía uma alma judia.

O fato notável é demonstrar que, mesmo através de outros métodos e em locais de culturas diferentes, se atinge o mesmo resultado e o mesmo conhecimento.

Vejamos agora um caso de *déjà vu* com pseudopremonição.

(Caso n.º 10) Trata-se de uma paciente do sexo feminino, de 37 anos, que veio me procurar porque ficara muito perturbada com um fato estranho. Ela fora convidada pelo pai a ir ao Mato Grosso porque ele gostava muito de pescar. Nunca haviam estado lá anteriormente. Alugaram um barco a motor e seguiram por um rio desconhecido. Em certo momento a paciente foi ficando aflita e angustiada sem qualquer razão aparente, e como pai notasse o fato e lhe perguntasse o que sentia, ela começou a dizer: "Pai, pára o barco, não vá adiante, tem corredeiras perigosas. Não vá, acho que são cachoeiras. Pare o barco!" O pai tentou acalmá-la. Os dois realmente não conheciam o lugar, mas as águas estavam tranqüilas e não havia qualquer ruído que pudesse fazer suspeitar a existência dessas cachoeiras. Mas como a moça não se acalmava, o pai decidiu ancorar o bote perto da margem onde havia uma trilha e convidou a filha a andar a pé para ver que não existia qualquer perigo, depois da curva do rio. Andaram então por algumas centenas de metros até atingirem um ponto mais alto, e lá verificaram que o rio se derramava do alto em cascatas perigosas. Ambos ficaram estarrecidos, sem entender como ela poderia ter sabido disso.

Fiz uma hipnose clássica por pestanejamento sincrônico e disse a ela que voltasse mentalmente no tempo à origem de sua angústia em relação às cascatas.

T — Onde você está?

P — Na mata com a minha tribo. Sou uma indígena, jovem. Ele vem de novo. Eu o detesto.

T — Quem?

P — O pajé. Ele me persegue. Eu não agüento mais. Ele me agride e eu fujo... vou correndo pela mata... estou desesperada. Vou correndo para as cachoeiras... estou lá no alto das pedras. Se ele voltar, me jogo..., etc... Ele vem vindo... Estou olhando para as águas borbulhantes.. Antes que ele me pegue... eu me jogo nas águas...

Aí ela vê seu corpo estraçalhado entre as pedras, onde as águas batiam com força. Tinha se suicidado porque odiava o pajé, que a perseguia provavelmente com algum intuito sexual.

As imagens que ela vira haviam sido tão nítidas que ela não mais se interessou em continuar ou repetir a regressão.

O caso seguinte mostra o tratamento de uma depressão ligada a um quadro fóbico.

(Caso n? 11) R.P., 39 anos, sexo feminino, veio à consulta devido a um estranho quadro depressivo que se mantinha há quase quatro anos, apesar de um tratamento psicanalítico nesse período. Ela tinha montado uma bonita casa de chá e após certo tempo começou a não mais querer ir ao trabalho no local que antes a entusiasmara e que ela tinha estruturado e decorado com gosto. Sentia-se deprimida, e principalmente começara a ter verdadeiro horror à casa de chá. Dizia ter fobia ao local. O marido havia assumido a direção, e a paciente nem queria que ele falasse do assunto.

57

Procurou-me em fins de novembro de 88 e aconselhei uma TVP, que ela aceitou imediatamente, porque os medicamentos que estava tomando não faziam muito efeito e o humor vinha piorando. Após um relaxamento inicial, disse-lhe que voltasse às origens primeiras de seu problema.

P — Vejo um campo de trigo... estamos plantando.

T — Quem está plantando?

P — Eu e minha família... somos imigrantes alemães no Rio Grande do Sul.

T — Quando?

P — Acho que estamos no começo do século. Sou mocinha... estou muito feliz. Meus pais são bons.

T — É então uma vida boa?

P — Sim, tenho amizades e moro numa casinha de madeira.

T — O que acontece depois... Vá a um momento significativo.

P — Eu cresço e gosto de um rapaz. Fico noiva. Ele é muito bom. Vejo meu casamento, é muito bonito. Ele também é lavrador alemão. Construímos uma nova casinha de madeira juntos.

T — E o que acontece?

P — Eu engravido, ele fica muito contente com isso. Espero ansiosamente dar-lhe um filho. Está na hora do parto, sinto dores... As dores aumentam... tem uma parteira ou curiosa que está me ajudando... mas as dores pioram e a criança não nasce... Ela está atravessada. Por mais força que eu faça ela não desce... Estou perdendo as forças... Estou esgotada... Passou um dia inteiro... já estou no segundo dia e estou perdendo as forças e as esperanças... Sinto que não vou agüentar mais... Sei que estou morrendo... Ele está muito triste... Eu fico desesperada, vou ter que abandoná-lo e não vou nem lhe dar o filho que ele queria tanto... (Sinais de angústia e sofrimento.) Estou no fim.

T — Qual é seu último pensamento? O que você está pensando?

P — ...A toalha xadrez... Agora já estou fora do corpo.

T — O que significa isto: "a toalha xadrez"?

P — É a última coisa que se fixa na minha retina antes de eu morrer. A toalha xadrez que eu fiz para a nossa mesa, onde tomávamos as refeições.

T — Não entendo que relação tem isso com o seu problema. Pergunte ao seu inconsciente, o que isso significa?

P — ... (longo silêncio) A casa de chá que eu decorei... foi tudo com fazenda xadrez...

T — Preste bem atenção. Esta tristeza foi numa vida anterior. Você está vivendo outra vida... Deixe sair essa tristeza..., etc.

A paciente demonstrou profunda emoção.

Depois desta primeira regressão, começou a melhorar. Tudo isso foi revisto e discutido algumas vezes. Única medicação foi alprazolam (frontal).

Em janeiro, após dez encontros (nem sempre regressão), estava bem. Em fevereiro vendeu a casa de chá, mas sem problemas, sem qualquer horror a ela. Menos de dois meses de tratamento contra quatro inúteis anos de psicanálise.

Em alguns casos, sintomas físicos bastante severos regridem. Uma aluna minha, a dra. Marilda Gonçalves de Sousa Merluzzi, relatou-me o seguinte:

(Caso N? 12) M.A., branca, sexo feminino, 51 anos, controladora de pagamento de pessoal do Estado e digitadora de computador.

Queixa: Edema, dor e rigidez das articulações metacarpo-falangianas e interfalangianas com limitações dos movimentos, fazendo uso de corticóides e antiinflamatórios sem obter melhoras.

Antecedentes: Portadora de artrite reumatóide há dezessete anos, recentemente apresentou úlcera bulboduodenal, hérnia de hiato e síndrome do canal carpiano, irritabilidade, insônia e humor depressivo.

Conduta: Sessões de TVP usando a técnica de Morris Netherton e estados do ego. (Vide o capítulo sobre este assunto.)

Número de sessões: duas, de 2 horas cada, com intervalo de 7 dias.

Evolução: Surge durante a regressão uma personalidade intrusa e uma auto-obsessão.

Ao final da primeira sessão a paciente apresentava melhora dos movimentos articulares e diminuição acentuada das dores.

Ao término da segunda sessão não havia mais a sintomatologia referida, e segundo a própria cliente o seu psiquismo, que era inicialmente deprimido, estava absolutamente normal.

Fatos como esse têm sido relatados por vários psicoterapeutas, e eu também já tive caso semelhante. É importante lembrar, todavia, que só um severo exame estatístico de tais resultados poderá nos dar com o passar do tempo o valor definitivo da TVP em somatizações fortemente estruturadas há longo tempo, com quadros lesionais.

Freqüência das sessões e mais algumas dúvidas esclarecidas

Não temos até o presente momento uma razão específica para determinar qual a freqüência mais adequada para as sessões de

TVP. Parece-nos que isso deve depender da urgência e da gravidade do caso.

Geralmente é proposta uma sessão por semana, ou, em alguns casos, duas, todavia uma freqüência maior ou menor pode ser decidida pelo paciente. Muitas vezes recebemos telefonemas de uma cidade distante, de algum interessado que pretende vir a São Paulo por uma ou duas semanas e quer saber se isso seria suficiente e se poderia ter sessões diárias. Como em qualquer tipo de terapia, não podemos predeterminar em quanto tempo uma problemática poderá ser resolvida. Somente podemos afirmar que em muitos casos poderá ser suficiente um número bastante reduzido de sessões, por exemplo, seis a dez, como acontece às vezes para alguma fobia de baixa gravidade e de curta duração. A dra. Prieto Peres diz que raramente são necessárias mais de trinta sessões.

Sempre prevenimos o paciente de que a primeira, ou às vezes as duas ou três primeiras entrevistas, podem servir apenas para colher dados anamnésticos e verificar se há realmente indicação para o uso da TVP. Frisamos também que somos psicoterapeutas e, mesmo que especialistas em TVP, essa não é a única arma psicoterapêutica que possuímos.

No momento presente, em geral não aceitamos pacientes que queiram fazer regressão para saber se por acaso foram pessoas ilustres em alguma vida anterior. A dra. Fiore diz que ela dedica um dia por semana para esse fim. Eu não aceito esses casos, a não ser que haja alguma patologia ou alguma dificuldade a ser resolvida. Minha profissão é dedicada à cura e não a resolver curiosidades alheias, e isso me tiraria horas úteis, que podem ser usadas para aliviar algum sofrimento. Além disso, uma pessoa que afirma estar bem em todas as áreas principais de sua vida, como amor, sexo, trabalho, satisfações pessoais, etc., e não apresenta patologia que perturbe o meio onde vive, terá em geral muita dificuldade de regredir a uma vida anterior.

É provável que a saúde psíquica e física sejam o resultado da solução da maioria dos problemas de fases ou vidas anteriores. Mesmo que isso que acabo de afirmar não seja válido, não vemos por que mexermos em problemas resolvidos.

A dra. Fiore diz em seu livro, à página 225: "Revendo as regressões a que assisti, a regra geral parece ser a seguinte: quando há um bom relacionamento na atualidade, houve normalmente uma relação positiva em vidas anteriores. Isto é particularmente verdadeiro para vidas relativamente recentes, pois os problemas de vidas anteriores, em conjunto, já foram resolvidos. Há o reverso da medalha: se agora há desarmonia, geralmente se descobre no passado um mau relacionamento", e mais adiante, no mesmo capítulo: "Somos o somatório total de tudo que fomos até agora".

Como já vimos, uma sessão será tanto mais completa e efetiva quanto maior for a descarga emocional obtida, e isso deverá ser repetido tantas vezes quantas venham a ser necessárias para que a emoção se dilua e se transforme, sempre que possível, numa memória de "arquivo morto". Isto fecha a Gestalt tanto dessa como de qualquer outra vida.

Quando sentimos que houve redução substancial desse conteúdo, durante a sessão, trazemos gradualmente o paciente de volta, dando-lhe o tempo que ele mesmo considere necessário para voltar à vigília plena. Se nesse momento ele não está bem, física ou psiquicamente, o mal-estar poderá ser trabalhado regredindo-se à causa do mal com a técnica de indução de Netherton, dizendo apenas: "Feche novamente suas pálpebras e volte à origem do mal-estar, para ver ou entender o que isso lembra. Concentre-se nesse mal-estar (ex.: cefaléia, tontura, náusea, etc.) e procure captar o que se prende a isso". Esse conteúdo também será esvaziado.

Se o fenômeno foi de baixa intensidade ou se não se dispuser de tempo naquele instante para fazer nova regressão, poder-se-á eliminar o sintoma dizendo apenas: "Feche os olhos e sinta como seu sintoma está se esvaindo... apagando... desaparecendo... etc... Você agora está bem... calmo... tranqüilo, etc... Respire profundamente e volte a abrir as pálpebras logo que se sentir bem, sem o sintoma e sem sono".

Uma técnica muito conhecida para uma cefaléia, por exemplo, é dizer ao paciente que imagine que a dor de cabeça seja provocada por uma nuvem negra, suja, cheia de problemas, que aperta o crânio. "Agora imagine que se abre um orifício para as narinas e essa nuvem sai a cada movimento respiratório, aos borbotões, limpando a cabeça, que agora está ficando mais livre, o ar mais límpido e transparente, e cabeça completamente aliviada... livre... solta." Prolonga-se a fantasia até que a cefaléia tensional desapareça. Mas é aconselhável que na sessão seguinte isso seja trabalhado com o tempo adequado.

Quando o paciente volta ao presente, pode-se perguntar como ele se sentiu durante a regressão.

Alguns relatam que aquilo que vivenciaram foi de uma tal intensidade que aceitam, sem duvidar, a veracidade dos fatos. Outros porém duvidam, ou até têm a sensação de que estiveram fantasiando ou mesmo inventando uma estória que poderiam ter criado em vigília plena. Algumas vezes, pedimos-lhes que inventassem com a mesma rapidez uma outra estória em vigília, e não foram capazes, ou tiveram muito mais dificuldade que em estado de transe.

Outros acham que o conteúdo pode provir de algum romance ou filme visto há muito tempo, e chegam mesmo a duvidar de terem ficado em "estado de transe" porque permaneceram conscientes o tempo todo.

É freqüente que, na primeira vez, pacientes imaginem realmente que perderiam a consciência ou veriam um filme em tela panorâmica, com a nitidez absoluta de um tecnicolor, e permaneceriam como espectadores numa sala de cinema.

Sabemos que mesmo em estado de transe mediúnico a grande parte dos médiuns não perde a consciência por completo.

Em transe regressivo, alguma amnésia lacunar evidentemente poderá existir, como existem esquecimentos daquilo que se esteve fazendo na última hora, por exemplo, mesmo em plena vigília.

Um outro fato que me parece importante, e que às vezes deve ser discutido, pois o paciente nos faz perguntas a respeito dele, é que esse ou aquele psicanalista havia-lhe falado sobre os terríveis perigos da hipnose, que poderia trazer à consciência um fato que deve estar reprimido no inconsciente, e sua superficialização rápida poderia ser insuportável e levar o paciente a um sintoma "pior ainda (?)", ou quem sabe ao suicídio. Outros afirmam que se deve propor uma amnésia pós-hipnótica para evitar tais "desastres".

Acho que com minha experiência de trinta e quatro anos de hipnose (vinte e sete mais que Freud) está na hora de afirmar que tudo isso não passa de mera fantasia e suposição sem qualquer fundamento. Nenhum dos meus diversos milhares de pacientes suicidou-se por causa da hipnose. Suicídios ou tentativas de suicídio estão geralmente ligadas a depressões ou psicoses.

Quanto à substituição de sintomas, é muito rara, e, mesmo que aconteça, não há a menor prova de que um sintoma substituto seja pior ou melhor que o anterior. Isto foi sobeja e estatisticamente provado por grandes behavioristas, como Eisenck ou Wolpe.

Quero ainda lembrar que os estados de transe têm um componente protetor da psique quando bem orientados.

Mas, voltando aos supostos perigos: trata-se geralmente de conceitos que vêm sendo repetidos há mais de sessenta anos sem qualquer confirmação digna de confiança. Lembro que meu pai, Pino Pincherle, um grande médico e pesquisador que deixou muitos trabalhos, dizia: "Cuidado com o papel branco, ele se deixa escrever".

Todavia, como diz Fernando Pessoa, tão bem cantado por Chico Buarque: "Navegar é preciso". É preciso escrever, mas você, leitor, que me está lendo, use seu próprio raciocínio e sua experiência. Não aceite aquilo que escrevi somente porque o papel branco se deixou escrever. Comprove ou reprove tudo isso, mas não a partir de um preconceito de origens desconhecidas ou não confiáveis. Uma coisa, sim, me parece importante. Um psicoterapeuta precisa ser confiável não só pela sua integridade e pelos seus conhecimentos, mas também pela "potência terapêutica", e, como dizem os analistas transacionais, pela capacidade de dar PROTEÇÃO e PERMISSÃO ao paciente em qualquer momento.

Um paciente deve poder dirigir-se a seu psiquiatra ou psicólogo não somente na hora da consulta, mas a qualquer momento em que um grave surto de angústia ou depressão tornem isso necessário.

Em nossa profissão, por mais que necessitemos de descanso, não podemos recusar ajuda porque é noite, domingo ou feriado, ou porque já acabaram os cinqüenta minutos, quando o cliente está numa crise de desespero brutal.

Bloqueio e resistência*

Tanto o bloqueio como a resistência são atitudes psíquicas que surgem durante um trabalho regressivo, dificultando a penetração em cenas-chave ligadas à problemática do paciente.

Bloqueio: é uma pseudobarreira que parece impedir a revisualização de um determinado fato ou um conjunto de situações, e não somente rever, como também sentir, algo que aconteceu numa situação passada em tempos mais ou menos remotos.

Um exemplo freqüente é o caso do paciente que, instado a "rever" uma situação qualquer, responde: "Não vejo nada". Isto significa que o inconsciente *bloqueia* a tomada de consciência porque certamente há muito tempo ele construiu uma muralha de defesa amnésica, ou então existiu outrora uma dificuldade real que o impedia de ver aquilo que estava acontecendo.

No primeiro caso, para cercar a dificuldade poder-se-ia dizer-lhe: "E se você visse, o que poderia ser ou acontecer?"

No segundo caso, se houver suspeita de bloqueio (porque a sessão não evolui), poderíamos perguntar-lhe: "O que o impede de ver?" Poderia ter estado de olhos vendados, ter sido cego ou, ainda, a cena ter-se desenrolado em local totalmente escuro. Se o canal visual está realmente bloqueado, a dificuldade poderia ser superada, entrando por outro canal, por exemplo um canal sensorial

---

* Esta parte do artigo foi elaborada em conjunto com a Dra. Hermínia Prado Godoy.

ou emocional. A pergunta então deveria ser: "O que você sente?". Se isso trouxer uma resposta: "Sinto muita tristeza" ou "Sinto muita dor", poderíamos fazer com que ele descarregasse o sentimento ou a sensação abrindo um canal somático, inquirindo sobre o local da dor ou da tristeza. Isto poderia trazer à tona um ferimento mortal no peito, por exemplo, e a tristeza de uma morte súbita e violenta.

Se apesar de tentativas repetidas mediante abertura de inúmeros canais nada acontece, pode-se introduzir um canal *espiritual*, que significa utilizar a *hiperconsciência*, que é a própria consciência do indivíduo em sua parte eterna e indestrutível. É a parte que tudo sabe e tudo vê. Poderíamos proceder com a seguinte frase: "Entre em contato com uma parte sua que está no seu interior. Esta parte é capaz de perceber tudo. Una-se a ela. Comunique-se com ela e preste toda a atenção, porque você poderá ouvi-la. Deixe que ela própria lhe diga o que aconteceu... O que ela lhe diz?..."

Nesse momento, ele poderia por exemplo perceber que estava vendado ou havia perdido a vista.

A seguir, é bom que ele reentre na personagem que estava vivendo, pois teria a tendência de manter-se como espectador e relator, quando é importante que vivencie suas emoções.

Outros fatos que podem criar *bloqueios* são frases ouvidas, intuídas e incorporadas em época na qual o cérebro não estava suficientemente desenvolvido, como por exemplo na fase pré-natal ou durante seu próprio nascimento. Pode se tratar de frases ditas pelo parteiro ou parteira, como:

"Não vai dar!"

"É fraquinho, coitado!..."

ou ainda durante a vida intra-uterina:

"Para sempre..."

"Nada vai mudar..."

Trata-se em geral de frases curtas, com conteúdo emocional, parecendo definitivas, que o feto assume e incorpora, e passam a fazer parte de seus próprios sentimentos e pensamentos.

O trabalho regressivo pode ser iniciado com a utilização repetitiva dessas frases que o paciente costuma usar de uma forma inconsciente, e muitas vezes sem nexo, como: "Nunca dá certo... em minha vida nada vai mudar... Eu sei que terei sempre que sofrer", e assim por diante.

Essas frases podem levar diretamente à sua própria origem, e nesse instante devemos fazer com que o paciente entenda quem as disse e por que foram ditas.

Resistência: É a recusa por parte do paciente de permitir que ocorra a ligação entre presente e passado.

Resulta do modo de enfrentar uma situação que causou grave sofrimento em outras épocas ou vidas anteriores, e que o paciente quer então evitar. A *resistência* pode também surgir no momento de uma redecisão, porque algo não foi suficientemente trabalhado, como por exemplo fatos semelhantes em épocas ou vidas anteriores.

Uma pessoa pode não querer ver que uma determinada atitude é infantil, porque, sob certo ponto de vista, por meio dela freqüentemente conseguiu atenções que julga que não obteria se agisse de outra forma. Esse tipo de atitude porém traz uma série de desconfortos psíquicos ou físicos, mas que ele próprio é incapaz de ligar a maneiras de ser, pensamentos ou comportamentos inadequados.

Netherton costuma dizer que não existem pacientes resistentes de uma forma definitiva, mas terapeutas impacientes diante de um momento em que o paciente acha que não deve ou não pode prosseguir. Às vezes deve-se dar-lhe mais tempo para que a terapia evolua dentro de seu próprio ritmo, e permita-lhe que se fortaleça e enfrente a situação.

Outro autor, Ten Dam, diz que às vezes, quando a resistência é muito grande, ele prefere encaminhar o paciente para outras formas de terapia, ou até para outro psicoterapeuta, para evitar um enorme gasto inútil de energia sem benefício correspondente.

Em ocasiões de grande resistência, principalmente perante somatizações, é possível que o paciente não queira rever situações de grande violência, em que foi submetido à tortura prolongada ou estupro. Pode ser aconselhável dar-lhe apoio, dizendo: "Isto não vai se repetir. Você não vai mais sucumbir à violência. Seu corpo atual não é mais aquele do passado. Sinta claramente isso. É todavia importante que você reveja os fatos para que, de uma vez por todas, deixe de sentir em seu corpo tais sintomas".

Em certos casos, pode ser necessária uma confrontação com o próprio terapeuta e com a realidade atual. Se o paciente afirma repetidas vezes que não vê nada, e nós suspeitamos de que não quer ver, podemos dizer-lhe: "Sente-se, abra os olhos... e agora me diga aquilo que estava vendo e que não queria transmitir-me! Sua mente nunca fica sem ver ou pelo menos imaginar. Deve portanto ter havido algo, uma imagem, uma voz, uma paisagem, ou mesmo uma escuridão, que tenha algum relacionamento com o problema em estudo".

Se mesmo assim a *resistência* perdurar, deve-se aconselhá-lo a centrar a mente nos primeiros dez anos da vida atual. Alguns aspectos traumáticos dessa fase podem corresponder a situações também traumáticas de vidas anteriores. Trabalhando a infância, ele pode reforçar-se e perceber que sobreviveu, e que portanto ser-lhe-á mais fácil ir além da vida atual posteriormente.

Pode ser necessário proceder a uma terapia de apoio da vida atual, principalmente quando o momento presente é fator de grande emoção, como uma paixão não correspondida, um casal desfeito, uma morte, uma *débâcle* econômica ou uma situação de grave perigo de vida.

Lembramos que muitas vezes, por alguma razão, algo deixou de ser relatado nas primeiras sessões e poderá surgir posteriormente, quando o paciente começar a identificar-se melhor com seu terapeuta e confiar nele.

Uma técnica interessante, quando não se obtém resultado, é propor ao paciente que invente uma estória a respeito do problema, mantendo os olhos fechados. Com freqüência a "estória" que surge, e que inicialmente parece ser inventada, acaba se transformando na "história" do paciente em encarnações anteriores. Impulsos profundos desencadeiam a suposta fantasia, e isto pode ser reconhecido pela intensidade das emoções que se fazem presentes durante o relato.

Para terminar, frisamos que *paciência* é qualidade importante para um bom terapeuta.

Duas técnicas especiais
(em colaboração com Maria Elisa dos Santos)

Análise da aura

É uma técnica proposta por Hans Wolfgang Ten Dam em seus cursos em São Paulo, que utiliza a luz como instrumento de análise, provocando a criação de imagens que são identificadas dentro de uma aura luminosa que envolve o corpo do paciente. Propõe-se ao próprio paciente que projete nessa luz somatizações que ele sinta em determinado momento e procure gradualmente entendê-las e destruí-las para que não mais o perturbem.

Essa técnica especial encontra indicação principalmente em pessoas com boa capacidade de fantasiar, mas que não compreendem o conteúdo de seus problemas e transformaram emoções em sintomas psicossomáticos.

Começa-se propondo que ele se imagine num lugar tranqüilo (por exemplo numa rede ou num jardim), e que na penumbra que o cerca veja seu corpo envolvido por uma aura luminosa. W.R — sexo masculino, advogado, 36 anos. Queixa: desconforto físico, pressão no peito, dores, sudorese. Passa por uma série de problemas somáticos, diz "me olho no espelho e não vejo nada de bom em mim". As causas que eu defendia normalmente, sem dificuldades, se tornaram estressantes. Já fui a vários médicos, tirei chapas, fiz exames, não tenho nada físico.

TA — Onde especificamente você tem dor, onde fica a sensação de mal estar?
W — No meu peito, sempre do lado esquerdo.
TA — Imagine que você está deitado em sua casa, num lugar agradável. Quando puder imaginar-se lá diga sim.
W — Sim.
TA — Agora imagine que é fim do dia e vai começar a anoitecer. É noite e você adormece e não pode ver nada. Agora você vai se ver deitado lá, vai visualizar seu corpo deitado na cama. Quando conseguir visualizar diga sim.
W — Sim.
TA — Agora imagine que um médico confiável vem examiná-lo, e coloca luz em seu peito, bem em cima da parte que você se queixa. Visualize o que há em seu peito?
W — É uma coisa escura como se fosse um ovo.
TA — É quente ou frio?
W — É quente.

Nesse momento podem entrar na aura partes alheias, que podem ser sentidas como positivas ou negativas. Um amor seria, por exemplo, um fato positivo (que só entra se a pessoa por sua vez está apaixonada), mas se a pessoa não está bem podem penetrar energias negativas, negócios inacabados, rituais de magia, umbanda, quimbanda, macumba, vudu, etc. Emoções de outros podem criar *attachements* responsáveis por sensações negativas.
Lembremo-nos de que quando alguém está com a energia baixa, uma bênção pode fortalecê-lo, enquanto uma praga poderá promover sua queda, criando assim um desequilíbrio.

TA — Agora ele vai dar um banho nessa coisa com um líquido leitoso, vai crescer no tamanho normal. O que é essa coisa?
W — É um coração de um homem.
TA — Como são os olhos desse homem?

W — São os olhos do meu pai.

TA — No seu peito deve estar o seu coração e não o coração de seu pai. Porque ele está aí, sinta quando ele entrou?

W — Foi um dia em que eu estava muito cansado, tinha saído do Fórum, entrei no carro e descansei a cabeça no volante.

TA — No seu peito deve estar seu coração e não o do seu pai; então deixe o médico limpar seu coração com um líquido refrescante e feche a parte afetada com círculos de luz. Veja se está tudo em ordem. Respire.

W — Não estou mais sentindo a pressão, sinto um alívio, mas ainda estou confuso.

TA — Volte agora para a figura do seu pai. Porque ele está aí?

W — Meu pai era fazendeiro, quando ele morreu eu vendi tudo que era dele, e me estabeleci e venci como advogado. Ele queria que eu tomasse conta de seus bens, sinto que ele nunca me perdoou por isso. Vejo em seus olhos muita mágoa.

TA — E você se perdoou?

W — Nunca parei para pensar, eu sempre estive tão preocupado com minhas coisas que nem me lembrava desse período.

TA — Converse com seu pai, fale o que você sente a respeito e ouça o que ele tem para lhe dizer.

W — Eu lhe pedi perdão, nunca pensei que tivesse sido tão egoísta assim, nunca pensei em magoá-lo, eu sempre o amei à minha maneira e continuo amando.

TA — Diga de seu amor por ele e o que você deseja para ele nesse momento.

W — Eu quero que ele encontre paz, que vá com Deus, e eu o amo e respeito, talvez não saiba demonstrar, mas é do meu jeito.

TA — Como está o seu coração agora?

W — Parece que há mais energia, sinto um grande alívio, a respiração está melhor.

TA — E a figura de seu pai, como está?

W — Ele foi embora com um vulto de luz brilhante, parecia tranqüilo.

TA — Você precisa de mais alguma coisa?

W — Não, agora está tudo bem.

Uma outra técnica interessante é:

Ir em busca de partes perdidas

É usada para uma pessoa que sofre de um sentimento de ter perdido algo ou alguém num passado às vezes distante, mas sem qualquer identificação, e portanto sente que ela mesma não pertence completamente ao presente. Pode-se perguntar se se trata de uma coisa material, se é grande ou pequena, se poderia pegá-la com as mãos ou não, ou ainda se é um animal (um cavalo) ou uma pessoa. Dizemos então que se dirija para lá à procura dessa "parte perdida", deixando que o paciente sinta essa parte perdida na mão, por exemplo (pode ter sido um amuleto, um jóia, uma imagem sagrada, etc.), ou que se aproxime do local onde essa tal parte está (um palácio, um jardim, um templo). Poderia ser ainda uma situação como uma batalha que ele precisava ganhar e cujo fim não viu, pois morreu antes, ou ainda uma pessoa importante (o amante, o comandante, o rei), de tal forma que aos poucos surjam emoções, sensações ou visões.

Daí para a frente, em geral o paciente já está regredido e a sessão continua até que o conteúdo seja descarregado.

Quando no fim da sessão ainda permanece um *hang-over*, pedimos-lhe então que se dirija a um lugar panorâmico de onde possa descortinar suas existências anteriores e aquela vida que ele considerou sua vida verdadeira, lá onde se sentiu realmente em casa. Chamamos a isso *Homing* ou a *Volta para casa*, e trabalhamos essa vida, que em geral é impregnada de muita emoção, até que a "saudade" se esvazie definitivamente.

Terapia de apoio

A *terapia de apoio* serve não somente para dar suporte ao trabalho regressivo, como para preencher lacunas no conhecimento ou conhecimentos do paciente.

Lamentavelmente, muitas vezes somos obrigados a completar conhecimentos, às vezes banais, de nossos pacientes, fato esse que freqüentemente é desprezado em inúmeras formas de terapia. Isto se dá ou porque o paciente é apenas considerado portador de um determinado sintoma, como acontece muitas vezes em terapias do tipo *behaviorista*, e às vezes na *terapia da Gestalt*, ou porque em tratamento de tipo *psicanalítico* somente interessam os pensamentos que vão à deriva, sem rumo. Realidades corriqueiras da vida, que o paciente às vezes desconhece, não são sequer levadas em consideração.

Parece-me que aquilo que pretendo dizer é absurdamente banal, mas muitas vezes procuramos uma agulha no palheiro e não vemos um tronco caído diante de nossas pernas. Quantas e quantas vezes recebi em meu consultório pacientes que já estavam há longo tempo em terapia ou em psicanálise e não conseguiam progredir porque não tinham dados reais sobre o fato de que um grave problema nem era problema real. O exemplo mais banal é uma atividade sexual que o cliente pensa ser gravemente patológica, e que é na realidade absolutamente normal, ou apenas uma variante, e não uma anomalia.

É incrível como ainda nos dias de hoje existem preconceitos severos sobre fatos tais como masturbação, principalmente na classe média baixa. Como o paciente pode se permitir falar sobre algo tão "escabroso", para um analista que não fala, não aborda tal assunto que o/a paciente teme? Apesar da psicanálise ter-se estruturado sobre a libido, um psicanalista responderia que orientação sexual não é sua tarefa. Claro, não foi função dos pais, não foi do médico clínico consultado, a escola pouco ou nada orientou (essa aliás vem melhorando a esse respeito) e não é do psicoterapeuta. Então de quem é? Será que um índio do alto Xingu que demonstrasse pânico ao ser introduzido no elevador seria tratado como se tivesse problemas ligados à sua libido por psicanalistas, ou por meio de dessensibilização sistemática por behavioristas, ou enfim colocado na "cadeira ou *hot seat* de Perls" por gestaltistas, para falar com seu medo ou quem sabe com o próprio elevador?

Quem teria a tarefa de explicar a esse assustado ser humano o que é o elevador e perguntar-lhe se já havia visto um?

Talvez o leitor esteja rindo e pensando que estou fazendo humor gratuito. Mas estou apresentando uma tragicomédia que começou com a fantástica idéia de que um psicanalista deve ser um espelho silencioso, e que não tem direito de intervir para não influenciar o paciente. Eu não conheço relação humana sem interferência, por menor que ela seja.

Devemos a Eric Berne a conscientização de que terapia é lidar com as transações ou comunicações, e que o terapeuta não pode ser um misterioso e infalível espelho que lida unicamente com a transferência e a contratransferência.

É todavia fundamental que se entenda que um psicoterapeuta não deve dizer a seu paciente o que ele deve fazer, mas é muitas vezes necessário que lhe mostre aquilo que ele pode fazer.

Lembro que há muito tempo recebi uma senhora que no jargão dos analistas transacionais jogava a "encurralada", isto é, não conseguia entrever qualquer desvio de uma estreita linha de vida que ela própria se havia determinado dentro de injunções familiares.

Em certo momento, em que não via qualquer possibilidade de enfrentar a família, apesar de seus quarenta anos de idade, para decidir sua própria vida afetiva e sexual, eu a interrompi, perguntando-lhe: "Se eu fechar a porta desta sala, como você faria para sair dela?" A única resposta que ela soube me dar, foi: "Se o senhor trancar essa porta, evidentemente não poderei sair!"

Em primeiro lugar, fiz-lhe ver que eu não havia dito trancar, mas apenas fechar a porta. Segundo, minha sala tem três portas, um telefone, e uma janela pela qual ela poderia pedir socorro. Poderia bater na parede para chamar a atenção do colega que trabalha na sala ao lado, etc... Enfim, essa pobre criatura não era capaz de ver outras saídas porque havia sido dirigida rigidamente a seguir aquilo que os pais consideravam a reta via para uma donzela de antanho.

Poderia ter deixado que durante dezenas de sessões ela entendesse por si mesma tudo isso, como poderia mostrar-lhe outras possibilidades reais. Eu não poderia dizer-lhe aquilo que ela deveria fazer, mas apenas aquilo que poderia fazer. Isto abreviaria evidentemente o tempo da psicoterapia.

Parece lógico, porém nem sempre um "aconselhamento" pode ser feito.

Esse aconselhamento só é admissível se o suposto desamparo é uma realidade, e não uma armadilha para pegar o terapeuta. Lembrando Berne, aprendemos que não podemos cair num jogo psicológico e pegarmos a isca lançada se o pedido de aconselhamento não for sincero. Para entendermos isso, a *programação neurolingüística* nos ensina que inadequações de linguagem perturbam a comunicação, e portanto a compreensão. Generalizações impróprias, omissões de conteúdo parcial das frases, distorções daquilo que é dito e a má formação semântica dessa mesma frase podem criar verdadeiros rombos na apreensão do conteúdo verbalizado.

Por exemplo, como responder a uma frase do tipo: "Não consigo encontrar uma namorada, doutor. Nenhuma mulher presta hoje em dia"? Notamos aqui uma generalização absurda: "Nenhuma mulher". Supõe-se que essa pessoa conhece todas as mulheres do mundo, o que é irreal. Em segundo lugar, usou o verbo "presta", omitindo para que finalidade essas mulheres deveriam prestar. Sem interrogarmos o paciente para que nos diga quantas mulheres conheceu, e para o que elas não prestaram, seria inútil tentar um aconselhamento. Sugiro ao leitor um livro, hoje difícil de encontrar em português, chamado *A estrutura da magia*, de Grinder e Bandler, onde o estudo lingüístico é muito bem apresentado.

A má formação semântica da frase, ou mesmo o uso de frases pouco congruentes e exclamações repetitivas, como já vimos em outro capítulo, podem ser pistas para a regressão, mas evidentemente uma regressão será muito difícil, ou às vezes impossível, se as frases forem completamente desestruturadas, como acontece em muitos quadros esquizofrênicos.

A TVP não pode ser usada se o paciente não entra em bom contato com seu terapeuta ou com a realidade exterior, como em psicoses graves.

Lembro aqui que existem algumas *contra-indicações* ao uso da TVP. A primeira, acabamos de citar. Mas uma outra seria a gravidez, porque se admite que o feto possa de alguma forma captar pensamentos da mãe. Se ele já teve contato com essa mãe em vidas anteriores, e de uma forma negativa, é de se supor que poderíamos perturbá-lo gravemente. Ten Dam propôs numa aula que, se houver urgente necessidade de uma regressão durante a gravidez, devemos propor à mãe que tente transmitir ao filho que não a ouça e durma tranqüilamente enquanto ela tenta regredir. Também o terapeuta deveria dizer isso à criança enquanto a mãe está em transe.

A terapia de apoio é importante, então, não somente durante a evolução normal do tratamento, para explicar e orientar, como também quando a TVP é impossível ou contra-indicada.

E, já que estamos falando de contra-indicações, desaconselho vivamente que uma regressão seja realizada perante os pais, filhos ou consorte do ou da paciente, principalmente quando essas pessoas estão absolutamente despreparadas para entender um destino cármico. Já tivemos notícias de que um filho relatou à terapeuta, durante um transe, na presença da mãe, que em vinda anterior fora abortado por essa mesma mãe na vida atual. A mãe fizera secretamente um aborto sem que nem mesmo o marido suspeitasse do fato, antes do nascimento do filho atual. Esse filho teria vindo novamente na segunda gestação, com muito medo de ser abortado pela segunda vez. Não é preciso dizer o choque que essa senhora teve ao receber a terrível notícia daquilo que um filho sente ao ser abortado.

Durante sessões de terapia de apoio podem ser usadas técnicas pertencentes a outras linhas psicoterapêuticas, como reforços, dessensibilização, manobras corporais, técnicas gestálticas, exagero do medo para enfrentar alguma situação fóbica, massagens, etc.

Terapia de casal ou de família também podem ser indicadas. Alguns exercícios de análise transacional têm boa utilidade terapêutica.

Enfim, nenhuma psicoterapia é suficiente para todas as pessoas nem para todos os casos. Não vemos portanto qualquer razão para ficarmos apegados somente a uma única forma de agir. Aproveitamos tudo que seja útil para a cura de nossos pacientes, pois essa é a nossa meta. O cérebro humano tem uma enorme gama de possibilidades de se resolver por meios diferentes, e o espírito tem possibilidades infinitas.

Análise dos resultados

Após oito anos de utilização da TVP não podemos dar ainda uma opinião definitiva sobre a porcentagem real dos resultados obtidos, porque, como todo psicoterapeuta sabe, boa parte dos paciente que começam uma terapia, qualquer que ela seja, abandonam seu tratamento sem dar qualquer explicação, e, numa cidade como São Paulo, com mais de 16 milhões de habitantes, é impossível tentar saber de todos por qual razão desistiram.

Às vezes porque não obtiveram resultados imediatos, como em suas fantasias imaginavam obter, outras vezes porque não se adaptaram ao estilo do terapeuta, ou por suas próprias neuroses, que os impedem de levar algo a um final, ou ainda porque o dinheiro era curto, porque amigos interferiram com conselhos e preconceitos.

Em alguns casos, somente sabemos quais foram os resultados muito tempo depois pelo próprio paciente ou por outrem. Há pouco mais de sete meses chegou ao meu consultório uma senhora jovem que há mais de dois anos tentava em vão engravidar. Todos os dados clínicos eram normais. O exame ginecológico dela e o exame sexológico do marido nada mostravam de anormal. Decidi então fazer com ela algumas regressões a vidas anteriores.

Na primeira, intuiu que fora uma prostituta de cais de porto e, na segunda, uma freira que ao morrer amaldiçoara sua própria vida de solidão e o Cristo.

Depois dessa segunda sessão, desapareceu sem nada dizer. Há poucos dias, apareceu no consultório grávida de aproximadamente sete meses, sem que nada mais tivesse feito do ponto de vista clínico ou psiquiátrico.

Outras vezes, clientes que não mais voltaram enviam-nos amigos ou amigas para um tratamento, e por eles acabamos sabendo se o resultado fora positivo para o mandatário.

No *Journal of regression therapy* 1, de 1986, a dra. Fiore diz praticamente a mesma coisa. No começo de sua experiência com TVP tivera a impressão de que os resultados eram de 90%, mas com o passar dos anos verificara que 50% dos pacientes não terminavam a terapia até receber alta, e isso tornava irreal a estatística.

Todavia, podemos afirmar que a maioria das pessoas obtém resultados totais ou pelo menos parciais. Alguns todavia são resistentes à regressão além da vida atual, ou só conseguem rever condições mais ou menos superficiais desta vida. A grande maioria porém afirma que desde as primeiras regressões algo mudou e produziu certo alívio, fato que não acontece com a mesma freqüência sob efeito de outras psicoterapias, principalmente em base analítica, cujos resultados, em minha experiência, são os piores entre as diversas formas de terapia. Possuímos um enorme fichário de casos e nenhum resultado com esses tipos de psicoterapia.

Sem dúvida, terapia do comportamento, Gestalt-terapia, terapias corporais de vários tipos apresentam resultados mais satisfatórios. Certos problemas condicionados são às vezes resolvidos em minutos pela hipnose simples ou pela programação neurolingüística. Várias vezes, após resolver algum problema em TVP, encaminho o cliente a alguma forma de terapia grupal, como análise transacional ou psicodrama, principalmente para facilitar relacionamentos. A TVP é uma terapia rápida, que oferece técnicas de penetração no "inconsciente". É eficaz em diversas formas de patologia psíquica e psicossomática. Melhora muitas vezes problemas físicos estruturados, mas isso não quer dizer que medicamentos não devam ser utilizados concomitantemente. Às vezes desaparecem ruminações suicidas, principalmente quando o paciente vê que já se havia suicidado em vidas anteriores e como é inútil o suicídio para nossa evolução cármica.

Algumas pessoas vêem o que aconteceu com seu corpo, durante tempo às vezes prolongado, depois da morte física.

(Caso n? 13) Um paciente homossexual com fantasias suicidas reviu uma vida pregressa em que, como mulher, fora obrigado a casar-se com um homem que detestava. Tentou suicidar-se quando viu- se grávida, jogando-se escada abaixo, sem obter resultado. Na hora do parto, há mais de cento e cinqüenta anos, após grave hemorragia, o parteiro avisou-a de que só poderia salvar a mãe ou a criança. O marido escolheu salvar a esposa, mas, quando ele saiu do quarto, a parturiente deu ordem ao médico para que ela mesma fosse sacrificada, pois odiava a vida que fora obrigada a assumir, dizendo que detestava viver. Nada sentia em relação ao nascituro e morreu amaldiçoando a família e a vida, num terrível sofrimento físico e mental. Após a saída do corpo, viu-se por longo tempo flutuando ao redor do ambiente e tentando em vão contatar as pessoas. Somente afastou-se do local depois de muito tempo, num total desespero. Disse ainda em plena regressão que sabia que fora submetido a um tratamento no além antes de voltar à vida atual, mas mesmo assim a angústia e a ambivalência de que "para nascer era necessário que alguém morresse" continuou enquanto estava dentro do útero da mãe atual. Lutou para evitar seu próprio nascimento, pois previa o sangramento e as rupturas que o parto provoca, fatos esses que lhe lembravam a carnificina à qual fora submetido em seu corpo anterior para que, de seu ventre aberto a frio, o médico salvasse o filho, provocando assim sua morte.

Esse paciente era homem de alto nível cultural e em cada regressão dava uma grande quantidade de detalhes de época, inclusive detalhes arquitetônicos e de vestimentas. Já fora assassinado em outras vidas. Numa delas havia sido um padre ligado a grupos de templários que tinham uma visão muito adiantada para a época em que vivera, e por isso fora assassinado. Noutra fora uma rainha de uma pequena ilha do mar Egeu, numa civilização préhelênica onde preferiu morrer a trair seu povo quando a ilha foi invadida por gregos mais incultos, que não saberiam entender o valor simbólico de um complexo cerimonial que era representado em pinturas, pois ainda não haviam atingido uma escrita nessa antiga civilização.

Com as regressões, sentia alívio bastante intenso de seus complexos problemas de personalidade (solidão, suspeita de doença grave, homossexualismo e auto-aceitação). Com isso, as idéias suicidas foram-se atenuando. Suas regressões eram de uma clareza tão impressionante que eu mesmo duvidava de que tudo não estivesse sendo criado a um nível de vigília. Havia porém um detalhe interessante: durante uma ou duas horas em hipnose, mantinha uma hiperpnéia ruidosa que não seria suportável em estado "normal".

Lembramos mais uma vez aqui quanto um psiquiatra clássico deixaria de aprender quando se defrontasse com essa "hiperpnéia histérica", perante a qual limitar-se-ia a injetar um tranqüilizante benzodiazepínico na veia, esperando que o paciente se acalmasse ou dormisse.

Bibliografia

ANDRADE, H. G. — *Morte, renascimento, evolução. Uma biologia transcendental.* São Paulo, Pensamento, 1983.

ANDRADE, H. G. — *Espírito, periespírito e alma. Ensaio sobre o modelo organizador biológico.* São Paulo, Pensamento, 1984.

ASSAGIOLI, R. — *Psicossíntese. Manual de princípios e técnicas.* São Paulo, Cultrix, 1984.

BANDLER, R. & GRINDER, J. — *A estrutura da magia.* Rio de Janeiro, Zahar, 1977.

BERNE, E. — *Games people play.* Nova York, Grove Press, 1964.

BERG, P. — *Las ruedas de un alma*. Nova York, Research Center of Kaballah, 1968.

FACURE, N. O. — "As bases neurológicas das atividades cerebrais", in *Boletim Médico-Espírita*, 6:19-39. São Paulo, 1988.

FIORE, E. — *Já vivemos antes*. Portugal, Europa-América, 1978.

FIORE, E. — "Past life therapy reexamined", *The Journal of Regression Therapy*, 1:50-53, 1986.

GERMINARA, G. — *Nuevos descubrimientos sobre la reencarnación*. Madri, EDAF, 1969.

GRANONE, F. — *Trattato di ipnosi*. Turim, Boringhieri, 1972.

GROF, S. — *Além do cérebro*. São Paulo, McGraw-Hill, 1968.

GROF, S. — *Psychologie transpersonelle*. Mônaco, Rocher, 1984.

HUXLEY, A. — *As portas da percepção. O céu e o inferno*. Rio de Janeiro, Civilização Brasileira, 1984.

KASAMATSU, A. & HIRAY, T., in WALLACE, R. K., *Psicologia da consciência cósmica*. Petrópolis, Vozes, 1968.

KERTESZ, R. & INDUNI, G. — *Manual de análisis transaccional*. Buenos Aires, CONANTAL, 1977.

LYRA, A. — *Parapsicologia, psiquiatria, religião*. São Paulo, Pensamento, 1968.

McCLAIN, F. W. — *Guia prático de regressão a vidas passadas*. São Paulo, Siciliano, 1989.

MUNDIM, P. O. — "Terapêuticas espiritualistas (nooterapias) e psicopatologia", *Boletim Médico-Espírita*, 3:67-118. São Paulo, 1985.

NETHERTON, M. & SHIFFRIN, N. — *Vidas passadas em terapia*. Itapetininga, ARAI-JU, 1984.

PERES, N. P. — "Experiências de regressão de Bárbara Ivânova. Uma russa que já encarnou no Brasil", *in Folha Espírita*, XIII:3. São Paulo, 1986.

PINCHERLE, L. T., LYRA, A. & outros — *Psicoterapias e estados de transe*. São Paulo, Summus, 1985.

PINCHERLE, L. T. & SILVA, D. B. T. da — "Terapias Regressivas: Memórias dos Primórdios da Vida". *Pediatria* (São Paulo) 10:42-44, 1988.

PINCHERLE, L. T. — "Hipnose em terapia. Estados hipnóides regressivos a fases anteriores desta vida e de 'vidas pregressas' ". São Paulo, Anais do Congresso de Terapias Alternativas, 1985.

PINCHERLE, L. T. — "Terapia individual. Algumas indicações", in *Revista de Análise Transacional*, 2-3:39-41. Rio de Janeiro, 1981.

PINCHERLE, L. T. — "Hipnose. Possibilidades atuais e futuras". *Pediatria Atual* (São Paulo), março 1977.

RING, K., in WEIL, P., DEIKMAN, A. & RING, K. — *Cartografia da consciência* humana, vol. 5/1. Petrópolis, Vozes, 1978.

TEN DAM, H. W. — Comunicações pessoais em seminários. São Paulo, 1988 e 1989.

WAMBACH, H. — *Recordando vidas passadas. Depoimentos de pessoas hipnotizadas*. São Paulo, Pensamento, 1978.

WEIL, P. — *A consciência cósmica*. Petrópolis, Vozes, 1978.

WEIL, P. — *Fronteiras da evolução e da morte*. Petrópolis, Vozes, 1979.

WOOLGER, R. J. — "Immaginal techniques in Past Life Therapy", in *The Journal of Regression Therapy*, 1:28-35, 1968.

Papéis vivenciados em Terapia de Vida Passada

Maria Elisa dos Santos

Há mais de vinte e três séculos o humanismo socrático esteve centrado no preceito "conhece-te a ti mesmo", buscando a compreensão da alma humana.

O homem, porém, ao longo dessa jornada se limitou a compreender o universo externo ao seu redor, sem se deter em seu universo interno, ou seja sua psiquê, seu Eu Interior.

"Conhecer-se" sempre foi e continua sendo seu maior desafio. Mas o que chamamos de doenças psíquicas torna esse desafio mais profundo e complexo, pois até hoje pouco conseguimos compreendê-las etiologicamente, apesar da abertura que a psicanálise criou através do conceito de inconsciente, descortinando outro eu dentro de cada um de nós.

Através dos estudos do inconsciente entrou-se gradualmente na pesquisa da fase perinatal, da vida intra-uterina e do domínio do transpessoal.

As pesquisas de Grof da época perinatal, nos mostraram a importância desse material, até na compreensão da psicologia e psicopatologia de massas (no campo social), pela revivência de cenas violentas na auto-exploração profunda, tais como guerras, revoluções, massacres e genocídios...

Netherton, na Terapia de Vida Passada demonstrou que os acontecimentos de vidas pregressas podem trazer efeitos desvastadores ao comportamento humano, tanto quanto qualquer acontecimento nesta existência, e que tais acontecimentos acham-se gravados no inconsciente, assim como os eventos dessa vida e são acessíveis para utilização em terapia.

A Terapia de Vida Passada tem por objetivo reequilibrar, reestruturar e ajudar a reprogramar a vida do cliente.

Raymond diz: "Consciência é vida", e essa consciência depende muito dos sistemas de crenças que carregamos em nós, e que por sua vez criam roteiros de vida. Tudo isso se forma não somente na infância e em nossa vida intra-uterina e nascimento, mas em inúmeras vidas anteriores...

Se o Eu está preso a sistemas de crenças de desesperança, precisa ser liberado para ampliar suas possibilidades experienciais.

A *vítima*: Carrega sentimentos de autopiedade e medo. Pode ter sido condenada injustamente à morte, torturada, violentada, sacrificada a interesses ou ambições alheias, acidentada, assassinada, ter sucumbido a alguma catástrofe ou guerra ou ainda ter sido portadora de uma doença grave ou deformante.

O *observador*: Modesto Tchaikóvski, irmão do grande compositor russo e seu primeiro biógrafo, deu claramente o exemplo do observador ao afirmar que seu irmão "carregou por toda a vida um sentimento de culpa", repetindo sempre: "É o factum uma força do destino que nos impede de gozar a boa sorte (...), pende sobre nossas cabeças como a espada de Dâmocles e verte inexoravelmente um lento veneno na alma. Temos que nos submeter a ele e nos resignar a uma tristeza sem saída... Não é mais sábio esquecer a realidade e refugiar-se no sonho?".

Como vemos, o observador é dominado perenemente por sentimentos de tristeza e culpa porque perante situações terríveis não toma uma atitude, mantendo-se passivo. É o caso por exemplo da mãe que assiste ao espancamento dos filhos pelo pai e nada faz.

O *algoz* ou *vitimizador* pode ter sido um papel gerador de culpa, pois inicialmente fora dominado por fúria e até por prazer (Netherton). O algoz causou um mal, perseguiu, maltratou, seviciou, torturou e traiu, sem nada sentir em relação ao padecimento alheio.

É interessante notar-se a inter-relação entre os três papéis, que podem ser colocados nos vértices de um triângulo.

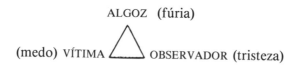

Uma pessoa furiosa pode despertar fúria em outra pessoa ou causar medo ou ainda tristeza, que por sua vez podem gerar fúria devido à impotência.

É por essa razão que se deve levar o paciente a rever suas posições em vidas anteriores e resolvê-las, revendo os vários papéis que representou nessas vidas pregressas. A tendência é sempre começar com o papel de vítima, mas a solução desse papel com freqüência não é suficiente para resolver uma psicopatologia.

Não devemos aceitar que o paciente diga que o problema é simplesmente devido a um complexo carmático, e que por isso nada pode ser feito. Lembramos que o terapeuta faz parte desse carma e tem por função ajudar o paciente a se resolver. Quando, com o passar da revisão de vidas pregressas, o paciente se mantém fixamente numa posição ou papel de vítima, chamamos isso de *postulados de caráter*, geradores de falta de autoconfiança, autopunição e gentileza subserviente. Deve-se então propor a esse cliente que vá a um ponto panorâmico de onde possa ver suas vidas de algoz e de observador, pois a elas deve a postura de autopunição e resgate. .

Ten Dam diz que existem ainda duas posições: o *Acusador* e o *Salvador*.

Caso nº 1. Um paciente com a idade de 30 anos veio à consulta porque se sentia eternamente vítima de todo mundo e considerava-se sempre um sofredor. Trabalhava demais e não era capaz de dizer não diante de sobrecargas.

Colocado em regressão, vivenciou uma existência muito antiga, quando pertencera a uma tribo bem primitiva. Era um homem grande e forte, e portanto fora-lhe imposto pelos velhos da tribo que tomasse conta da caverna onde estavam armazenados os alimentos. Por isso, deram-lhe uma clava pesada para bater em qualquer pessoa que tentasse apoderar-se da comida sem ordem expressa.

Com a entrada do inverno, os componentes da tribo começaram a passar fome. Muitos jovens dirigiram-se à caverna para obter alimentos, mas ele sempre os enxotava com o bastão. Com o passar dos dias, ele se deu conta de que ninguém mais vinha até ele, e foi ficando então muito preocupado, até que tomou a decisão de descer ao acampamento para ver o que se passava. A tribo inteira havia morrido de fome e de frio. Ele fora o *Algoz* e o *Observador*.

Voltou então à caverna com uma firme decisão: "Nunca mais vou fazer isso, aconteça o que acontecer", e lá permaneceu até morrer.

Com isso havia-se programado carmicamente para muitas vidas sucessivas. Ele jurara que poderia ser *vítima*, porém nunca mais *algoz* nem *observador*.

Durante a sessão, perguntei-lhe como se sentia ao ver os seus colegas mortos por inanição e ainda com as marcas de espancamento feitas por sua clava.

A resposta foi: "Muito culpado. Prefiro deixar que façam isso comigo, mas não quero mais perseguir os outros!".

Tive então que fazê-lo perceber que ele não havia sido o responsável por tantas mortes inúteis. Havia apenas obedecido a uma ordem. Tudo isso pertencia a uma vida arcaica, e não havia razão para ele manter-se eternamente na posição de *Vítima*. Com o passar das sessões, relatou que no trabalho seu supervisor abusava sempre dele, carregando-o de serviço acima de suas possibilidades. Agora havia tido a coragem de pegar os papéis excessivos e de devolvê-los, dizendo a si mesmo: "Não pretendo mais ser vítima dos outros. Eles que se arranjem!".

Em outra sessão, ao passar pela vivência do parto, ele intuíra que sua mãe se sentira vítima do pai com mais essa gravidez, pois era o oitavo filho do casal e eles não tinham dinheiro para alimentá-lo.

Durante a gestação, captara um pensamento da mãe: "Não importa o que eu queira ou faça; ele (o pai) sempre vence". Esse era exatamente o sentimento que o paciente sentia no trabalho, em relação a seu chefe.

Numa das últimas sessões, foi proposto que revivesse a situação na tribo, e que notasse que poderia propor-se alternativas toda vez que recebia encargos exagerados ou inadequados. Percebeu então que deveria ter ido procurar os velhos, antes que seus amigos todos morressem, para tomar decisões mais adequadas.

Desse dia em diante passou a sentir-se capaz de sair definitivamente do absurdo papel de vítima perene, e tomar novos rumos quando necessário.

Terapia dos "Estados de Ego"

Terapia dos Estados de Ego (EDE) é um método de apoio usado em TVP em certos casos quando cargas pesadas dificultam a indução, e a reexperienciação produz muito medo. É eficaz em casos de *hang-over, pseudo-obsessões, postulados de caráter* e *problemas de identidade*. Trata-se na realidade de uma técnica de dissociação. Ela é utilizada quando a associação com as cargas do passado é tão forte que o medo não permite que o cliente reexperiencie o pretérito.

Através dessa técnica criamos uma distância que permite vencer o medo e se observar. Essa dissociação proporciona uma catarse intelectual, fornecendo-nos um diagnóstico de *como* e do *que* trabalhar no processo.

Chamamos de *hang-over* a assuntos pendentes que vêm-se repetindo através de diversas vidas, fazendo com que o paciente sinta a vida monótona, queixe-se de cansaço crônico, medo não iden-

80

tificado, acompanhado de insegurança, impotência, ambivalência, falta de confiança e subserviência. Tem-se a impressão de uma vida em que nada se resolve. . .

Hang-over também significa ressaca, isto é, algo ligado ao dia antes, e, no nosso caso, a vidas anteriores. O paciente não consegue auto-identificar-se, como se algo de seu ego lhe escapasse e ele fosse incapaz de reintegrar a parte perdida como propriedade sua. A vida se passa numa neblina que não lhe permite identificar ou decifrar sua problemática. Mesmo possuindo muitos conhecimentos, parece não ter discernimento para liberar-se de pesos arcaicos.

Denominamos *pseudo-obsessões* a sensações de estar obsedado por entidades externas, quando a obsessão é na realidade de vidas anteriores do próprio paciente, em que não houve solução de determinados problemas.

Quando o paciente em terapia não consegue reexperimentar situações traumáticas de vidas anteriores, porque elas estão impregnadas de muito medo ou grande culpa, é aconselhável a introdução da técnica de EDE. Podemos dizer que nesses casos existe muita invasão de emoções alheias presas na aura do cliente e por isso a *dissociação* é indicada para que haja reintegração das partes perdidas e liberação da aura. Dissociamos definitivamente as partes negativas e associamos as partes positivas que estavam confusas.

Postulados de caráter são problemas que vêm-se repetindo monotonamente em sucessivas vidas anteriores, criando forte inibição da personalidade, pois existe uma verdadeira programação para que tudo se repita perenemente, por causa de culpas e sofrimento subseqüente. Pessoas com tais postulados passam continuamente pelos cinco papéis de *vítima, observador, algoz, acusador* e *salvador* (Ten Dam). O postulado que se repete cria o comportamento neurótico, onde se sucedem falta de confiança, punição, culpa, cobrança, vingança e gentileza subserviente.

Nos *Postulados de caráter*, 50% da terapia podem ser realizados pelas técnicas habituais, que eliminam pela conscientização as complicações de consonâncias; o resto poderá ser tratado pelos EDE.

Técnica: Nas situações acima citadas propõe-se ao paciente que, na queixa, separe suas partes problemáticas e dê a elas um nome de sua escolha. A seguir, o terapeuta propõe ao cliente que, de olhos fechados, faça entrar uma por uma as partes dissociadas, e a personalidade total escuta aquilo que as partes que entram sucessivamente têm a dizer. No início da sessão, decide-se qual o assunto a ser trabalhado, e portanto as partes que são os *estados de ego* do cliente que vêm entrando terão que resolver o problema em foco.

Durante a discussão entre a personalidade total e seu estados de ego surgem emoções, e a seguir catarses, pois muitas vezes insensivelmente o paciente regride àquelas vidas onde esses estados de ego eram as próprias encarnações anteriores, seguindo-se assim uma compreensão completa de si mesmo, isto é, uma reintegração.

É interessante notar que com a técnica dos EDE o paciente pode selecionar as partes que lhe darão estrutura adequada para o fortalecimento de seu ego.

Essa técnica pode ser utilizada para resolver também um problema que tem sua origem na vida atual. Lembro-me de um caso de uma mulher que, quando menina, sofrera abusos sexuais por parte do padrasto. Ela sentiu algum prazer sem todavia entender bem o que estava acontecendo. Mais tarde, passou a sentir-se muito culpada.

Devido a essa mistura de prazer, medo e culpa, ela não foi capaz de regredir à época em que o fato se deu, pelas técnicas costumeiras.

Fizemos então com que ela dissociasse a criança que desconhecia sexo e prazer sexual e a pessoa de hoje, que conhece isso e se sente extremamente culpada. Às vezes a origem do problema da culpa está afundada no inconsciente, e quando surge à superfície pode-se propor que a parte adulta da paciente volte à infância, explicando à criança que ela não podia entender realmente o que lhe estava acontecendo e que portanto conte com a ajuda da "adulta" para ultrapassar essa situação que fora penosa, mas ao mesmo tempo prazerosa. Assim a cliente tem a oportunidade de atuar e repassar pelo "erro" do passado, dando proteção a si mesma.

Bibliografia

FIORE, E. — *Já vivemos antes*. Lisboa, Europa-América, 1978.

GERMINARA, G. — *Muitas moradas*. São Paulo, Pensamento, 1979.

GROF, S. — *Além do cérebro. Nascimento, morte e transcendência em psicoterapia*. São Paulo, McGraw-Hill, 1988.

NETHERTON, M. & SHIFFRIN, N. — *Vidas passadas em terapia*. Itapetininga, ARAI- JU, 1985.

RAYMOND, S. — "The power of unconscious belief of systems", in *J. of the Arts and Science of Healing*, 10:1-6 (Educational Audio-cassettes from Class Lectures). APPLE, 1985.

STEVENSON, I. — *Vinte casos sugestivos de reencarnação*. São Paulo, Difusora Cultural, 1976.

TEN DAM, H.W. — *Een Ring van Licht*. Holanda, Bressotneek, 1980.

WAMBACH, H. S. — *Recordando vidas passadas*. São Paulo, Pensamento, 1978.

Concepção, vida intra-uterina e parto nas terapias regressivas

Dirce Barsottini

"... and nowadays fewer obstetricians assume that they know better than the foetus how he will be most confortable"[10].

Após alguns séculos praticando a divisão do ser humano, considerando-o ora do ponto de vista filosófico, ora do social ou do físico, religioso ou quantas mais divisões queiramos fazer, está-se fazendo o caminho inverso, que é o de considerá-lo como um todo. Pela história, sabemos que anteriormente a essa pulverização do homem em departamentos a concepção reinante era a que hoje chamamos de holística. Então, a rigor, devemos dizer que estamos retomando esse caminho. Retomar um caminho não significa voltar necessariamente às mesmas práticas, e no caso presente esse retorno está sendo muito enriquecido pelo extraordinário avanço no conhecimento que as especializações continuam proporcionando.

Em relação ao feto e ao recém-nascido já se possui muitíssimos dados, tanto os obtidos das observações diretas, que obedecem rigidamente aos parâmetros científicos, como de fontes indiretas. Estes últimos provêm de vivências psicoterapêuticas, de pesquisas com hipnose ou LSD, de concepções filosófico-religiosas e experiências designadas como paranormais, sendo que nesta categoria podemos (ou devemos?) considerar os relatos mediúnicos, que atualmente já não são encarados com tanto ceticismo, uma vez que muitos cientistas já voltam sua atenção para este aspecto da natureza humana que esteve sempre presente na história da humanidade, embora "cientistas" e algumas religiões tenham-se esforçado em reprimi-lo, muitas vezes de forma violentíssima, tratando os portadores de paranormalidade como loucos ou possuídos pelo demônio.

Apesar de tudo, conseguimos chegar a uma época de mudanças radicais e todos podemos constatar grande parte delas pois estão diariamente sendo mostradas nos jornais, nas televisões e em nossas próprias vidas. Com tantas transformações ocorrendo, temos que buscar novas estratégias para entender e resolver nossos problemas. A visão holística não é nova no mundo. Pode ser novidade para alguns, ou muitos, cientistas ocidentais, pois o povo, mesmo desconhecendo essas filigranas filosóficas, sempre buscou viver dessa forma. Mesmo estando sob cuidado médico ou psicológico, quem já não recorreu a simpatias, rezas, passes, benzeduras e pais-de-santo para conseguir curas de dores físicas ou emocionais? Como parte dessas mudanças, há muitos anos estamos vendo surgir novas formas de psicoterapia que vão muito além do apenas verbal. São as que utilizam dramatizações, respiração profunda, música, movimentos, massagens, etc.

Dentro dessas novas abordagens temos a Terapia de Vida Passada (TVP), *"Past Life Therapy"*, em inglês, que inclui claramente o elemento espiritual, uma vez que trabalha com o conceito de reencarnação. E, quando se fala em reencarnação, fala-se em espírito, pois uma não pode existir sem o outro. Na concepção reencarnacionista, o espírito preexiste à formação do corpo e subsiste após a morte deste.

A TVP é uma linha de atuação terapêutica bem variada em seus procedimentos. Isso ocorre por ela não ter sido formulada por um único teórico, e sim por alguns terapeutas — independentes entre si — ao perceberem que certos pacientes tinham vivências que não se encaixavam nos conhecimentos e teorias seguidas por eles na ocasião. Cada um foi encontrando um jeito de trabalhar com tais fatos, criando assim suas técnicas e hipóteses.

Na técnica de Morris Netherton, com a qual trabalho, dá-se bastante ênfase à vida uterina e ao parto. Essas etapas da vida humana, além de poderem ser geradoras de traumas, poderiam também despertar lembranças traumáticas de outras vidas que estariam "adormecidas"[14].*

Choques de idéias

> *"Ser um 'entendido' em mente humana é ser repetidamente humilhado pelos seus mistérios"*[26].

Sabe-se que desde o início do "Movimento Psicanalítico", por volta de 1910, foram numerosos os desentendimentos e dissenções entre seus membros. Para o assunto aqui tratado, é importan-

---

* Nos relatos de pacientes constantes deste trabalho, as frases estão transcritas conforme foram ditas; por isso, muitas vezes são repetitivas ou parecem mal redigidas.

te saber um pouco do que se passou com Otto Rank, um dos integrantes desse Movimento. Em dezembro de 1923, Rank publicou o livro *O trauma do nascimento* e, segundo Jones: "Freud há muito que pensara que a penosa experiência de nascer, em que a sufocação inevitavelmente coloca o recém-nascido diante de um perigo mortal, constituía um protótipo de todos os ataques posteriores de ansiedade (*Angst*). Acontece que Rank, aplicando a palavra 'trauma' a esse acontecimento, sustentava que o resto da vida consistia em complicadas tentativas para superar ou cancelar o evento; incidentalmente, ao fracasso dessa tentativa e desses esforços é que se devia a responsabilidade pelas neuroses"[8]. Continuando, Jones relata a essência da tese de Rank: "Clinicamente, concluía-se que todos os conflitos mentais diziam respeito à relação da criança com a mãe, e o que poderia parecer conflitos com o pai, inclusive o complexo de Édipo, não passava de máscara a encobrir os que se relacionavam com o nascimento. O tratamento psicanalítico, portanto, devia consistir tão-somente em concentrar-se desde o início em obrigar o paciente a repetir, na situação de transferência, o drama do nascimento, e o renascimento que daí resulta passaria a constituir a cura. (...) Qualquer outro teria usado tal descoberta para fazer-se independente. (...) Não sei se 66 ou 33 por cento da coisa são verdadeiros, mas, de qualquer maneira, é o processo mais importante desde a descoberta da psicanálise"[8].

Estes foram os comentários de Freud logo que tomou conhecimento das idéias de Rank. Em fevereiro de 1924, escreveu uma carta ao comitê (grupo dos psicanalistas mais antigos), tratando de vários assuntos, sendo um deles, ainda, o livro *O trauma do nascimento*. "Não hesito em afirmar que considero esse trabalho altamente significativo, que me tem dado muito o que pensar, e que até o momento não cheguei a uma conclusão definitiva sobre ele. Há muito que nos familiarizamos com fantasias uterinas e já reconhecíamos sua importância, mas, a partir da proeminência que Rank lhes assinala, atingem elas uma significação bastante mais alta e revelam num rápido raio de luz os fundamentos biológicos do complexo de Édipo. Para repeti-lo em minha própria linguagem: alguma forma de instinto deve estar associada ao trauma do nascimento, que visa a restaurar as condições de uma existência anterior. Poder-se-ia chamá-lo de a tendência instintiva à felicidade (*Glückstrieb*), esclarecendo-se aí que o conceito de 'felicidade' é usado primacialmente num sentido erótico. Rank então avança mais do que a psicopatologia e mostra como os homens modificam o mundo exterior a serviço desse instinto, enquanto os neuróticos se poupam esse trabalho ao enveredarem pelo atalho de fantasiar o retorno ao ventre materno. Se se acrescentar à concepção de Rank a de Ferenczi, que afirma que o homem pode ser representado pelos seus órgãos genitais, então pela primeira vez estaremos diante de uma derivação do instinto sexual normal que se enquadra à nossa concepção do mundo"[8]. A carta é longa, e a seguir Freud faz comparações e comentários de ordem teórica sobre suas próprias idéias e as de Rank. Como o assunto estava provocando muita polêmica entre os psicanalistas, Freud acrescenta: "Temos que lidar aqui não com uma rebelião, uma revolução, uma refutação de nossos conhecimentos já consolidados, mas com uma contribuição nova interessante, cujo valor nós e outros analistas somos forçados a reconhecer."[8]

Pouco tempo depois Freud mudou sua posição em relação ao trauma do nascimento. Eis o que nos diz Jones: "Seu entusiasmo inicial pela obra de Rank diminuía rapidamente. 'Cada vez mais me afasto da idéia do trauma do nascimento. Creio que 'murchará' inteiramente, se não se o criticar duramente, e então Rank, a quem valorizo por seus talentos e pelo grande serviço que tem prestado, terá aprendido uma proveitosa lição.' Durante algumas semanas, Freud havia experimentado aplicar a teoria de Rank ao seu trabalho cotidiano, interpretando as associações, sempre que possível, em termos de nascimento, mas não obteve nenhuma reação por parte dos seus pacientes, nem mostravam as interpretações produzir quaisquer efeitos sobre eles. Ferenczi, por outro lado, obtivera maravilhosos resultados ao aplicar o mesmo método, e não podia abandoná-lo em um único sequer dos seus casos"[8].

Essa controvérsia, que começou no âmbito da psicanálise, continua existindo, agora entre as variadas teorias, linhas e abordagens psicoterápicas e do desenvolvimento humano.

Atualmente existem várias técnicas psicoterapêuticas regressivas, nas quais os pacientes regridem, permanecendo conscientes. Através delas temos obtido relatos que podem contribuir muito para a ampliação do conhecimento de como o feto experienciaria o transcorrer do parto, e mesmo a vida uterina. Sabemos que desde Freud dados obtidos em psicoterapia sempre foram utilizados para formular hipóteses e modelos sobre o funcionamento do psiquismo humano. A TVP é uma dessas técnicas, e os numerosos relatos obtidos por inúmeros terapeutas, em várias partes do mundo, mostram que o feto é capaz de um tipo de percepção e memória que por enquanto não são explicados pela ciência, e que na falta de melhor conceituação chamamos de "percepção inconsciente". De algum modo, o feto capta e registra não só o que se passa com ele, mas tudo o que acontece ao seu redor, como, por exemplo, o que a mãe pensa, sente, ouve ou fala. Por não possuir a função consciente tal como a entendemos, vai registrando tudo, aparentemente sem a possibilidade de discernir e interpretar esses fatos com plenitude e profundidade[14]. Dizemos "com plenitude" porque temos acompanhado regressões em que os fetos tentam tomar atitudes dentro de suas limitadas possibilidades, sendo uma delas a de retardar a hora do parto quando não querem nascer: uns dizem que "tentam se agarrar" em algo, outros "que ficam quietinhos, sem se mexer" e outros que tentam "fugir para cima". Tudo isso parece muito estranho, não somente por se tratar de uma fase ainda tão desconhecida, mas também pela supracitada falta da função consciente.

Ao falar sobre o nascimento, Moreno, criador do psicodrama, diz: "Ao que parece, há muito pouca atividade mental no arranque do recém-nascido. Por conseguinte, podemos muito bem admitir que ele só faz uso de arranques físicos... Não é um trauma, mas o estágio final de um ato para o qual foram requeridos nove meses de preparação"[13].

As técnicas regressivas têm evidenciado que, apesar de ser um fato da natureza, o nascimento é realmente um momento marcante na vida dos seres humanos. Porém, o fato de ser marcante não significa que, necessariamente, vá redundar em neuroses. Porém o inverso pode ser verdadeiro, isto é, que muitas neuroses tenham componentes ligados ao parto, pois é inegável que, por mais normal e tranqüilo que ele seja, é uma experiência carregada de emoções e sensações físicas, não somente da parturiente, como normalmente se acredita, mas também do nascituro. Nesse momento a criança está ingressando numa situação totalmente estranha e de forma repentina, pois sai de um ambiente onde estava abrigada e quase totalmente limitada em seus movimentos para outro, onde se vê exposta, manipulada e recebendo vários estímulos sensoriais e emocionais ao mesmo tempo. Após vários anos de trabalho com terapia regressiva (TVP), não tenho mais dúvidas de que fica registrado em nós tudo quanto experimentamos, pelo menos desde a vida fetal, se não desde antes. Acho que Otto Rank fez uma descoberta importantíssima, que infelizmente não pôde ser compreendida em sua época. Porém, a cada dia mais profissionais da psicoterapia estão levando em consideração a possibilidade de que o feto registre tudo quanto se passa com ele e de que o parto *pode* ser traumático. O fato de Rank não ter sido compreendido em sua época, e só posteriormente redescoberto, é mais uma demonstração de que foi genial. Excluindo a hostilidade ambiental, creio que dois fatores impediram o desenvolvimento de sua teoria na época. Um deles foi a generalização de que "todos os conflitos mentais diziam respeito à relação da criança com a mãe"[8]. O outro deveu-se à abordagem técnica, psicanalítica, por esta basear-se na repetição transferencial e nas conseqüentes interpretações feitas pelo terapeuta.

Para conseguirmos algo realmente produtivo referente a esses estágios, devemos trabalhar vivencialmente, e não transferencialmente, pois quando uma pessoa, permanecendo consciente, chega a épocas tão primordiais como a vida uterina e o parto, é porque seu inconsciente está muito "aflorado", e neste estado é ela quem sabe das suas coisas. Portanto, cabe ao terapeuta facilitar e acompanhar as vivências, pois a pessoa não aceita nada que realmente não tenha um sentido profundo para ela, o que poderia ser interpretado como resistência, quando na verdade não é. Com isso, não quero dizer que não ocorram resistências, porém, em TVP, mesmo quando o terapeuta percebe que *pode* estar havendo uma *possível* resistência, por exemplo, quando "fica tudo escuro" ou "dá um branco", deve fazer perguntas até saber o que está acontecendo, e se for realmente uma resistência, o próprio paciente é quem dirá, e não o terapeuta. Nesses casos, muitas vezes, não se trata de resistência, e sim de que a pergunta naquele momento não foi adequada ao prosseguimento da sessão. É uma espécie de pausa, enquanto se aguarda o sinal correto para poder prosseguir. Morris Netherton sempre diz que: "se soubermos perguntar, o inconsciente sempre responderá". Devo dizer que concordo plenamente com ele. Isto não quer dizer que seja fácil fazer perguntas e obter respostas. Naturalmente, tudo deve ser entendido dentro de um contexto. Porém uma coisa é certa: se o terapeuta insistir em dizer ao paciente em regressão algo que não "bata" com suas percepções, a vivência fica totalmente bloqueada, fazendo-o sair da situação. E, repito, isto não é resistência, e sim inabilidade do terapeuta naquele momento. A propósito, penso que o tema resistência deve receber mais atenção dos psicoterapeutas, pois: "ela nem sempre se deve a um empecilho inerente ao paciente, como geralmente fica implícito, e sim, muitas vezes, a uma inflexibilidade ou inabilidade do terapeuta em buscar novas formas de comunicação com o inconsciente daquele"[18].

Resumindo, para se trabalhar bem com TVP, além de sólida formação profissional, é necessário que o terapeuta tenha duas convicções básicas: a primeira é que o inconsciente do paciente sabe tudo a respeito dele, e a segunda é que se o terapeuta souber perguntar o inconsciente vai responder.

Dados mensuráveis

"...a intensidade de uma onda quântica é uma medida da probabilidade de ocorrência de um evento. Acredito que quanto mais aguda for a percepção ou consciência do observador, maior será a probabilidade de o evento ocorrer"[23].

Formular hipóteses a partir de dados do inconsciente é muito delicado devido à subjetividade tanto dos pacientes quanto dos terapeutas envolvidos na situação terapêutica. Por isso, vamos fazer uma pequena incursão nos campos da observação e da experimentação com recém-nascidos, que estão nos trazendo estudos cada vez mais originais e rigorosamente controlados.

Apesar do rigor, pesquisadores diferentes têm encontrado resultados discrepantes em suas observações. Eis alguns exemplos de achados muito interessantes: em 1953, C. E. Osgood fez um estudo de "vocalizações espontâneas e vocalizações como respostas a situações padronizadas de estimulação. Seus resultados indicam que durante os dois primeiros meses de vida a criança apresenta todos os sons que o sistema vocal humano pode produzir, 'incluindo as vogais e trinados franceses, sons guturais alemães e muitos que só podem ser descritos através de símbolos fonéticos'. Segundo Osgood, estes dados contradizem a noção de que o nenê gradualmente torna-se capaz de emitir vários sons e demonstram que é a freqüência dos sons que varia no curso do desenvolvimento"[19].

Quanto ao sorriso, temos um estudo de Wolff (1963) que diz: "Na segunda semana já é ele [sorriso] eliciado pelos sons e pelo afago"[19].

"Na terceira semana, observou o sorriso chamado social, que é produzido com regularidade por estímulos auditivos e dos quais o mais eficaz é a voz humana."[19]

Em 1961, J. A. Ambrose fez um estudo do sorriso, e nos sujeitos do grupo de 8 a 11 semanas de vida não registrou um sorriso sequer[19].

Os casos citados apenas ilustram resultados divergentes; porém, como pesquisa é a especialidade desses cientistas, eles fazem e refazem novos trabalhos, procurando descobrir os porquês dessas diferenças.

No Brasil, tivemos um trabalho pioneiro nessa área de observação, desenvolvido em 1972 pela dra. Neyde Apparecida Sollitto. Ela quis observar a interação mãe-nenê desde o primeiro banho dado pela mãe. Na primeira observação, em um dos grupos, as idades dos nenês variavam entre 13 e 24 dias, e nas últimas observações estavam com 3 meses. As observações foram feitas na casa de cada sujeito; portanto, sem padronização de situação. O desenvolvimento do trabalho está minuciosamente descrito em sua tese, que conclui: "Esses dados elucidam e confirmam certas hipóteses teóricas, tanto de etólogos como as derivadas das teorias de aprendizagem social. O nenê, desde o início da vida, é 'ativo'. Ele inicia e mantém interações verbais. Do mesmo modo que a mãe fornece estímulos eliciadores e reforçadores para o nenê, este fornece estímulos eliciadores e reforçadores para a mãe. Na interação há mútua estimulação e reforçamento"[19].

Como ilustração de pesquisa experimental, onde se procura padronizar e controlar o maior número possível de estímulos, escolhi uma por ser relativamente recente (1983), e principalmente por ter sido feita com recém-nascidos com idades que variam entre 42 minutos até 71 horas de vida; portanto, com menos de três dias de idade.

A pesquisa foi desenvolvida em uma sala preparada no Hospital Sueco de Seattle. Do ponto de vista estritamente científico, creio ser difícil encontrar alguma falha no referido trabalho. Os sujeitos obedeceram a certos critérios predeterminados: (a) menos de 72 horas de idade; (b) gestação a termo (mais de 36 semanas), peso normal ao nascer; (c) terem sido alimentados nas 3 horas que antecederam os testes; (d) não demonstrarem sinais de fome nos 5 minutos imediatamente anteriores ao início do teste; (e) estarem de olhos abertos, alertas, e comportando-se calmamente nos 5 minutos imediatamente anteriores ao teste. Por não terem conseguido preencher esses requisitos, 27 crianças foram dispensadas, tendo o estudo sido feito com 40 recém-nascidos saudáveis e sem sinais aparentes de anormalidades visuais ou motoras. A amostra constou de 18 meninos e 22 meninas. A maternidade onde foi feita a pesquisa serve predominantemente à classe média e média alta de brancos. Os sujeitos dividiram-se em 37 brancos, 1 negro e 2 hispânicos.

Nesse trabalho, o que se queria verificar era se recém-nascidos seriam capazes de imitar gestos faciais de adultos. No caso, foram escolhidos o de abrir a boca e o de mostrar a língua.

Ao transmitirem os resultados, os autores argumentam que: "O método experimental permite uma diferenciação entre movimentos orais ao acaso, estímulos gerais e a imitação verdadeira"[11]. Isso realmente é possível dentro do paradigma experimental, que obedece a cuidados extremos em cada experimento. Estes mesmos autores já haviam feito observações desse tipo em 1977; porém, como os sujeitos tinham entre 12 e 21 dias de idade, os resultados não foram conclusivos para sustentar a hipótese de que os recémnascidos podem imitar gestos faciais de adultos, uma vez que com essas idades eles já poderiam ter aprendido esses gestos na interação com a mãe, além de outros fatores. "Os resultados demonstraram que recém-nascidos conseguem imitar gestos faciais dos adultos sob certas condições laboratoriais."[11]

Resumindo, os autores dizem que não é necessário um aprendizado pós-natal para que a criança consiga imitar gestos faciais, e que além disso eles não querem dizer que um recém-nascido seja um imitador tão bom quanto uma criança de um ano de idade. "Nós apenas sugerimos que o arraigado ponto de vista de que o recém-nascido é incapaz de imitar ao nascer é contraditado por esses dados."[11] Os autores comentam também trabalhos de outros pesquisadores que obtiveram ainda maior variedade de gestos imitados.

Quanto ao procedimento, todos os pesquisadores citados neste trabalho foram de uma minuciosidade extrema, procurando solucionar antecipadamente todos os aspectos que pudessem invalidar ou diminuir o valor das observações feitas. Atualmente, contamos com o videoteipe e outros instrumentos sofisticados para cronometrar a duração dos comportamentos que se queira observar. A utilização desses recursos suprime as falhas do observador humano, que, devido às próprias limitações perceptivas da visão, deixa passar muitas coisas despercebidas. Além disso, contamos ainda com especialistas em planejamento, observação, análise e discussão dos dados. Desse modo, é perfeitamente compreensível que muitas das hipóteses levantadas a partir das antigas observações precisem ser revistas.

Esses são apenas alguns exemplos citados para frisar a importância de não ficarmos restritos aos conhecimentos das nossas áreas de atuação ou predileção. Caso contrário, corremos o risco de perpetuar conceitos e procedimentos terapêuticos, sem perceber que muitas coisas já mudaram. Mudaram não só porque os métodos de pesquisa são cada vez mais precisos, mas também devido à própria evolução do ser humano e às mudanças na interação interpessoal, pois é inegável que na sociedade ocidental, nos últimos trinta anos, tem mudado acentuadamente o modo de conduzir a gravidez, o parto e os cuidados com o recém-nascido.

Quando Jung diz que: "somos eternamente inacabados, crescemos e mudamos"[9], devemos atentar para o fato de que, se mudarmos nossos procedimentos psicoterapêuticos e científicos, obteremos conhecimentos novos, e isso, naturalmente, nos obriga a reestruturar nosso entendimento das coisas, nosso modo de atuar. Se assim não fizermos, estaremos agindo como o famoso avestruz. Nisso também reside a importância de considerarmos o homem como um todo, porém sem desprezar a importância das especializações, pois estudos como os comentados acima só podem ser efetuados por especialistas no assunto, tal o montante de detalhes que precisam ser previstos, controlados e corretamente interpretados.

Os pesquisadores citados até aqui lidaram com dados objetivos, mas existem pesquisas que tratam de dados subjetivos e que obedecem ao rigoroso método científico. Entre essas temos a da dra. H. Wambach, que utilizou hipnose em 750 sujeitos de regiões diferentes dos Estados Unidos. A autora estava interessada em obter dados sobre os acontecimentos perinatais e, entre as 14 perguntas feitas, uma se referia ao que sentiam ao passar pelo canal do parto, e outra ao que experimentavam ao sair. Dos sujeitos pesquisados, 84% vivenciaram o nascimento sob hipnose. Esta pesquisa é muito interessante, porque fornece dados quantitativos e qualitativos. Os relatos obtidos são tão variados como os vivenciados em psicoterapias regressivas: alguns se sentem felizes por estar nascendo, outros infelizes, com dores, sem dores, etc., mas todos relatando detalhes não apenas sobre eles e as mães, mas também sobre os circunstantes[26].

Dados incomensuráveis

> *"O Espírito não poderá nunca ser explicado como uma secreção da Matéria, por mais complexa que esta seja. Atrás de cada obra-prima é necessário um arquiteto"*[4].

Uma das críticas que Ernest Jones faz ao trabalho de Rank diz respeito às suas "especulações nos campos da arte, filosofia e religião"[8]. Porém, como entender o homem como um todo se não levarmos em consideração esses aspectos?

Neste trabalho, a par de estudos de concepção, metodologia e tecnologia científicas como os já mencionados, são considerados também alguns dados filosóficos e religiosos referentes à vida uterina e ao parto. Uma dessas concepções antigas é a dos tibetanos. No livro *Introdução à psicologia tibetana*[20], o autor nos relata que, na ocasião da fecundação, o princípio que transmigra de uma vida para outra une-se ao óvulo e ao espermatozóide dos pais, iniciando a vida do embrião. A partir daí vai entrando em "sono profundo", no qual as memórias que traz se "tornam confusas como nos sonhos nebulosos"[20]. Eis como o mestre Kálu Rinpoche relata esta fase da vida: "... Durante a oitava semana, são produzidos os nove orifícios do corpo (olhos, narinas, ouvidos, boca, órgão genital e ânus), e ele sofre como se um dedo furasse uma ferida. A partir desse momento, se a mãe bebe líquido muito gelado, ele tem a impressão de ser jogado no gelo; se ela come muito, de ser esmagado entre rochedos; se ela come pouco, de ser suspenso no ar. Se ela corre violentamente ou cai, ele o sente como se rolasse num precipício; se ela tem relações sexuais com penetração muito profunda, ele sente como se estivesse sendo furado com agulhas de ferro. Após a trigésima sétima semana, ele começa a sentir-se como que aprisionado num lugar sujo, fedorento e escuro; sente-se infeliz e concebe a idéia de sair de lá". E, finalmente, ele nos fala dos sofrimentos do nascimento propriamente dito: "Durante a trigésima oitava semana, ele é virado para o orifício do nascimento, em cuja hora ele sofre como se seu corpo estivesse sendo colocado sobre uma roda em movimento (e esmagado entre duas montanhas)... E finalmente ele sai com os braços encolhidos, sofrendo como se estivesse passando através de uma tela metálica. No momento em que sai da matriz (e sua pele é tocada), ele tem a impressão de ser colocado sobre espinhos, e quando ele é esfregado (por algum tecido), sente como se sua pele estivesse sendo arrancada"[20].

Essa descrição de como os mestres tibetanos imaginam a vida uterina e o parto parece, aos olhos ocidentais, ingênua e fantasiosa; porém, ao trabalharmos com regressão a essas fases, participamos de sessões onde ocorrem sofrimentos fetais, não somente físicos como emocionais, provenientes dos sofrimentos ou pensamentos da mãe. Constatamos que essas percepções fetais são extremamente variadas, e não padronizadas em relações tão diretas de causa e efeito como as relatadas acima, mas o que importa é ressaltar que através de práticas místicas, que ampliam a capacidade perceptiva, os mestres tibetanos conseguiram chegar, de forma muito aproximada, ao que assistimos hoje em sessões de regressão.

Às vezes os pacientes relatam que sentem dificuldade de transmitir o que estão vivenciando no útero, pois experienciam várias coisas ao mesmo tempo: coisas momentâneas deles, da mãe e de níveis, mais profundos deles mesmos. Certa vez, ao procurar um "elo"*,

---

* Em TVP, são os estímulos que na vida uterina ou em fases posteriores "despertam" traumas trazidos de outras vidas [14 e 17].

um paciente se viu no segundo mês de gestação: "Minha mãe está tensa, mentalmente agitada, é como se estivesse pensando alto". Logo após, ela leva um susto, provocado pela freada brusca do veículo em que viajava, e é projetada para a frente. O paciente continua: "O embrião também se assusta, foi como se a criança tivesse recebido um empurrão. É como se estivesse dentro da bolsa das águas, nadando, me vejo embrião e ao mesmo tempo criança ao lado dela, como que sentindo a diminuição da consciência e misturando com as sensações do embrião. Sentindo sem pensar". Até parece que esse paciente recebeu ensinamentos de algum mestre tibetano!

À medida que os dados vão-se acumulando, torna-se cada vez mais evidente a importância da relação mãe-feto, e com isso vai caindo por terra a idéia generalizada e generalizante de que o embrião-feto viveria em estado de plenitude e satisfação constantes, o que levaria o ser humano, sempre que em situações difíceis, a ter a fantasia de querer retornar ao útero materno. As vivências regressivas têm mostrado tanto fetos que gostam do local onde estão, e prefeririam lá permanecer, como outros que se sentem extremamente infelizes e querem sair o quanto antes. As causas da infelicidade de um feto são as mais variadas possíveis, e vão desde seus próprios motivos até aqueles provenientes das infelicidades e rejeições dos pais. No decorrer do trabalho os exemplos ilustrarão melhor essas afirmações.

Quanto ao fenômeno da "contaminação", ocorre algo muito interessante, pois, ao mesmo tempo que o feto possui sua individualidade, também registra muitas coisas da mãe como se fossem dele. Durante a regressão, se algum dos sintomas tiver sido da mãe, enquanto não houver essa conscientização o sintoma não regride. Assim que ocorre a conscientização se dá a descontaminação e a libertação daquele desconforto.

Exemplo de feto que sofre devido aos sofrimentos da mãe: paciente do sexo feminino, 40 anos, solteira, instrução superior, católica não praticante. Numa sessão, ao trabalharmos uma tensão nos ombros e em pontos muito doloridos, com nódulos no pescoço, pedi que fosse à origem desse sintoma. Ela disse que nessa região havia medo.

— Medo do quê?
— Dor.
— De que dor?
— Eu vi, ah, eu não queria, é o feto. Eu não queria mais ver.
— Por quê?
— Medo (pausa) da dor do abandono.

Está no sexto mês de gestação. A mãe está em casa.

— Ela tá triste, ela me deixou assustada porque morreu a mãe dela, ela levou um susto tão grande e tá se sentindo sozinha.

"Ela *qué* a mãe dela (desata em choro).

"Ela tá chorando, ela *qué* a mãe dela. Ela não lembra de mim (chora mais intensamente). Ela *tá* triste porque perdeu a mãe dela, ela não está nem pensando em mim."

— Como você se sente?

— Angustiada.

— De quem é essa angústia?

— Minha.

.....

.....

A mãe está sentindo câimbra na perna.

— Eu estou mais encolhidinha do que o normal.

— Motivo?

— Porque estou com medo, se minha mãe sofrer eu sofro também.

Ao final da sessão, a tensão estava bastante atenuada, mas essa era uma região muito sobrecarregada de memórias e precisou ser muito trabalhada.

Neste trecho da sessão vemos o feto experienciando a tristeza da mãe, mas também distinguindo que a dor do abandono e a angústia são do feto.

Outro relato: sexo feminino, curso superior, 26 anos, boa situação financeira. Já teve ligações amorosas, mas continua morando com a família. Tem liberdade para fazer o que quiser. Foi a primeira filha e neta de ambas as famílias, por isso havia muita expectativa de que nascesse um menino. O parto foi normal, mas muito demorado. A mãe da paciente morreu quando ela contava 10 anos. Entre outras queixas, havia as seguintes: (I) "Quando estou ansiosa eu como, principalmente antes de dormir, não é fome de comida, não sei do que é essa fome." (II) "Quando criança tinha constantes dores de garganta e às vezes ficava afônica." Isto não é queixa, mas um dado de anamnese importante para melhor compreensão do caso. (III) "Planejo muito, mas tenho pouca iniciativa. Imagino o começo, o meio e o fim, mas não saio do planejamento." (IV) "Estou sempre recomeçando." (V) "O não querer vencer é maior do que o querer vencer, e é muito difícil tirar esse programa de mim."

Numas das sessões, ao trabalharmos (IV) e (V), ela vai para a vida uterina. "Todo mundo tá ajudando a minha vó e ninguém lembra de mim... Minha mãe não quer vencer porque a mãe dela via ela como uma rival e o pai dela [pai da mãe] se dava muito bem com ela, e se ainda por cima ela fosse ter um casamento feliz, um filho, a mãe dela ia ficar mais furiosa com ela. Minha mãe procurou o afeto da mãe dela por um caminho que lhe prejudicou. Minha mãe pensava que se ela fracassasse no parto seria um motivo a menos para as pessoas se alegrarem e a mãe dela não ficaria com raiva. Minha mãe se programava para fracassar..."

Ao terminarmos a sessão, ela diz que se sente "como se tivesse tomado uma injeção de estimulante, de fortificante".

Outra vivência da mesma paciente. Numa das sessões quis trabalhar o problema de ter engordado há alguns meses e de não ter voltado ao peso anterior. Essa paciente, embora não sendo gorda, estava sempre preocupada com alimentação e peso. Relatava que sempre, antes de dormir, sentia vontade de comer algo: chá, sopa, verdura, etc., mesmo que tivesse jantado. Geralmente comia automaticamente e, após ter comido: "Satisfaço a vontade mas fico p... da vida porque comi".

Ao iniciarmos o trabalho, peço que ela vá à origem do problema, ela vai para o quarto mês de gestação. (Observação: pedi que fosse à origem e não à vida uterina.) "Minha mãe grávida, nervosa. Ela está na cozinha, ela está com ansiedade, e meio para disfarçar, para desviar a atenção, ela procura alguma coisa para comer. Ela está sozinha, pensa: 'Por que o L. [marido] não vem?' Ela pensa se já terminou a aula, se ele já estaria livre para vir para casa ou não. É como se ela tivesse vontade de ser abraçada, de receber afeto, carinho, uma energia que prendesse ela por fora. Como isso não é possível, uma energia que venha de fora para se perceber, perceber seu contorno, e como isso não é possível, outra forma de se perceber é ingerir alguma coisa que a preencha e delineie o contorno de dentro para fora. Eu me sinto posta de lado nessas horas. Teria vontade de dizer: 'Mamãe, eu estou aqui', mas não sinto segurança de ter mais atenção, de perceber ser aceita pela minha mãe. Fico mais encolhida. Acho que é para não encostar nas paredes do útero. É como uma rejeição à atitude dela. Eu não via a hora que ela saísse dali, porque ia desconcentrar a atenção da comida e prestar mais atenção em mim. Eu nunca ia querer que me acontecesse isso, de ficar sozinha esperando alguém."

A paciente faz a relação dessa vivência com o problema atual dela: "É a mesma ligação, se eu não posso estar com a pessoa que eu gostaria de dormir junto, eu vou comer". Nesse ponto ela diz: "Meu braço está dando uns nós aqui sob o cobertor". "No útero eu estava com os braços encolhidos." Está novamente na cena da mãe na cozinha, e esta pensa: "Vou comer alguma coisa até que o L. chegue". Ao conscientizar isso, saem os nós do braço. Ela acrescenta que, para se descondicionar desse comportamento de ficar retraída, sentindo-se rejeitada, deve respirar bastante, porque "respirar bastante é se alimentar mais da vida, é ser mais ativa". "Eu tô acostumada a ficar assim, encolhida, tenho medo de me soltar e ficar meio solta no ar, não vai ter nada me segurando, nem eu mesma." Ela acha que isso ainda se refere à vida uterina. Percebe que agora, na vida adulta: "Sou eu mesmo que me seguro, aí o segurar tem dois sentidos, um é o de não arcar com as conseqüências, mas aqui o mais forte é o de me frear para não agir, bloquear. Estar bloqueando é o mais forte". Ela diz que deve aprender a relaxar e gozar a vida. Ao dizer isso, tem a sensação de contorções no corpo. Vai para uma situação em que está no berço e sente que alguma coisa a incomoda; pensa que seja a roupa, porque não percebe outra coisa que pudesse incomodá-la. "É a roupa que está incomodando quase tudo, mas principalmente dos joelhos para cima. Eu fico tentando me mexer, me esticar, mas depois desisto. Acho que o desconforto da roupa nem é tanto, eu tenho vontade que venha alguém brincar comigo, mas não vem. Me mexo, tenho que fazer alguma outra coisa. Se estou sentindo falta de afeto, de carinho, e não tenho, então tenho que fazer outra coisa. Podia aparecer alguém para me dar uma mamadeira." "Você está com fome?" "Não estou com fome, mas ia gostar de alguém ficar comigo me dando a mamadeira, porque ia me acalmar." Neste ponto, sente o pescoço torto e com dor. "A dor vem de dentro, e é muito do fundo. Eu quero atenção."

Resumindo a continuação da sessão: ela percebeu que essa dor emocional afetava sua garganta, para dificultar a passagem do ar, e com isso ela ficar fraca para chamar a atenção. Conclui também que não é esse o tipo de atenção que quer.

Durante as terapias verificamos serem muito comuns as "contaminações" de tristeza, raiva, medo, ódio, angústia, dores de cabeça, de barriga, falta de ar, etc.

Ainda no terreno das filosofias religiosas, encontramos no livro *O consolador*, entre perguntas sobre variados temas, feitas por diversas pessoas e respondidas mediunicamente, as duas seguintes:

"— A reencarnação inicia-se com as primeiras manifestações de vida do embrião humano?

— Desde o instante primeiro de tais manifestações, a entidade espiritual experimenta os efeitos de sua nova condição. Importa reconhecer, todavia, que o espírito mais lúcido, em contraposição com os mais obscurecidos e ignorantes, goza de quase inteira liberdade, até a consolidação total dos laços materiais com o novo nascimento na esfera do mundo."

"— Quando o embrião está sendo formado, existe uma interpenetração de fluidos entre a gestante e a entidade então ligada ao feto?

Existem conseqüências verificáveis?

— Essa interpenetração de fluidos é natural e justa, ocasionando, não raras vezes, fenômenos sutilíssimos, como os chamados 'sinais de nascença', que, somente mais tarde, poderão ser entendidos pela ciência do mundo, enriquecendo o quadro de valores da biologia, no estudo profundo das origens."[24]

Em outro livro de origem mediúnica encontramos uma dissertação sobre as diferenças que ocorrem nos processos reencarnatórios, da qual transcrevemos um trecho:

"Perguntar-se-á, razoavelmente, se existe uma técnica invariável no serviço reencarnatório. Seria o mesmo que indagar se a morte na Terra é única em seus processos para todas as criaturas.

Cada entidade reencarnante apresenta particularidades essenciais na recorporificação a que se entrega na esfera física, quanto cada pessoa expõe características diferentes quando se rende ao processo liberatório, não obstante o nascimento e a morte parecerem iguais.

Os espíritos categoricamente superiores, quase sempre, em ligação sutil com a mente materna que lhes oferta guarida, podem plasmar por si mesmos, e, não raro, com a colaboração de instrutores da Vida Maior, o corpo em que continuarão as futuras experiências, interferindo nas essências cromossômicas com vistas às tarefas que lhes cabem desempenhar.

Os espíritos categoricamente inferiores, na maioria das ocasiões, padecendo monoideísmo tiranizante, entram em simbiose fluídica com as organizações femininas a que se agregam, experimentando o definhamento do corpo espiritual ou o fenômeno da 'ovoidização'*, sendo inelutavelmente atraídos ao vaso uterino, em circunstâncias adequadas, para a reencarnação que lhes toca, em moldes inteiramente dependentes da hereditariedade, como acontece à semente, que, após desligar-se do fruto seco, germina no solo, segundo os princípios organogênicos a que obedece, tão logo encontre o favor ambiencial."[25]

---

* Ovóides "...auto-hipnotizados por imagens de afetividade ou de desforço, infinitamente repetidas por eles próprios, acabam em deplorável fixação monoideística, fora das noções de espaço e tempo, acusando passo a passo enormes transformações na morfologia do veículo espiritual, porquanto, de órgãos psicossomáticos retraídos, por falta de função, assemelham-se a ovóides..."[25]

Entre ambas as classes, porém, contamos com milhões de Espíritos medianos na evolução, portadores de créditos apreciáveis e dívidas numerosas, cuja reencarnação exige cautela de preparo e esmero de previsão."[25] Na transcrição acima lê-se que um espírito reencarnante pode interferir nos cromossomos. No futuro, talvez, este seja mais um dos elementos a serem considerados pelos geneticistas ao pesquisarem os enigmas da hereditariedade.

Todos os relatos deste trabalho sugerem que a interação mãefeto é vivenciada pela criança de modo muito mais rico do que se tinha como definitivo até recentemente. Mesmo sem nos referirmos a eventos desagradáveis ou traumáticos, o esquecimento de fatos vividos por nós ao longo da vida é fenômeno perfeitamente familiar. Qual o adulto que se lembra de todos, ou sequer da maioria, das experiências que viveu, por exemplo, durante seu oitavo ano de vida? Provavelmente lembrar-se-á de alguns que foram mais marcantes. No entanto, nessa idade uma criança tem perfeita noção do que é dela e do que é do outro, em termos perceptivos, isto é, não se confunde com o outro. Sendo o esquecimento consciente um fenômeno corriqueiro, podemos conjecturar que o bebê, mesmo percebendo e entendendo muito do que se passa ao seu redor, não pode transmitir devido à imaturidade de seu organismo. Até que possa comunicar-se razoavelmente através da palavra, pode ter esquecido o que vivenciou anteriormente e, ao começar a falar, ficaria centrado no esforço da aprendizagem de novos comportamentos. Além disso, os adultos ou não prestam muita atenção ao que as crianças dizem ou interpretam à sua moda os conteúdos das confabulações infantis. Quando uma criança fala de alguma coisa que os pais não entendem ou acham absurda, se forem mais letrados ou interessados, ou ficam com medo de que a criança esteja com algum problema mental ou dizem que é fantasia. Quando menos instruídos ou disponíveis para a criança, se esta insistir em dizer alguma coisa "esquisita", mandam-na ficar quieta. E mesmo quando os pais recolhem fatos interessantes a respeito de suas crianças, isto pouca significação tem para a ciência, pois, sendo cidadãos comuns, não têm acesso a quem possa eventualmente interessar-se em estudar seus casos. Com tal raciocínio, quero dizer que não devemos confundir incapacidade de perceber com incapacidade de responder inteligivelmente.

O que se pode verificar é que, ao trabalharmos com regressão às fases da vida uterina e do parto, é muito freqüente encontrarmos fatos que contradizem totalmente as afirmações de grandes estudiosos do desenvolvimento humano, como foi, por exemplo,

Jean Piaget, que a certa altura diz: "... J. M. Baldwin mostrou, há muito, que o lactente não manifesta qualquer índice de uma consciência do seu eu, nem de uma fronteira estável entre dados do mundo exterior e do universo interno, 'adualismo' este que dura até o momento em que a construção desse eu se torna possível (...) o lactente tudo relaciona a seu corpo como se ele fosse o centro do mundo, mas um centro que a si mesmo ignora. Em outras palavras, a ação primitiva exibe simultaneamente uma indiferenciação completa entre o subjetivo e o objetivo e uma centração fundamental, embora radicalmente inconsciente, em razão de achar-se ligada a esta indiferenciação"[15].

René Spitz, outro estudioso dos comportamentos infantis, "orientado pelos princípios psicanalíticos"[21], faz várias colocações a partir de suas observações. "O sistema do ego tem seu início, como um ego corporal, no terceiro mês de vida. Neste estágio, trata-se de uma organização central e de controle, que desempenha suas funções com a ajuda da consciência incipiente e da coordenação muscular iniciante."[21] Mais adiante, diz: "As repetidas frustrações, impostas pelas demoras entre a necessidade e a consumação do desejo infantil de mamar, reforçam a diferenciação entre o 'não-Eu' e o 'Eu'. Isto coloca o bebê como uma entidade psicológica separada, mais ou menos três meses depois do corte do cordão umbilical, que o colocou como uma entidade física isolada"[21].

Em contrapartida, constatamos que terapeutas que trabalham com regressão, mesmo baseando-se em hipóteses totalmente diferentes, têm obtido vivências semelhantes de seus clientes. O relato que se segue está no livro *As chaves do inconsciente*. Sua autora não aceita a tese da reencarnação, e sim da memória genética. "Certa vez, por exemplo, uma paciente 'via-se', logo depois do nascimento, com muita fome, mas rejeitando o seio materno e vomitando o pouco que sugava. Explicava a paciente (...), que não queria mamar para evitar a ligação com a mãe, pois ela a rejeitara na fase intra-uterina e ingerira chás e drogas para abortá-la. A paciente chorava e se retorcia, mas não queria mamar na mãe. Como terapeuta, sugeri-lhe, então, aquilo que comumente acontece, falando-lhe que a mãe provavelmente a rejeitara por outras circunstâncias adversas e porque ainda não a conhecia, mas que logo ao vê-la a aceitara com carinho. (...) A paciente silenciou como quem estava examinando a veracidade do que eu dissera, mas logo a seguir reclamou com violência: 'Não é verdade! Mamãe é egoísta e está dizendo para o papai que eu só vim para lhe dar trabalho e para não deixá-la viver a vida como quer!' O que não é verdade, portanto, pode, no máximo, ter efeito sugestivo temporário, mas não remove, nem substitui, o registro negativo."[12]

A seguir, cito um trecho de sessão conduzida por mim, e que também trata de rejeição ao leite materno: paciente do sexo feminino, 50 anos, curso superior, desquitada. Procurou a terapia porque, após o rompimento inexplicável de um caso amoroso, passou a sentir-se inútil e muito magoada. Afastou-se das pessoas por ter perdido a confiança nelas. Passou a ter medo das pessoas, "este rompimento me arrasou". Segundo suas palavras, até então era alegre, participante e afetiva. Foi a última filha de uma família muito pobre e já com cinco filhos. Sabia que a mãe não queria mais filhos, que o parto fora difícil, que rejeitara tanto o peito como a mamadeira e que desde recém-nascida precisou tomar leite às colherinhas. Sempre se deu bem com a mãe, que era muito amorosa.

Na primeira sessão de regressão escolhe trabalhar a mágoa. "Estou na casa onde nasci. No quarto. É noite, luz pendurada. Minha mãe está chorando. Ela me segura e diz: 'Pobrezinha, mais uma para sofrer'. Estou feliz de ter nascido." Peço que vá para a hora do parto. "Ela está tão nervosa. Eu quero sair. Uma mulher enfiou a mão e me virou, eu senti dor na nuca. Ela faz uma força muito grande [a mãe]. Eu chuto, faço muita força pra sair. Mulher gorda [a parteira]. Sinto vontade de vomitar. Está muito frio"[Obs.: a paciente nasceu no inverno.] Peço que vá para a hora do corte do cordão. "Eu quero que ela corte logo." Pergunto por quê. "Aquilo me incomoda, é uma coisa ligada a mim, mas não é meu, não é minha, é uma coisa que me incomoda. Quando corta eu sinto dor [na região do umbigo]. Me sinto solta. Eu queria estar segura. A mulher me enfaixa. Minha mãe desmaia, eu sinto ansiedade. Quando voltou do desmaio chorava muito, por minha causa. Ela chorava muito, olhava pra mim e dizia: 'Coitadinha, mais uma pra sofrer'. Estou presa nas faixas, mas ainda sinto frio. Eu me sinto sozinha, não sinto segurança. Eu saí da barriga da mamãe, eu gostava de ficar lá dentro, ela segurava sempre eu e conversava comigo. Eu não estou mais juntinho dela." Peço que vá para a primeira vez que ia mamar. "Ela não está bem, está chorando [mãe]. Ela me segura e chora, ela está nervosa porque eu não quero mamar. Ela tira o leite numa xícara e tenta me dar. Eu não gostava, eu não queria, eu vomitava, eu não quero. Sinto mal-estar no estômago, náusea, formigamento nas mãos [está sentindo na sessão]. Me dava nojo a mamadeira, eu tenho nojo do peito." Neste momento explode num choro convulsivo e diz: "Ela não queria eu, eu queria tanto vir, eu queria tanto vir, e ela não me queria".

101

Continuamos trabalhando até que ela descobrisse o motivo de a mãe não querê-la. Foi necessário fazer isso para que o sentimento de rejeição pudesse ser superado. As sessões de TVP são muito trabalhosas porque precisamos prosseguir até que se dê o *insight*. Teria sido um erro técnico contentar-me com a catarse que se deu no momento do choro, pois o problema da rejeição básica não teria sido resolvido, mas apenas aliviado.

Concordo plenamente com a autora do primeiro caso, quando diz que enquanto o paciente não descobre a "verdade" os registros negativos não são removidos. Vê-se isso diariamente na prática da regressão, e o próprio paciente sabe quando um problema ainda não foi resolvido. Nos dois casos relatados, tanto os pressupostos teóricos básicos — memória genética e reencarnação — quanto as técnicas empregadas são diferentes. Por exemplo, no primeiro caso a terapeuta disse à paciente o que achava que tinha acontecido, e esta refutou com veemência. Em TVP, na técnica de Netherton, o terapeuta nunca diz ao paciente o que ele supõe que tenha acontecido, mas leva-o ao núcleo do problema através de perguntas. Quanto a remover registros, não significa que os fatos trabalhados serão apagados como se nunca tivessem existido, e sim que terão sua carga emocional esvaziada e os conteúdos entendidos e integrados na totalidade do ser, deixando de funcionar como se tivessem existência autônoma.

Outra abordagem que trabalha com regressão à vida uterina é a Terapia do Grito Primal, criada por A. Janov. As regressões são feitas com o fim de encontrar a Dor Primal. Trabalha-se somente do momento da concepção em diante, e muitas dessas regressões são obtidas através da respiração profunda. Um dos pressupostos do autor é que o feto, não tendo ainda memória cerebral, registra os fatos a nível de memória celular. Embora alguns procedimentos dessa técnica sejam bem diferentes dos da TVP, muitas das observações e conclusões do autor são iguais às obtidas em TVP. Exemplo de diferenças: a) na primal há uma etapa onde existem vivências simbólicas, que são trabalhadas como tal até que o paciente tenha condições de regredir, vivenciando situações do passado; b) o terapeuta primal não busca intencionalmente a vida uterina, como se faz, sistematicamente, em TVP. Ele busca a Dor Primal, que pode estar em outra época.

Algumas afirmações de Janov parecem ter sido retiradas de relatos de TVP, tal é a sua semelhança. Outras semelhanças são notadas, por exemplo, quando se diz que não existem duas primais iguais, pois as reações dos pacientes são muito variadas, e também quando se comentam os diferentes modos como uma pessoa pode ser levada à regressão[7].

Após muitos anos conduzindo sessões experimentais e psicoterapêuticas com o uso do LSD, Stanislav Grof percebeu que, dentro da variada fenomenologia desencadeada pelo LSD, os diferentes tipos de experiência obedeciam a uma certa seqüência no decorrer do processo, que ele dividiu e classificou em quatro fases. Nas primeiras sessões havia predominância de experiências estéticas ou abstratas — que dependiam de o paciente estar com os olhos abertos ou fechados. Na segunda fase ocorriam as experiências psicodinâmicas, que são as referentes aos conflitos, traumas, fobias, etc. Na seqüência, surgiam as ocorrências perinatais, e, mais para o final, as vivências eram principalmente transpessoais, nas quais ocorriam as experiências de vidas passadas — traumáticas ou não — e outros fenômenos conhecidos como paranormais.

Essa divisão é esquemática, pois "os conteúdos das sessões com LSD geralmente representam um *continuum* dinâmico de muitas dimensões e níveis, nos quais os fenômenos se justapõem mutuamente"[5].

Nas sessões de TVP também trabalhamos freqüentemente com essa justaposição de fenômenos.

Comparando as experiências de Grof com as que obtemos em TVP, verificamos que há muitas diferenças no modo de vivenciar os conteúdos. Por exemplo, em TVP as vivências chamadas estéticas ou abstratas ocorrem poucas vezes, creio que devido à própria técnica, que procura sempre a "objetividade". Em minha prática terapêutica, quando elas ocorrem, pergunto ao inconsciente o que ele está querendo comunicar. Às vezes a resposta dá início a uma vivência; outras vezes, o inconsciente responde que é uma fuga ou um descanso. Ocorre também a resposta interpretativa.

As vivências psicodinâmicas são as predominantes em TVP. Tanto as regressões a vidas passadas como ao período perinatal, ou a outras fases desta vida, são trabalhadas no sentido da obtenção de associações, catarses e *insights*. Em TVP, todas as experiências devem ser aproveitadas para se tentar obter uma *Gestalt*. Para isso, cada situação traumática encontrada é trabalhada no sentido de integrar: a) *sensações físicas*, pois aceitamos a existência da memória corporal, mesmo de uma vida para outra, e, neste caso, a memória estaria num corpo energético que seria o elo entre as vidas; b) *o racional*, que se refere ao fato em si e ao que a pessoa pensava enquanto o fato ocorria, e também ao que, eventualmente, diziam a ela ou perto dela; c) *o emocional*, as emoções experimentadas na ocasião. Trabalhando esses três aspectos, estamos automaticamente lidando com o meio ambiente e os inter-relacionamentos, pois buscamos a maneira global como os acontecimentos foram introjetados [14 e 17].

Devido ao seu tipo de trabalho, Grof foi um dos psicoterapeutas pioneiros na constatação da importância da vida uterina, verificando as conseqüências das vivências fetais no comportamento das pessoas, tanto nas reações do dia-a-dia quanto nas psicopatologias. A partir da fenomenologia ocorrida em suas sessões, ele construiu um "modelo conceitual", dividindo a vida uterina-parto em quatro fases, que chamou de "matrizes perinatais básicas" (MPB I, II, III e IV). Para essa divisão, usou como critério a evolução biológica perinatal. Assim, a MPB I refere-se ao período de gestação; a MPB II, às primeiras contrações uterinas; a MPB III, à saída do útero para o canal do nascimento; e a MPB IV, ao nascimento propriamente dito. O autor descreve cada fase a partir da "fenomenologia observada nas sessões LSD" e compara os acontecimentos de cada matriz às "memórias associadas da vida pósnatal", às "atividades correspondentes nas zonas erógenas freudianas" e às "síndromes psicopatológicas". Como se pode ver, é um trabalho de fôlego, que para ser devidamente entendido deve ser estudado em seu contexto global [5 e 6].

"Apesar de sua estreita conexão com o nascimento, o processo perinatal transcende a biologia e tem importantes dimensões filosóficas e espirituais."[6] Concordo plenamente com essa afirmativa, já que é o que se observa em sessões de TVP. Por exemplo, às vezes um paciente está vivenciando acontecimentos perinatais e em dado momento "liga-se" a acontecimentos de alguma vida passada porque algum estímulo daquele momento está associado a acontecimentos anteriores. Além disso, a assimilação de emoções da mãe também é uma transcendência do fato meramente biológico. Outra coisa que pode ocorrer é a presença de seres de outra dimensão apoiando o nascituro, ou mesmo "escoltando-o" no momento da ligação ao embrião para que não fuja. Segundo a visão de quem trabalha com estados alterados de consciência, essas experiências podem ocorrer porque a capacidade perceptiva das pessoas fica muito ampliada. Sei que tudo isso soa como fantástico, e que pode ter outras interpretações, porém os pacientes que as vivenciam sentem como se os fatos realmente tivessem acontecido, e, para fins terapêuticos, isso é o que importa.

Mesmo que um terapeuta se disponha a trabalhar somente até o estágio da vida uterina, mais cedo ou mais tarde ele se deparará com vivências que, simbólica ou literalmente, sugerem experiências anteriores a essa fase. E, naturalmente, surgem as hipóteses, não somente para que ele possa lidar com esse material, mas também aplacar sua perplexidade.

A par da hipótese da reencarnação, memória genética é um dos argumentos mais utilizados na tentativa de explicar recordações de supostas vidas passadas. Segundo essa hipótese, além das características físicas, o material genético traria também memória de acontecimentos vividos pelos antepassados, e quando uma pessoa "recorda" ou vivencia fatos que não sejam desta vida, ela estaria revivendo a experiência de algum antepassado.

As pesquisas mais minuciosas que existem a respeito de supostas vidas passadas referem-se a recordações espontâneas de crianças e, nesses casos, é baixo o número daqueles que poderiam enquadrar-se nessa hipótese, pois registros das personalidades anteriores, referidas pelas crianças, puderam ser encontrados e pesquisados extensivamente e, na maioria dos casos, pertenciam a famílias totalmente estranhas às das crianças [2, 3 e 22].

Da experiência terapêutica, posso lembrar-me de algumas vivências que decididamente não se enquadram nessa hipótese, enquanto outras poderiam enquadrar-se. Por exemplo, uma jovem de 17 anos, descendente de poloneses e italianos, reviveu uma cena de morte em um navio de guerra como soldado japonês. Outra paciente, de 30 anos, filha e neta de brasileiros, ao vivenciar sua morte por tortura, também em tempo de guerra, viu-se como agente secreta norte-americana. Aqui pode-se pensar na influência de Hollywood, porém o fato é que essa moça vivenciou tudo com muita emoção e dores. Além disso, embora injustificadamente do ponto de vista objetivo, sempre detestou alemães.

A maioria das vivências terapêuticas porém referem-se a personalidades que teriam vivido há mais tempo, de modo que se torna impossível até mesmo uma análise superficial como as referidas.

Da pesquisa da dra. Wambach participou um par de gêmeos verdadeiros. "Durante a experiência do nascimento, sentiram que estavam em comunicação telepática um com o outro. Um deles escolheu livremente nascer, enquanto o outro resistia experimentar novamente a vida física. Ambos disseram haver conhecido seu irmão gêmeo em vidas anteriores. Não deram detalhes de suas relações em outras vidas."[26]

Todos os terapeutas que trabalham com abordagens diretas do inconsciente falam com muita desenvoltura desses estágios precoces da vida humana, o que pode parecer chocante para quem não esteja familiarizado com eles, provocando objeções de que todas essas vivências sejam meras fantasias. Porém, geralmente elas são acompanhadas de emoções, desconfortos e mesmo dores físicas, que podem ser pouco ou muito intensas. O que se pode dizer com certeza é que, ao reviver situações de épocas posteriores ao nascimento — principalmente infância e puberdade — quando as pessoas sabem que os fatos revividos realmente aconteceram, são experienciados da mesma maneira (emoções, desconfortos e dores físicas).

Eu não poderia terminar sem colocar as idéias de um físico a respeito da ligação mãe-filho. No livro em que defende a tese-de que o elétron é portador do Espírito, Jean Charon diz o seguinte: "Certamente é necessário insistir aqui no fato de que o processo de comunicação pelo Amor, tal como acabamos de descrevê-lo, coloca em evidência que o Amor é também uma certa forma de Conhecimento. Pois o que é que vai finalmente se trocar através do processo amoroso? São os estados memorizados em cada um dos elétrons (...) o filho vai obtendo informações sobre o conteúdo e o mecanismo do pensamento materno, enquanto a mãe aprende, também, a conhecer seu filho ao amá-lo"[4]. Em sua obra, o autor é bastante didático ao colocar suas idéias, que, convenhamos, são muito mais arrojadas do que as colocações feitas no transcorrer deste trabalho.

Considerações finais

> *"Uma vez liberto da clausura que se impôs a si próprio, o psicólogo terá à disposição esta grande região para explorar. A descoberta de psi abriu uma brecha nessa área. Que seja grande ou pequena é menos importante do que constituir uma brecha."*[16]

Como sabemos, tanto a psicanálise de Freud como a psicologia profunda de Jung estão assentadas na existência do inconsciente, embora cada um o tenha descrito e interpretado a seu modo. Com a TVP, o conceito de inconsciente pessoal fica ainda mais ampliado, pois aceitamos que ele preexiste à formação do embrião e subsiste após a morte do corpo físico, e a passagem de um corpo a outro não elimina os traumas não assimilados. Quando muito, estes podem ficar "adormecidos", se não houver nada que os desperte.

A psicologia ainda é uma ciência em elaboração, e creio que o será por muitos anos ainda, pois a cada dia surgem novas técnicas de trabalho, gerando novos fatos. Assim, estamos muito distante de poder elaborar uma teoria abrangente e profunda ao mesmo tempo. Daí a importância de comunicar também dados de observação fenomenológica, como é o caso dos relatos de sessões.

Memória cerebral, genética, celular, química, do corpo energético, do elétron, onde estará a verdade? Tendo em vista tudo quanto as novas observações têm revelado a respeito do recém-nascido e dos dados obtidos pelos terapeutas que trabalham com técnicas regressivas, chegamos pelo menos a uma encruzilhada: ou os fetos e recém-natos têm somente percepções parciais e seletivas da realidade que os cerca, e a partir delas formam suas fantasias, ou percebem mais do que se tem admitido até agora, e o problema estaria no fato de não conseguirem falar na ocasião. Enfim, a polêmica continuará por mais alguns anos. Seja como for, o dogmatismo nunca esteve numa posição tão desconfortável como agora.

Um caso de claustrofobia

> *"Chego aos campos e vastos palácios da memória, onde estão tesouros de inumeráveis imagens trazidas por percepções de toda espécie."*[1]

Paciente do sexo feminino, 45 anos, casada e com filhos jovens. Tanto a família de origem como a atual pertencem à classe média, de pequenos comerciantes e funcionários públicos. Foi a sexta e última filha. Dois irmãos morreram em conseqüência de partos difíceis. Nasceu em casa, com parteira. Nasceu em família espírita, é médium, porém sempre foi muito crítica em relação à mediunidade, a ponto de impedir o pleno exercício dessa faculdade.

Embora apresentasse outros problemas, o que realmente atrapalhava sua vida era a claustrofobia, e foi para tratar disso que procurou a psicoterapia. "Desde criança manifestava sinais, mas eram controláveis." Como exemplo, citou que não suportava brincadeiras nas quais sentisse os movimentos tolhidos. Depois de um dos partos (não o primeiro), quando ficou num quarto que chamou de cubículo por ser extremamente pequeno, os sintomas até então controláveis se acentuaram e generalizaram. Passou alguns anos com depressão, e referiu que esses foram os piores anos de sua vida. Tinha medo de ficar louca, de sair de casa, de cuidar do recém-nascido, de não dar conta do serviço da casa... Com o passar do tempo, conseguiu superar a depressão e os vários medos e voltar a uma vida relativamente normal, porém com a claustrofobia plenamente instalada, impedindo-a de utilizar o elevador, de ficar em qualquer ambiente fechado à chave ou mesmo com trincos, até mesmo em quintais, se fossem fechados: "Me sinto perdida, desesperada, perco o raciocínio, às vezes começo a gritar. Depois fico mole, cansada, até quase febril". "Me desgasta muito, tudo perde a graça. O pavor passa, mas o mal-estar demora bastante." Além disso, não suportava usar blusas que fossem um pouco justas por sentir os movimentos tolhidos.

Numa das sessões, ao trabalharmos a vida uterina, a paciente foi ao sétimo mês da gestação: "Minha mãe ficou trancada. Ela também tem medo. Fica nervosa. Coração bate bastante" [da mãe]. Feto: "Eu quero sair daqui de dentro". "Eu esperneio, me bato. Ela passa a mão na barriga, me sinto protegida."

Logo a seguir, vai para outro momento do sétimo mês: "Minha mãe está deitada, cansada e triste." Feto: "Também tô triste, porque sei que ela está triste". "Eu queria ajudar, falar que eu estava ali." "Eu tô aqui" [chora ao dizer isso]. "Ela é minha mãe antiga, eu queria avisá-la de que eu cheguei, que estou com ela." [A paciente refere-se a uma vida passada, vivenciada em uma das sessões anteriores.] "Eu tenho vontade de sair logo pra que ela me veja." "Fico muito feliz de estar ali com ela, que é ela que eu encontrei, que é ela mesma." "Estou ansiosa pra sair. Estou com pressa pra sair. Me dá um pouco de pressa pra sair, me dá vontade de empurrar pra sair, principalmente com o braço esquerdo. Eu não posso sair porque ainda não é tempo."

Neste ponto, peço que vá para a hora do parto. "É horrível, aperta o peito." [A paciente ofega, agita-se, leva as mãos ao peito.] "Fiquei presa pelos ombros. Aflição, socorro, quero sair, tenho medo de ser esmagada." "Quero respirar, quero sair. Me sinto aflita, parece que vou morrer. Eu luto, faço força pra sair, me debato. O coração acelera, me pressiona a cabeça." [A paciente continua ofegando e demonstrando grande aflição.] "Quero sair daqui, quero ar. É como se fosse um túnel que eu tivesse passando, sinto frio." "Liberdade, claridade, só o rosto. Ai que alívio! O resto do corpo tá preso, já começo a me desesperar. Fico apressada, já quero sair. Então me volta como agora [atualmente] quando quero sair de um lugar, eu não paro para raciocinar, eu quero sair de qualquer maneira. É horrível, como se eu estivesse algemada, amarrada, braços comprimidos. Eu quero voltar lá no lago,*

---

* Refere-se a uma suposta vida anterior, quando teria morrido afogada em um lago, e que revivera em sessões anteriores. A paciente reviveu duas mortes por afogamento, sendo uma delas por suicídio. Tivera outras vidas com traumas que tinham certa relação com a claustrofobia, porém as do afogamento foram as que deixaram marcas mais fortes.

me sinto amarrada lá no lago." Após revivermos a cena do lago, ela completa o nascimento: "Pluft e saio, estou meio tonta. Abro os olhos, mas não consigo enxergar. Tenho medo de enfrentar tudo de novo". [Refere-se a uma nova encarnação.] "Agora me sinto em paz, sossegada, livre, confortável, posso me esticar, me mexer. Sinto amplidão, sinto o calor dela perto de mim. Agora é diferente, agora eu estou nascendo, lá eu estava morrendo. Eu tô muito feliz, livre! Eu tô contente porque sinto o calor dela, eu sei que vou ficar bastante com ela. Eu sinto claridade, luz, sinto que sou bem recebida, eu me sinto alegre. Foi um momento muito feliz. Eu sinto que tanto pra mim como pra ela. Sinto que tudo é muito grande!"

Este é um relato onde há muito sofrimento físico, medo de morrer esmagada, mas também muita alegria por estar junto dessa mãe. Este caso serve também para ilustrar a referência anterior à transcendência dos aspectos biológicos do parto.

O tratamento desta paciente constou de quinze sessões, com duas horas de duração cada, sendo a primeira destinada à anamnese e todas as demais, inclusive a última, à regressão. A alta foi combinada mediante a condição de retorno, caso a paciente sentisse necessidade. Na ocasião, já estava conseguindo ficar em ambientes fechados, por pouco tempo, sem nenhum problema. Quando por tempo mais longo, os sintomas de desespero começavam a se manifestar, porém ela estava conseguindo controlá-los e permanecer no local. Até o momento, dois anos transcorridos, não voltou a me procurar.

Bibliografia

1. SANTO Agostinho — *Confissões*. Petrópolis, Vozes, 1987.
2. ANDRADE, H. G. — *Reencarnação no Brasil*. 1ª ed. Matão, Casa Editora O Clarim, 1987.
3. BANERJEE, H. N. — *Vida pretérita e futura*. Rio de Janeiro, Nórdica, 1983.
4. CHARON, J. E. — *O espírito, este desconhecido*. São Paulo, Melhoramentos, 1979.
5. GROF, S. — *Theoretical and empirical basis of transpersonal psychotherapy*. In: SEYMOUR, Boorstein — *Transpersonal psychoterapy*. Califórnia, Science and Behavior Books Inc., 1980.
6. _____ — *Além do cérebro: nascimento, morte e transcendência em psicoterapia*. São Paulo, McGraw-Hill, 1987.
7. JANOV, A. — *O grito primal-terapia primal: a cura das neuroses*. Rio de Janeiro, Artenova, 1974.

8. JONES, E. — *Vida e obra de Sigmund Freud*. 2º vol. Rio de Janeiro, Zahar Editores, 1970.

9. JUNG, C. G. — *O homem à descoberta de sua alma*. Porto, Tavares Martins, 1975.

10. LILEY, A.W. — "The foetus as a personality". Austrália, Aust. N. Z.J. Psychiatry 6: 99-105, 1972.

11. MELTZOFF, A. N. & MOORE, M. K. — "Newborn infants imitate adult gestures". Washington, Child Development, 54: 702-709, 1983.

12. MORAES, R. J. de — *As chaves do inconsciente*. Rio de Janeiro, Agir, 1985.

13. MORENO, J. L. — *Psicodrama*. São Paulo, Cultrix, 1975.

14. NETHERTON, M. & SCHIFFRIN, N. — *Past Lives Theraphy*. Nova York, Ace Books, 1979.

15. PIAGET, J. — *A epistemologia genética*. 2ª ed. Petrópolis, Vozes, 1973.

16. RHINE, J. B. — *O novo mundo do espírito*. São Paulo, Bestseller, 1966.

17. SILVA, D. B. T. da — "Terapia das vidas passadas: reencarnação e ciência", in: PINCHERLE, L. T.; LYRA, A.; GONÇALVES, A. M. — *Psicoterapias e estados de transe*. São Paulo, Summus, 1985.

18. _____ — "Contribuições ao emprego da técnica em terapia das vidas passadas". Anais e sumários do I Congresso Internacional de Terapias Alternativas, fevereiro de 1985, São Paulo.

19. SOLLITTO, N. A. — "Observação da interação mãe-nenê em uma situação natural". Tese de doutoramento em psicologia na PUCSP, 1972, pp. 32-169.

20. SOUZA Fº, C. C. de — *Introdução à psicologia tibetana*. Petrópolis, Vozes, 1982.

21. SPITZ, R. A. — *O não e o sim, a gênese da comunicação humana*. São Paulo, Martins Fontes, 1978.

22. STEVENSON, I. — *Vinte casos sugestivos de reencarnação*. São Paulo, Difusora Cultural, 1971.

23. TOBEN, B. & WOLF, F. — *Espaço-tempo e além, rumo a uma explicação do inexplicável*. São Paulo, Cultrix, 1982.

24. XAVIER, F. C. *O consolador*. Obra psicografada ditada pelo espírito Emmanuel. 11ª ed. Rio de Janeiro, FEB.

25. XAVIER, F. C. & VIEIRA, W. — *Evolução em dois mundos*. Obra psicografada, ditada pelo espírito André Luiz. 2ª ed. Rio de Janeiro, FEB.

26. WAMBACH, H. *Vida antes de la vida*. Madri, EDAF, 1979.

A TVP nas doenças mentais graves (psicoses)

Maria Teodora Guimarães

Considerações sobre a TVP

> *"... somos parte de uma existência única e adversa, enquanto não compreendida...."*[8]

Desde muito tempo atrás, séculos, milênios, uma grande parcela da humanidade já carrega consigo a certeza da reencarnação. Os povos orientais, especialmente, levaram para dentro de suas filosofias e religiões conceitos palingenéticos com a tranqüilidade do observador atento à fenomenologia dos fatos do cotidiano dos seres humanos. O isolamento no qual esses povos permaneceram através dos séculos talvez tenha-lhes permitido mais rapidamente esse mergulho interior natural em direção às possíveis verdades da continuidade da alma, do espírito, da energia vital ou seja qual for o nome pelo qual chamamos essa força que move cada um em uma direção peculiar, única, com mais ou menos dificuldades, pelos diversos níveis da experimentação humana.

A explicação simples e, ao que parece, sábia, como tudo que parece simples, dessa gente para a unicidade de cada indivíduo na sua forma global de ser é o retorno dessa alma, dessa energia, outra, outra e outra vez ao aprendizado. Ela vai então repetindo padrões de comportamento, seguindo caminhos preferenciais. Mudando aqui e ali, mas sem perder nunca a individualidade, que nos faz felizes ou sofredores, mas nos faz sermos nós mesmos, a continuação daquilo que já fomos.

Por que cada um de nós é de um jeito? Por que filhos de alcoólatras são eventualmente pessoas sadias, formidáveis, enquanto outros se tornam igualmente alcoólatras? Por que um entre dois gêmeos se suicida na adolescência, se aparentemente foram criados em circunstâncias muito parecidas? Por que uns gostam de cuidar de doentes e outros de fabricar máquinas ou pilotar aviões? Por que alguns de nós têm medo de água ou de altura, de lugares fechados ou abertos demais, sem que nada, nunca, nenhum evento traumático tenha sido registrado na presente vivência? Por que somos tímidos ou exuberantes desde o berço?

Muitas explicações podem ser dadas, mas a maioria delas trabalha com hipóteses, com interpretações, com meias ou possíveis verdades sobre decisões tomadas, modelos, problemas que tivemos na infância. No entanto, a questão às vezes é não identificarmos tais problemas, isto é, não acharmos na infância os problemas que necessariamente propiciariam as ligações com os atuais.

A psicologia no mundo ocidental parece ter levado quatro mil anos para começar a vislumbrar o mesmo sentimento, a mesma percepção, a mesma explicação simples da reencarnação para justificar as doídas dores da alma do homem contemporâneo; suas depressões, seus delírios, suas ansiedades e somatizações, seus padrões negativos de comportamento, tudo aquilo, enfim, que ele usa para se manter vivo e se defender de sua angústia maior, aquela cuja origem não sabe explicar ou cuja existência desconhece.

Então a reencarnação começa a sair dos fechados círculos dos iniciados, dos círculos filosóficos, esotéricos, doutrinários, religiosos, para ganhar espaço no pensamento, nas pesquisas e ações dos cientistas da mente humana, dos médicos e psicólogos, dos psicoterapeutas em geral.

Embora há poucos anos entre nós, já há algumas décadas terapeutas de diferentes partes do mundo, especialmente nos Estados Unidos, começaram a se voltar para o assunto ao confrontarem-se com experiências pessoais ou de clientes que durante sessões de psicoterapia ou de hipnose vivenciavam acontecimentos ocorridos em épocas passadas, em outra faixa de tempo, sabendo mesmo, por exemplo, relatar fatos históricos dos quais não tinham tido nenhuma informação cultural anterior, ou falar línguas a eles estranhas.

A partir do estudo sistematizado dessas experiências, e principalmente dos resultados terapêuticos obtidos, técnicas de regressão no tempo foram estudadas e aperfeiçoadas, sendo possível ao cliente lembrar-se de todo o processo.

Este livro pretende mostrar a validade desse processo regressivo psicoterapêutico a que se chamou Terapia de Vida Passada, que, como toda psicoterapia, só poderia ser feito por médicos ou psicólogos devidamente preparados e credenciados para isso. O objetivo é propiciar ao indivíduo oportunidades seguras para que possa revivenciar os episódios traumáticos, geralmente ocorridos em situações que ficaram mal resolvidas no passado e se transformaram em problemas no presente. Ele revive as situações, os fatos acontecidos, seja nesta mesma vida, seja numa época perinatal, seja numa vivência passada. Acontecimentos incorporados ao ser de forma traumática, reprimidos energeticamente a nível do inconsciente, ou qualquer que seja o nome que se dê a esse formidável computador que consegue armazenar as "memórias extracerebrais"[7], ficam batendo às portas do consciente, do presente, exigindo uma solução, uma drenagem, um alívio, que, enquanto não acontece, pode ser identificado pela doença, pelo desconforto físico ou emocional, pela angústia[6].

Ao tomar conhecimento do trauma anterior, o indivíduo traz para o nível do entendimento, para a mente consciente, o porquê do problema, que vem sendo experimentado até então desconectado da razão. Para a maioria das pessoas a regressão se faz acompanhar de uma catarse dessa energia bloqueada na forma de uma grande liberação de emoções. No entanto, muitas vezes, mesmo identificando a origem do problema atual (ex: frigidez sexual na vida presente X estupro em vida passada), o indivíduo ainda necessita de uma reprogramação de vida: uma ou mais redecisões, a aceitação do trauma anterior, a elaboração de novas perspectivas, com o abandono dos padrões patológicos que podem vir de várias vivências anteriores, da gestação, do parto, etc. A esse processo a Terapia de Vida Passada chama conscientização e transformação[5].

A TVP, portanto, trabalha com fatos vivenciados, e o terapeuta é o facilitador desse processo para o cliente, não sendo necessário que este acredite na reencarnação em si. Não é uma terapia que deve ser feita esporadicamente, como tem ocorrido, ou pior, "por brincadeira", como lemos recentemente num livro que pretende ser um manual para os interessados no assunto. Independe também do sistema de crenças pessoais, religiosas, e obviamente não se trata de "curandeirismo", ou outras denominações que chegam ao nosso conhecimento. Tudo isso nos parece apenas falta de conhecimento técnico dos que assim denominam a TVP, muitas vezes profissionais da área de psicologia que clamam por "embasamento científico" para o processo, alegando-o em favor de outras técnicas.

Perguntaríamos: qual o embasamento científico de qualquer técnica psicoterápica, incluindo as analíticas, já que todas trabalham com o subjetivo, com as dores emocionais, aquelas que não aparecem em sofisticados exames de laboratório? Que embasamento científico existe, além dos pensamentos, conclusões, denominações, crenças, experiências e eventuais resultados obtidos, individual ou grupalmente, por seus codificadores e seguidores? Assim, parece ser a ciência do comportamento humano, enquanto terapia, a compilação e sistematização como técnica de tratamento, do suceder de bons resultados, da avaliação e pesquisa, quando realizados por profissionais competentes para tal tarefa, em função de uma formação específica.

Há poucos anos foi fundada no Brasil a Associação Brasileira de Terapia de Vida Passada, baseada na experiência de profissionais treinados basicamente por professores e terapeutas norte-americanos, aqui e nos Estados Unidos. Os atuais didatas da ABTVP ministram cursos de formação para médicos e psicólogos formados há no mínimo um ano e com alguma experiência anterior em psicoterapia e psicopatologia. O treinamento é organizado em três estágios, até o nível de terapeuta, e dura em média dois anos, com exames ao final de cada estágio, terapia e supervisão. Não pode portanto a ABTVP se responsabilizar por pessoas, profissionais ou não, que praticam alguma forma de regressão em nome de terapia, sem preparação adequada.

Sendo a TVP uma terapia direcionada pela mente inconsciente para o trauma, diminui sensivelmente o número de sessões. Não é todavia uma panacéia, e não deve ser encarada como a cura para todos os males. Ainda assim, acreditamos que chegará o tempo em que a simplicidade da reencarnação como um fato lógico, que há tantos séculos tem abrigo no Oriente, onde o homem, viajante do tempo, tem uma única essência e múltiplas personalidades, encontrará abrigo também entre os psicoterapeutas, frente aos resultados permanentes e precisos que tratamentos como a TVP obtêm, apesar dos protestos conservadores.

As psicoses

Para falarmos de doenças mentais graves é preciso, antes de tudo, formarmos um conceito geral dessas patologias que facilite o entendimento da abordagem da Terapia de Vida Passada para elas. Conceito que também relembre ao clínico suas origens e controvérsias, perdidas no século XIX, nos esforços dos primeiros pesquisadores modernos da mente humana.

Estamos falando das ainda hoje chamadas psicoses, denominação que engloba várias patologias psíquicas, síndromes diversas, com um sem-número de sintomas e sinais psicopatológicos. E, entre todas as psicoses, a mais conhecida, mais freqüente e provavelmente mais grave é a esquizofrenia, que, com suas várias nuanças, nos interessa muito de perto. Se por um lado os psiquiatras contemporâneos resistem a essa denominação, tentando não estigmatizar seus pacientes, também não conseguem sair desse labirinto frente à gravidade dos problemas envolvidos. Gravidade tal que a própria psicologia sempre delegou a árdua tarefa do tratamento desses pacientes aos médicos, que por sua vez também não sabem o que fazer com eles, além de prescrever medicação e recomendar outras abordagens paliativas, como esportes, praxiterapia, recreação, etc. Não se fala em reabilitação social plena para essas pessoas.

Acreditamos que a grande dificuldade para o tratamento das esquizofrenias, assim como de outras psicoses graves, é o entendimento de sua etiologia e a sistematização de uma abordagem mais coerente e menos agressiva no geral, além naturalmente da mudança de atitude do próprio terapeuta, que geralmente tem dificuldades para estabelecer uma relação de confiabilidade com o paciente, porque ele mesmo considera o paciente ou muito "louco", ou "grave demais", e também porque não acredita que possa fazer qualquer coisa mais eficiente, melhor.

Essa crença de incurabilidade muitas vezes estabelece um sentimento de desânimo, de falta de interesse de parte a parte, que pode incluir as famílias e as micro sociedades hospitalares, para onde esses pacientes mais cedo ou mais tarde acabam sendo levados, e onde se refugiam da incompreensão e da intolerância. Acomodados e protegidos dos estímulos de vida útil, sedados, "melhoram" a ponto de não darem trabalho à equipe hospitalar.

Trabalhando durante muitos anos com esquizofrênicos numa instituição hospitalar diferenciada da realidade brasileira, por seu pioneirismo em colocar uma filosofia socializante dentro da estrutura tradicional, tivemos acesso a modernas técnicas de tratamento. Um hospital psiquiátrico com poucas portas fechadas, onde funcionários e pacientes se misturavam nos corredores, a ponto de o visitante desavisado muitas vezes não saber bem quem era quem.

Congratulávamos-nos com os colegas porque nossos pacientes psicóticos, após poucas semanas de internação, já participavam normalmente das atividades com grande sucesso. E algum tempo depois eles se iam, apresentando visível melhora, mas sempre acabavam voltando, numa rotina praticamente interminável. Em outros hospitais, mais tradicionais ainda, com seus altos muros, quartos de segurança e salas de eletroconvulsoterapia, muitas vezes eles nem mesmo chegam a sair, quanto mais a apresentar alguma melhora. Dessa realidade universal, pois acontece no mundo todo até hoje, independentemente inclusive do nível de hotelaria oferecido, se confirma que a esquizofrenia é de difícil tratamento, assim como outras psicoses. A maioria dos terapeutas ou estão desanimados diante dos resultados, como já afirmamos, e portanto mais ou menos desinteressados desse tipo de doente, ou se preocupam mais com o desenvolvimento técnico da instituição como um todo, sem notar quantos psicóticos nunca mais voltaram a se internar porque estavam curados, reintegrados consigo mesmo. Nós mesmos levamos a muitas reuniões científicas essa experiência dentro daquele esquema relatado, achando o trabalho de nossa equipe, na época, inovador e produtivo. Hoje, anos depois de termos abandonado aquelas teorias, compreendemos que equipes como aquela ajudam, sim, a mudar a filosofia de trabalho institucional, propiciando um ambiente menos patológico dentro do hospital, o que, além de auxiliar o tratamento, eventualmente ajuda a curar toda sorte de patologias, exceto as psicoses. E os psicóticos continuam a se internar e a sair... apresentando alguma melhora... como sempre. E nos consultórios a situação não é muito diferente.

Do seu mundo interior, sabe-se ainda muito pouco, porque, frente a uma abordagem preconcebida, fundamentada numa etiologia não baseada em fatos, e sim em teorias, esse paciente não se "abre" com seus assistentes, mesmo porque sabe que jamais será qualificado, apesar de toda a boa vontade que possa existir. Acaba desistindo e tornando-se um caso crônico, com a complacência de todos.

Causas e abordagem

Parece incrível que teorias, classificações e denominações em psiquiatria atravessem todo um século e continuem quase que intocadas. Vamos relembrar que, como citam Mayer-Gross, Slater e Roth[1], se falou pela primeira vez no termo "esquizofrenia" em 1911, com Bleuler, que englobava num único conceito um grande número de casos clínicos. Bleuler reunia mais patologias do que a anterior demência precoce de Kraepelin, inclusive as menos graves, sem surtos definidos, que Kretschmer chamaria mais tarde de personalidade esquizóide. Bleuler tentava estabelecer um distúrbio primário, comum a todos os casos. O termo "esquizofrenia" se referia justamente a esse distúrbio (dissociação da personalidade).

Mas mesmo Bleuler não chegou a definir a causa, a origem

desse distúrbio fundamental, o que até agora a psiquiatria tradicional também não fez de forma satisfatória. Anteriormente, em 1896, Kraepelin reunia as patologias mentais mais graves, que terminavam mal e que começavam na juventude, sob o título da já citada demência precoce. Até então essas doenças eram consideradas sem conexão umas com as outras, e nunca como uma doença única, que apresentava variada gama de sintomas e sinais, todos com as mesmas características básicas, como dizia, mais para trás ainda no tempo, Morel (1860).

A partir de Bleuler, então, se percebeu que os pacientes não eram dementes, mas, como citam Henry Ey, Bernard e Brisset[3], "estão acometidos de um processo de deslocação que desintegra a capacidade de associação (sinais primários), processo que, ao alterar o pensamento, leva a uma vida autista, cujas idéias e sentimentos constituem, como no sono, a expressão simbólica dos complexos de inconsciente (sinais secundários)". Comenta ainda Ey, que Bleuler, na época em Zurich, com Jung, compreendia o que a análise do inconsciente poderia trazer de luz a mais para o estudo das origens dos distúrbios fundamentais, indo além das análises puramente descritivas de Kraepelin.

Chegou-se mesmo a evoluir para teorias de origem bioquímica, neurológica, genética, além de outras causas orgânicas, para explicar os distúrbios primários da esquizofrenia e outras psicoses[2]. No entanto, nenhuma resposta terapêutica eficiente, baseada nessas teorias, foi realmente encontrada. Acreditamos que essa falta de resultados se dá em função das definições equivocadas das causas do processo no seu início e de toda a estratégia igualmente equivocada que disso decorre. Novos pensamentos incluem a extensão dos conteúdos do chamado inconsciente.

Além da história, é também simples citar a psicopatologia envolvida, que vai desde os distúrbios do curso do pensamento, como reticências e interceptações, aos distúrbios de seu conteúdo, como os problemas do juízo de realidade. Ou ainda os distúrbios afetivos, como o desapego, a ambivalência, a estranheza, além dos problemas da sensopercepção, como as alucinações[4]. Mas existem tratados sobre o assunto, e nossa função aqui é falar das causas das psicoses, que, segundo acreditamos, estão nas mesmas origens de outras patologias, de outros problemas emocionais para a Terapia de Vida Passada, ou seja, em vivências passadas.

Para se ter o acesso a esse material, em primeiro lugar é necessário querer tratar da pessoa; e não do rótulo que ela traz, e dar atenção às queixas, ao discurso, por mais dissociado que pareça. É difícil conviver com a angústia que o chamado psicótico libera e por esse motivo ninguém dá ouvidos à "loucura", àquilo que não possa constatar ou que aparentemente foge à realidade imediata. Diálogo típico:

Paciente: "Tenho medo que minha mãe esteja me envenenando porque..."

Terapeuta: (sem dar tempo à conclusão da frase) "O que é isso? Sua mãe gosta muito de você e isso é uma bobagem. Por que não procura se distrair?"

O terapeuta, como se pode perceber, não se preocupa em ouvir as explicações do paciente. Decide que aquilo é um absurdo e procura uma solução imediata. Aprender a ouvir o paciente é fundamental.

Em segundo lugar, é necessária uma mudança de atitude do médico ou psicólogo frente ao que escuta, pois nem sempre o que não percebemos não existe. Diálogo típico:

Paciente: "Ouço uma voz que me dá conselhos ruins".

Terapeuta: "Isso é só da sua cabeça. Vou lhe recomendar um bom remédio. Não se preocupe".

Aprender a ter respeito pela percepção do cliente também é fundamental. E, em terceiro lugar, é necessário tempo para diagnóstico e estabelecimento da cumplicidade com o paciente.

Sem essas preocupações não se chega a parte alguma com esses pacientes. Só através da confiança, que aliás vem da paciência e do respeito pelo ser humano, o terapeuta poderá alcançar a tão almejada exploração real do seu mundo psicológico verdadeiro. E isso parece independer da forma pela qual se pretenda trabalhar com ele. Seria preciso alguma vivência junto a esses pacientes, de preferência na rotina do dia-a-dia de um hospital, observando os casos mais graves, para posteriormente se iniciar processos psicoterápicos. Certamente cada terapeuta achará o seu caminho. De qualquer forma, nos parece adequado dizer que apenas a nossa autocrítica nos credencia para começar a pensar no assunto, porque entre medicar ou tratar institucionalmente e tratar psicoterapicamente vai uma grande distância.

Pode parecer que pretendemos exagerar os riscos de intervenções danosas com os chamados psicóticos. Mas o fazemos para todos os clientes, e é em função disso que tanto se exige dos *trainees* dos cursos de formação para terapeutas de vida passada. A preocupação especial com os pacientes mais graves se deve ao fato de que eles têm geralmente poucas condições de se defender de tais intervenções.

Fazer terapia regressiva não é simplesmente sentar-se num divã confortável e proporcionar viagens no tempo. Não é uma pílula mágica que vai curar tudo, como já dissemos. É preciso pesquisa, diagnóstico, e saber abordar o cliente entre as regressões, especialmente esses de que falamos.

A regressão e a atividade delirante

Para se submeter qualquer paciente diagnosticado como de difícil prognóstico à TVP, é preciso que mesmo entre eventuais delírios, com prejuízo da vivência da realidade, eles apresentem uma sombra de dúvida no seu íntimo. Por exemplo, como nos dizia há tempos um cliente: "... existe uma máquina extraterrestre, controlada pela delegacia local, que controla minha vida e sabe tudo o que faço. A máquina me manda sempre para o parque e me dá ordens... [e depois]...mas pode ser que tudo seja da minha imaginação também. Eu não sei".

Através dos anos temos observado, como já foi dito, que, se o terapeuta consegue se associar com seu cliente, vai perceber que a maioria daqueles que ainda não são crônicos — e às vezes até mesmo estes, quando a personalidade já não foi muito deteriorada pelas instituições, neurolépticos, eletrochoques e outros — tem, mais cedo ou mais tarde, esse tipo de dúvida. E é por aí que se começa o trabalho com a TVP.

É preciso saber esperar e dar ao paciente o tempo necessário para traçar parâmetros que vão orientar o caminho da mente inconsciente para o trauma de origem. Dar ao paciente tempo para perceber as bordas, os limites da realidade próxima, mesmo que seja uma realidade fora do comum. O indivíduo pode ser encaminhado para esta realidade, incentivado a percebê-la, se não se sentir agredido pela "nossa" realidade.

É uma psicoterapia que vai, naturalmente, num ritmo bem mais lento do que as demais em TVP. No entanto, essa ambivalência entre a fantasia e a realidade, quando captada, parece ser a única maneira que conhecemos até o momento para que esses pacientes queiram realmente começar a terapia. Se eles permanecem dentro de um delírio primário do clássico tipo "sim porque sim", sem qualquer possibilidade de mudança, tornam-se impermeáveis.

Mesmo quando fora de surtos agudos, eles permanecem muitas vezes dentro de esquemas delirantes, sistematizados ou não, floridos ou não, mais ou menos enucleados dentro da personalidade, a ponto de permitir um aparente e enganoso contato com a realidade absoluta que os rodeia. Esse engano é geralmente assimilado pelos assistentes e familiares, pois dificilmente eles falam de suas certezas delirantes interiores.

Outras vezes, quando fora do surto, eles deixam de ter qualquer *insight* ou noção de sua própria patologia, e esse assunto simplesmente já não os interessa mais.

Isso é freqüente nos pacientes oriundos de sucessivas internações, que passam a atuar na vida com indiferença e certo alheamento pelo ambiente e por si próprios. Essas situações, no entanto, refletem a grande maioria dos casos que temos visto, dentro e fora dos hospitais psiquiátricos; mas ainda resta um número enorme de pessoas que podem ser beneficiadas pela TVP.

As "presenças"

Outro elemento para o qual o terapeuta da TVP deve estar atento ao tratar esses casos é estar preparado para ouvir com absoluta serenidade relatos inusitados, tais como:

— "... estou captando seres que me contam coisas sobre o fim do mundo e o apocalipse... estão sempre por perto."

— "Tenho a sensação que uma força estranha nas minhas costas me empurra para a frente e me faz fazer coisas que eu não queria... parece que não sou só eu aqui..."

— "Não tenho identidade própria; choro sem motivo e sem saber por quê; acho que são esses que ficam conversando comigo o dia todo que me fazem chorar, né?"

— "Vejo o espírito de um marciano dentro de uma luz amarelada... às vezes ele tem rosto, outras não...não entendo."

Se admitimos a possibilidade de vidas passadas, teríamos também que admitir que entre duas vivências os indivíduos estão em algum lugar, e eventualmente aqui mesmo, interagindo nesta nossa dimensão com aqueles que são sensíveis o bastante para perceber o que costumamos chamar em TVP de "presenças".

Descartar esta possibilidade, principalmente para o psicótico que costuma vivenciar tal experiência no dia-a-dia, não só é afirmar que "porque eu não vejo não existe", o que nos parece, no mínimo, uma falta de curiosidade científica, como também conseguir de pronto do paciente uma conclusão interna rápida, do tipo: "não confio em você".

Não se trata aqui, ou mesmo quando falávamos dos distúrbios do juízo de realidade, de entrar em delírio ou alucinação junto com o paciente, mas de admitir, a princípio, a possibilidade de que, muitas vezes, tais distúrbios podem estar sendo causados por essa interação de um sensitivo com uma "presença". Então, muitos dos chamados esquizofrênicos, psicóticos, seriam apenas sensitivos, paranormais, médiuns, ou qualquer outra denominação que se queira dar. E dessa interação descontrolada apareceriam os distúrbios secundários, com todo o seu leque de sintomas e sinais psicopatológicos, terminando no quadro psicológico que todos conhecem.

Em Terapia de Vida Passada, muitas vezes esses pacientes conseguem saber de seu relacionamento com essas "presenças" em vivências anteriores, que identificam espontaneamente, sem qualquer sugestão do terapeuta. Desacertos, situações mal resolvidas entre eles no passado, continuam gerando energias negativas[6], como em qualquer outra situação traumática do passado detectada através da TVP, que, como tal, pede drenagem e entendimento. A única diferença é que esta drenagem agora precisa ser feita para ambas as partes. Para o paciente, ela é feita da forma tradicional, revivendo os traumas, conectando-os com o nível de experienciação mental, reprogramando o presente. Para a "presença", pode ser feita de formas variadas, e às vezes o caminho escolhido é decidido pela própria mente inconsciente do paciente.

Em algumas ocasiões essa "presença" se "manifesta" espontaneamente durante a regressão, através da paranormalidade, digamos assim, do próprio paciente, e o terapeuta tem a possibilidade de coordenar melhor essa interação no sentido de tentar interrompê-la, o que nem sempre é tarefa das mais fáceis e requer os mesmo requisitos exigidos no tratamento do paciente grave. Mesmo porque, geralmente, não há como impedir esse tipo de acontecimento dentro do *set* terapêutico. É preciso estar preparado para esse tipo de contato, ter tranqüilidade para lidar com ele adequadamente.

Outras vezes a mente inconsciente interage com a "presença" durante a sessão e serve de ponte para o terapeuta, ou seja, comunica-se com o paciente, que por sua vez a transmite a nós, e vice-versa, com muita clareza, também espontaneamente. Existe toda uma fenomenologia das mais interessantes, que requer pesquisas mais aprofundadas, porque determinados tipos de sensibilidade do paciente só se manifestam dentro da sessão, fazendo pensar que o processo facilita o desencadear dessa conexão. Fora dela, na maioria das vezes, os contatos são de natureza distinta.

E, finalmente, em outras oportunidades o paciente necessita ser encaminhado a outros sensitivos, que servirão então de ponte para que a drenagem das energias negativas pertencentes à "presença" possa ser facilitada, fechando o processo terapêutico. Nenhuma dessas medidas, todavia, deverá ser considerada isoladamente para a solução dos problemas. O plano de tratamento deverá ser programado incluindo os passos discutidos anteriormente, pois sempre existe um somatório de problemas a serem examinados. Mesmo porque nem todos os sensitivos apresentam sintomas de características psicóticas, isto é, nem todas as pessoas que ouvem vozes, vêem coisas anormais, sentem contatos invisíveis, que a maioria não sente, são esquizofrênicos.

Resumo de caso

Identificação: cliente do sexo masculino, 28 anos, solteiro, filho único, branco, nível superior incompleto, classe média, bancário, evangélico não praticante.

Queixa principal: sensação permanente de que estava vendendo a alma ao Diabo. Para saldar suas dívidas com ele, necessitaria dispor de tudo o que possuía, inclusive da própria vida.

Histórico: tudo começou nos tempos do colégio, aos 16 ou 17 anos, quando ele começou a ter dúvidas sobre a própria sexualidade. Sentia-se atraído pelos rapazes, embora achasse aquilo um absurdo. Por outro lado, tentava arrumar namoradas, mas também não se dava bem. Nessa época, achava que as garotas riam dele, pois seu pensamento começava a se tornar "transparente", e assim todos os colegas sabiam de seus problemas sexuais, afastando-se dele.

Um ou dois anos mais tarde, começou a achar que seu pensamento passava então a pertencer ao "Diabo". Era como se houvesse uma voz interna que determinava o que poderia ou não fazer. A voz pertenceria ao próprio Diabo, ou era uma influência dele no seu íntimo. Se não cumprisse qualquer determinação, por menor que fosse, sua alma iria para o Diabo ou poderia sofrer outras punições físicas, de características bárbaras, como mutilações. O controle sobre sua vida ia desde a forma de fazer pequenos gestos, de olhar para as pessoas, até grandes decisões.

O desenvolvimento do processo, que em poucos meses passou a ocupar o primeiro plano de sua vida, o levou a abandonar a faculdade, ao que se seguiram algumas internações em hospitais psiquiátricos, quando a tensão chegava a níveis insuportáveis. No decorrer desse tempo havia discretas mudanças na trama delirante.

Foi tratado de muitas formas e por vários diagnósticos diferentes, desde uma possível psicose epiléptica, embora jamais tivesse apresentado traços comiciais, até esquizofrenia. Conseguia os diagnósticos através dos próprios assistentes. Tratou-se também com benzedores e em instituições espiritualistas de crenças diversas, onde diziam que ele era médium ou tinha "perturbações", no que não acreditava, porque, além de tudo, era um "pecado" pensar "nessas coisas". De qualquer forma, nunca obteve resultados positivos nas breves incursões por esses caminhos.

Há seis anos não se internava mais, mas vivia isolado, com os pais. Trabalhava com dificuldade por alguns períodos, e em outros permanecia em licença médica, completamente mergulhado em seu sofrimento, que ganhou características de cronicidade. Controlava parcialmente sua ansiedade com o uso de medicação neuroléptica e ansiolítica, além do uso esporádico de álcool em pequenas doses, nos momentos de crise. Exibia ainda dores no peito, mal-estar gástrico com fortes náuseas, quando seu medo aumentava muito. Desespero, raiva, pensamentos compulsivos e manipulados, dor nos olhos e duas tentativas de suicídio também faziam parte do quadro geral.

No primeiro contato, mostrava-se ansioso e com a aparência levemente descuidada. Dizia não saber bem por que tinha vindo à consulta; provavelmente porque a mãe havia insistido. Apresentava discretas estereotipias motoras e maneirismos verbais. Orientado, sua personalidade mostrava sinais ainda de frágil integração naquele momento intercrise. Seu pensamento era por vezes reticente; parava no meio das frases, deixando-as por terminar, com suavidade. Evidentes distúrbios sensoperceptivos e do juízo de realidade, aquilo que na psicopatologia clássica se chamaria de alucinações auditivas e visuais, além das idéias de auto-referência de características delirantes, como as de influência externa. Indeciso, ambivalente, não sabia bem se ficava ou se saía, se queria ou não tentar novamente, se acreditava ou não que algo pudesse combater o "Diabo". No entanto, já havia questionado, tenuemente, consigo mesmo, se estaria realmente doente. Mas não se sentia doente, e sim "atacado". Sentia-se incompreendido e não achava bom falar sobre isso. Concordou em voltar para a consulta seguinte quando admitimos a possibilidade de que talvez não estivesse mesmo sabendo lidar com algum "ataque" de algo desconhecido para ambos no momento, interna ou externamente.

Muito surpreso ao saber que muitas pessoas apresentavam sintomas parecidos com os seus, pois até então sentia-se "escolhido" para sofrer, admitiu em segredo que lhe parecia que tais "ataques" vinham de toda espécie de "forças do mal", e não apenas do Diabo. Eu lhe coloquei que, no meu entendimento, tais "ataques" poderiam estar sendo causados, como em outras pessoas que já haviam passado por lá, por uma grande pressão interna de sentimentos, de situações mal resolvidas, vindas de si mesmo ou quem sabe de fontes externas, como uma grande mobilização de energia. Ele não compreendia muito bem, mas sem dúvida sentia tais pressões. E a terapia começou. Voltaria muitas vezes, se fosse para conversar sobre isso. Já não lhe parecia tão perigoso.

O paciente submeteu-se a aproximadamente trinta sessões de terapia, de duas horas cada uma, das quais catorze foram de regressão apenas, o que já mostra a diferença de abordagem para os chamados psicóticos. Muitas sessões foram usadas para o estabelecimento de uma relação de confiança, para que pudéssemos ouvir e sistematizar a trama delirante, trazer a dúvida do paciente sobre aquele delírio primário para mais perto da realidade imediata, e finalmente para explicar e obter sua concordância sobre a regressão. E, além disso, para que, apoiados em todos esses elementos, obtidos através de uma atitude de respeito e não de desqualificação sumária do conteúdo aparentemente alienado do pensamento do paciente, pudéssemos voltar a abrir a questão de ele ser eventualmente um "sensitivo", em função dos distúrbios alucinatórios ("tenho uma voz que me dá ordens...") de tantos anos. Muito tempo foi usado para se conversar sobre a situação do "pecado", para se aventar "essas coisas proibidas". A cada sessão, ele mostrava-se menos reticente e menos ansioso, na etapa que precedeu o início das regressões. Começou a aparecer no meio da semana para tomar um "cafezinho" num intervalo eventual de uma consulta minha. Sentia-se "em casa", e ao final do tratamento nos contou que esse sentimento foi fundamental para a sua permanência e o sucesso da terapia. Pertencia a algum lugar onde não havia a conotação, mesmo que velada, do louco. Portanto, não só nada havia a esconder, como seu comportamento era muito mais adequado. Pode parecer estranha a permissão para essas aparições rápidas na clínica, mesmo que de poucos minutos e de forma absolutamente cordial e ordenada, mas, ao lidar com o psicótico, o terapeuta precisa estar aberto a pequenas modificações de sua proposta tradicional.

Nas regressões, desenhou-se um quadro de sucessivas vivências passadas ligadas a situações de sacrifício em cerimônias religiosas e bruxarias. Algumas vivências:

— Sacrificado numa cerimônia de culto ao demônio numa caverna. Cenas de muito sangue, náuseas e raiva. Estava-se iniciando na seita e não queria morrer, o que era considerado um privilégio. Foi morto com um golpe de espada no peito.

124

— Menino ainda, morre sacrificado numa cerimônia de magia negra, como uma oferenda, após ter sido marcado a ferro, como um animal, no peito. Um lugar muito sujo e escuro. Muito medo, muita raiva, principalmente porque ninguém escutou seus pedidos de clemência.

— Freqüentava sessões religiosas primitivas, onde se sacrificavam pessoas e animais de grande porte e se bebia seu sangue. Uma pequena e simbólica dose para cada iniciado. Bebia, mas vomitava e se desesperava. Invocavam espíritos do mal e depois se entregavam a sessões de orgia homossexual. Acabou não agüentando e fugindo. Mas acabou sendo apanhado e morto a golpes de um objeto laminado, na cabeça e principalmente nos olhos. Foi punido por ter quebrado seu compromisso com os chamados mensageiros do mal.

— Vivência como sacerdote bárbaro. Povo muito primitivo. Era "bom" e sacrificava pessoas escolhidas pelo chefe, pensando fazer o bem e a vontade dos deuses. Matava com uma faca, rasgando o peito das vítimas.

— Vida com situações de homossexualidade. Foi induzido por um parente, que acabou por usá-lo. Muita raiva e incompreensão. Pensa identificar o parente como uma possível "presença" que estaria se manifestando nesta vivência atual. Acabou matando-o. O mesmo homem havia sido sua vítima em vivência anterior.

— Vida que identifica como "bruxo" — arrancava os olhos das pessoas para cerimoniais de bruxaria e magia. Queria sabedoria. Tinha um pacto pessoal com o Diabo. Rezava para ele e terminou assassinado.

Relato parcial de uma das sessões desta última vivência (paciente vivenciava mais de uma vez cada história de vida passada — essa é outra característica desse tipo de terapia). Evitamos colocar as intervenções do terapeuta neste momento.

"... Vejo uma grade no chão ... tem gente embaixo ... tem alguns bichos, aves escuras em cima ... bicam muito ... continuo vendo os bichos ... tenho uma intuição ruim ... gozado, estou vendo tudo de cima ... agora já estou num corpo [gemidos] ... tenho medo, muito medo ... ai! ... sinto que tem um bruxo na minha casa [agitado] ... eu sou o bruxo! ... meu Deus ... o mal é sempre comigo ... vejo a cara dele ... a minha cara [suspiros] uso um cinto amarelo na cintura ... roupa escura e comprida não sei [gemidos, mãos nos olhos, evidente sofrimento] ... dor [choro convulsivo] muita dor ... oh! meu Deus ... eu arranco os olhos das pessoas ... sinto náuseas ... náuseas ao fazer isso ... muitos gritos ...

muito sangue [gemidos] ... me dói o estômago ... me vem a história do vende ou não vende [refere-se a vender a alma ao Diabo] ... sinto as pernas moles ... só queria conhecimento, saber ... faço oferendas para as forças do mal ... tenho um pacto ... as pessoas na grade são meus prisioneiros ... trazem eles para mim ... o contato com o mal me dá dor de estômago ... [silêncio profundo] [gemidos]."

"... O lugar é sombrio, apesar das árvores ... [choro] ... aquele que está lá embaixo é que está em cima hoje ... meu Deus! ... [refere-se a uma possível "presença" na atual vivência] — me sinto mal [gemidos] ... é igual ao mal-estar de hoje [o inconsciente do psicótico faz correlações entre a vivência passada, a vida presente e eventuais delírios todo o tempo, necessitando de permanente direcionamento] — [gemidos]."

"... Sinto como se estivesse perdendo as forças ... estou morrendo no chão ... fraco ... muita dor [ansiedade, agitação] ... acho que me mataram ... acho que tinha muita gente que não gostava de mim ... tem muito sangue ... muito sangue ... sai do meu peito [mãos no peito, punhos cerrados] ... vejo meu corpo no chão ... acho que morri ... meu Deus ... pegam meu corpo e batem na cabeça, no peito ... já não sinto nada ... só um mal-estar no peito ... espetam meu corpo ... o que sobrou ... espetam num pau grande e levam ele para a praça [suspiros] ... tenho raiva eu acho ... raiva sim ... mais nada ... [e depois] ... só sei que vou nascer homossexual depois [refere-se a uma vivência já conhecida]. Não queria ... que mudança ... antes eu podia com todos e agora ... todos vão poder comigo ... [a seguir, depois de muito silêncio, relaciona as vivências com os problemas atuais] ... gozado ... sinto alívio ... acho que o Demônio não existe ... acho que são só as lembranças dentro de mim [suspiros]."

"... Não dão mais medo ... é a minha parte negativa [refere-se nessas frases às várias vivências de culto ao Demônio, sacrifícios, etc.] ... as coisas antigas saíram ... as presenças estão confusas [volta a se referir a elas, cada vez com mais convicção] ... acho que tudo vai terminar agora ... me dá vontade de chorar pelo que fiz ... mas já passou ... não agüento mais ...".

"Vou trocar o sofrimento por ação ... o Diabo ainda está aqui ... vejo ele de novo ... mas sei que ele não existe de verdade ... falo isso para ele ... passo a mão por ele e ele não se desfaz ... não é de verdade ... acho que querem me enganar ... é coisa minha deixar [choro] [lentamente se refaz] ... o medo se vai ... o Diabo também ... nunca existiu [sorri, depois tenta se reposicionar frente aos antigos "delírios"] só isso ... [a sessão é encerrada]."

Apesar dessa postura de aparente decisão e força, muito trabalho ainda foi realizado. As vivências voltaram várias vezes, e o paciente foi alinhavando suas percepções, redecisões, lembranças, como numa grande colcha de retalhos de diferentes cores e tecidos, que demoram a formar um conjunto harmonioso.

No final do tratamento, chegou à conclusão de que suas dores e seus sofrimentos não eram somente seus, de outras vivências, mas os de suas vítimas também. Concluiu que uma ou mais delas se "manifestavam", causando a lembrança física daqueles traumas, que se traduziam nos seus sintomas. Percebeu que o Diabo não existia, da forma como acreditou tantos anos, e que não podia ter nenhum pacto com algo que era imaginário, com algo que vinha de crenças anteriores. O medo de vender sua alma para ele e as punições que deveria sofrer eram não só lembranças do passado, mas manipulações desse passado que era sem dúvida seu ponto fraco — feitas por "presenças" na sua vida atual. "Presenças" que ele julgava serem representantes ignorantes do mal, mas nada mais tinham a ver com ele e não podiam mais atingi-lo. Tinha pena. No decorrer da terapia, decidiu freqüentar uma instituição que possibilitasse o equilíbrio de suas percepções de sensitivo (percebia vozes, imagens e imposições externas no seu pensamento nessa época, mas não se sentia "atacado", e muito menos "louco"; estava obtendo o controle da situação).

Recebeu alta completamente assintomático e sem estar mais usando qualquer medicação, além de nunca mais ter precisado beber para se aliviar. No acompanhamento do caso, depois de vinte e três meses de alta, o paciente continuava nas mesmas condições do encerramento da terapia, trabalhando regularmente e tendo inclusive se casado.

Pontos fundamentais que puderam ser percebidos e que costumeiramente aparecem nas terapias com esses pacientes:

— o tempo de terapia é geralmente mais longo que as habituais dez ou vinte sessões. Metade das sessões, aproximadamente, são usadas para regressões. O paciente necessita de tempo para elaborar a vivência delirante atual e, através da parte cognitiva, se reposicionar. Ao contrário dos demais, precisa para isso muito auxílio do terapeuta, em função de sua dificuldade em usar sua parte mais adulta, que pode raciocinar, pensar com lógica, dificuldade essa que o carrega para comportamentos regressivos e dependentes. Geralmente ao final da terapia já é capaz de pensar sozinho.

— presença de distúrbios alucinatórios e do juízo de realidade, que precisam ser encarados com tranqüilidade e direcionamento.

— os pacientes geralmente tiveram o início de suas patologias no final da adolescência, com grande prejuízo da capacidade laborativa e do relacionamento afetivo. Em função disso, normalmente já passaram por muitos tratamentos anteriores e até internações. Muitos usam jargões psiquiátricos. São grandes *experts* em medicação, mas não confiam em ninguém. Além do mais, muitas vezes, ou mesmo na maioria das vezes, são trazidos por parentes.

— é comum a identificação de "presenças", que atuam no psiquismo usando os fatos traumáticos de vivências passadas com maior ou menor mudança no colorido do conteúdo. De qualquer forma, oferecem ao terapeuta uma pista, digamos assim, dos traumas originais.

— há freqüentemente falta ou alguma dificuldade de identificação sexual secundária.

— as sessões se fazem às vezes em capítulos, até que o inconsciente possa se organizar melhor e enviar a história de forma mais sistematizada. Além disso, como já foi citado, a tendência é a interferência do consciente dentro e no meio do processo, com todo o seu conteúdo delirante, o que requer constante atenção. É necessário o cuidado óbvio do terapeuta para que cada sessão onde a vivência não foi totalmente concluída não termine de forma traumática, isto é, é preciso retirar o paciente da regressão, se for o caso, num ponto neutro da história.

— como já foi citado, freqüentes idas e vindas do inconsciente durante a regressão, em que o paciente tenta, geralmente de forma desorganizada e no início confusa, estabelecer relações entre o conteúdo delirante do presente, os sintomas atuais e a vivência que está sendo revista. Requer constante atenção, com gentil mas firme recondução para dentro do processo. A tendência é interromper o processo, abrir os olhos, etc.

— eventual manipulação delirante do inconsciente, possivelmente efetuada pelas "presenças", trazendo percepções irreais do passado que precisam ser identificadas pelo terapeuta.

Comentários finais

Não existem estatísticas prontas para serem mostradas, mas sabemos que, nos ainda poucos lugares do mundo onde este trabalho está sendo feito, mesmo que parcialmente, em cada um com suas características e facilidades culturais peculiares, a crença na incurabilidade desses pacientes, dessas patologias de final desfavorável, como se dizia um século atrás, começa a ser desfeita.

Nossos métodos de trabalho com esses pacientes, que procuramo. passar para nossos *trainees*, foram desenvolvidos em cima de uma vivência pessoal, que certamente é diferente da de terapeutas de outras partes do mundo, como por exemplo William Baldwin, que nos Estados Unidos trabalha com o que ele chama de *clinical depossession*, ou ainda Hans Ten Dam, na Holanda, que entre outros conceitos inovadores trabalha com o que também chama de "presenças" no *set* terapêutico. Em nosso contato com ambos, o que restou não foram os métodos, mas a filosofia do pensamento com o qual parte desta fenomenologia é encarada.

Parece que não se depende mais somente da evolução da psicologia, mas da evolução do pensamento dos terapeutas. De sua percepção ao que parece existir desde sempre e que, como dissemos no princípio, muitos já percebiam há milênios.

O dr. Morris Netherton nos disse uma vez, referindo-se à técnica de regressão, que, se o terapeuta durante uma sessão acreditar que não vai conseguir colocar seu paciente dentro do processo, sua sessão estará acabada, perdida. Aqui achamos que, se ele não acredita que patologias com implicações classicamente chamadas de delirantes ou alucinatórias tenham cura, ou pior, se ele duvida de sua própria condição de ser o agente desse processo, melhor seria não tentar, pois, além de não conseguir sucesso, poderá fazer intervenções prejudiciais.

Como se vê, fazer terapia de vida passada nestes pacientes não implica grandes mudanças das técnicas de regressão propriamente ditas, mas uma estratégia de abordagem diferenciada; uma postura pessoal filosoficamente aberta para o insólito; uma vivência do mundo destes pacientes no dia-a-dia para melhor compreender sua angústia; o desenvolvimento de um *feeling* peculiar que ajude essa compreensão, além, naturalmente, do entendimento da psicopatologia clássica das doenças graves.

Abordamos neste capítulo aspectos e elementos ainda não aprofundados sobre o tema, inclusive as intervenções do terapeuta, uma vez que pretendemos ir apresentando e discutindo o assunto na medida em que ele possa ser assimilado e experimentado por nossos *trainees*; que possa despertar interesse de nossos colegas médicos para uma revisão de seus conceitos mais ortodoxos; que possa finalmente, junto ao leitor comum, criar novas expectativas para o tratamento e recuperação social daquele que quase todos conhecemos, nas nossas relações mais ou menos próximas, como o incompreendido e intratável indivíduo rotulado de psicótico.

Bibliografia

1. MAYER GROSS, W., SLATER, E. e ROTH, M. — *Clinical Psychiatry*. Londres, Baillière, Tindall & Cassel, 1969.

2. JASPERS, K. — *Psicopatologia geral*. 2º vol. Rio de Janeiro, Atheneu, 1973.

3. BERNARD, EY. H., P. BRISSET, CH. — *Tratado de psiquiatria*. Barcelona, Toray-Masson, 1969.

4. JASPERS, K. — *Psicopatologia geral*. 1º vol. Rio de Janeiro, Atheneu, 1973.

5. METHERTON, M. e SHIFFRIN, N. — *Past-Lives Therapy*. Nova York, Ace Books, 1979.

6. ANDREAS, J. — "Pelos campos das regressões de memória." In: *Folha Espírita*, maio de 1983.

7. ANDRADE, H. G. — *A matéria psi*. Matão, O Clarim, 1981.

Relação terapeuta/cliente

Hermínia Prado Godoy

A Terapia de Vida Passada foi assim chamada por obedecer à terminologia dada a essa prática terapêutica por Morris Netherton, que esteve no Brasil por duas vezes conduzindo seminários, treinamentos e supervisões a terapeutas, médicos e psicólogos. Na verdade, não se trata de uma terapia que aborda somente vidas passadas. O mais adequado, admite-o mesmo Morris Netherton, seria chamá-la de Terapia de Vivências Passadas, uma vez que trabalha com a regressão do indivíduo a esta e/ou a outras vidas.

A Terapia de Vida Passada possui o seu próprio corpo teórico e suas próprias técnicas, aos quais podemos acoplar conhecimentos provindos de todas as demais correntes psicológicas. Ela se baseia em que a causa de alguns problemas do indivíduo está localizada num passado presente ou remoto, ou seja, nesta ou em outra vida.

Através de suas técnicas, conduz o cliente a liberar-se de padrões de conduta negativos que adotou; de traumas que o impedem de desenvolver uma vida plena no presente; de cargas negativas de personalidades que ele foi no passado e que interagem com ele no dia-a-dia presente; de cargas negativas de personalidades intrusas (outras pessoas) pertencentes ao seu passado ou presente, que acabam por interferir e transmitir-lhe um programa de vida; de padrões de conduta inadequados que ele vem adotando, às vezes por séculos, e que lhe são lesivos nos dias atuais; e a fortalecer condutas ou características de personalidades que lhe são adequadas e positivas na presente vida.

A TVP admite que existe um inconsciente, que pode ser atingido com a presença concomitante do consciente. Pode-se falar em "estados alterados de consciência" quando se refere ao modo como se manifesta o inconsciente. Se definirmos hipnose como sendo do um estado alterado de consciência, então trabalhamos em TVP

131

com o cliente sob hipnose. Pode-se usar também o termo "estado de transe", quando se refere a um estado alterado de consciência.

A TVP trabalha, basicamente, com regressão do cliente a esta ou a outras vidas.

O terapeuta tem um papel fundamental no trabalho, e são necessários certos critérios de formação e treinamento a fim de torná-lo potente, com capacidade de proteger, assistir e conduzir o processo do cliente que está sob sua responsabilidade.

O terapeuta se vale das técnicas de que dispõe para conduzir o cliente ao passado, obtendo dele as informações que trazem o entendimento, a compreensão e explicação que justificam o padrão de vida que vem adotando. Ajuda o cliente a localizar no passado suas decisões básicas de vida, que relação existe com sua vida presente, e promove, através do processo de redecisão, uma mudança atual de comportamento.

O terapeuta guia, auxilia e dá suporte ao cliente para que elimine ou suavize a interferência de pensamentos, sentimentos, sensações físicas e comportamentos que lhe foram úteis no passado, mas que hoje, no presente, não condizem com sua forma de vida. Sendo assim, o cliente consegue se liberar do controle que seu passado exerce na sua vida presente.

Em TVP o cliente é o responsável por sua melhora. Pode conseguir, com a ajuda do terapeuta, que seu passado deixe de interferir no seu presente, possibilitando que a força de seu potencial humano se concretize. Através da TVP, o terapeuta ajuda o cliente a lidar com a realidade de sua vida aqui e agora.

Quando se trabalha com regressão entra-se num campo que ainda é muito desconhecido. Não temos ainda um embasamento teórico consistente sobre como funciona a memória do inconsciente, como o consciente se comunica com o inconsciente, como se processa o estado alterado de consciência e nem como a hiperconsciência se relaciona com o inconsciente.

Temos as experiências de terapeutas como Morris Netherton, Edith Fiore, Hans Ten Dam, Elieser Mendes, Maria Júlia P. Peres, dentre outros pesquisadores, mas que ainda não nos permitem uma concreta formação teórica. Por isso é importante que o terapeuta esteja bem preparado e equilibrado quando se propõe a desenvolver esta modalidade de tratamento. É aconselhável que mantenha a sua própria terapia, seja supervisionado periodicamente e esteja sempre atualizado sobre novas pesquisas e avanços na área, através de leituras, cursos, congressos, etc.

Cuidados do terapeuta na condução de um processo regressivo em TVP

1. Definir o problema do cliente, para saber com o que vai trabalhar.

2. Verificar se o problema do cliente se enquadra num trabalho regressivo. Consegue-se isto através de uma anamnese detalhada. Às vezes uma terapia convencional será mais indicada ao cliente (solucionará mais facilmente o seu problema).

Sugere-se que o processo regressivo ocorra quando outras técnicas terapêuticas já foram utilizadas (o cliente já foi "trabalhado") e persistiram alguns aspectos em que ele não obteve mudança. Por exemplo: o cliente com queixa do tipo "meus amigos me abandonam". Se depois de trabalhar em terapia convencional (onde foram abordados todos os aspectos da vida atual) persistir o sentimento de abandono, pode-se indicar um trabalho regressivo que enfoque esse sentimento de abandono. Pode-se encontrar uma vida onde o cliente tenha sido abandonado pelos pais, parentes e amigos, tendo passado por sérias dificuldades.

3. Clientes com sintomas físicos, somatizações, reações emocionais agudas, idéias fixas e generalizações, clientes em crise, muitas vezes já chegam às sessões regredidos. Faz-se então um trabalho regressivo de pronto.

4. A regressão é também indicada a clientes portadores de fobias e àqueles que querem se liberar mais ainda de sentimentos, pensamentos e sensações que persistem depois de um trabalho terapêutico convencional.

5. Verificar se o cliente tem condições psicológicas para se submeter a um processo regressivo. Caso contrário, indica-se um trabalho terapêutico convencional.

Em alguns casos, depois de concluído o trabalho terapêutico convencional, tendo o cliente se estabilizado, consegue-se realizar a regressão.

A TVP é contra-indicada nos casos de doenças orgânicas descompensadas, como as cardíacas, epiléticas, glandulares, pois durante a regressão é liberada muita emoção, o que pode desencadear crises. Seu uso em psicoses deve ser cuidadoso.

Temos em nossa associação terapeutas que estão se dedicando à pesquisa com grupos de psicóticos e epiléticos; porém seus estudos e pesquisas estão sendo desenvolvidos dentro de hospitais, com os cuidados necessários ao socorro imediato caso crises ou surtos se façam presentes.

6. Aprender a ouvir o cliente.

Antes de se adiantar em emitir comentários, sugestões e trabalhar situações, convém deixar o cliente falar livremente. Além de proporcionar um alívio ao cliente, o terapeuta tem um quadro geral sobre sua situação psicológica.

7. Estabelecer um contrato terapêutico no início do tratamento, e a cada sessão renovar ou estabelecer um novo contrato que verse sobre um único assunto.

Esta providência de ter um contrato específico sobre o que se vai trabalhar a cada sessão direciona o inconsciente a buscar no passado dados referentes ao assunto estabelecido. Com isto, a cada sessão o trabalho terá um início, um meio e um fim, sendo assim concluído.

A especificação de um assunto evita que o cliente traga "presenças" suas de outras vidas que tenham dificuldades não relacionadas ao assunto desenvolvido. Essas dificuldades, caso apareçam, devem ser anotadas para serem trabalhadas em outro momento. Isso também evita que personalidades intrusas sintonizadas na mesma problemática intervenham no processo do cliente.

8. A cada início de sessão, deve-se perguntar ao cliente: "O que você quer trabalhar?" Isto leva a uma programação do subconsciente do cliente para que ele faça alguma coisa, já que ele é participante ativo, responsável no processo terapêutico. Esta providência reforça a capacidade e a confiança do cliente em si mesmo e o torna uma pessoa integrada ao processo.

9. Ir além do diagnóstico convencional. Se o cliente está tendo uma alucinação, pode ser que ele esteja vendo realmente uma cena, ou pessoas que dizem respeito a uma vida passada. Fobias podem não estar ligadas a aspectos não resolvidos quanto à sexualidade nesta vida; o cliente que tem medo de altura pode, em uma vida passada, ter morrido em conseqüência de uma queda de um precipício, prédio, etc.

10. Identificar em que ponto de indução o cliente responde melhor, e por este ponto proceder à regressão.

Temos quatro pontos de indução para uma regressão: verbal, imaginativo, emocional e somático.

VERBAL: C — "Minha mãe me sufoca."

T — "Repita cinco vezes esta frase. Deixe que emoções, sensações, imagens venham à sua mente, enquanto repete esta frase. Diga a primeira palavra que lhe vier à mente."

OBS: Esta técnica é muito utilizada por Morris Netherton.

IMAGINATIVO: C — "Tenho medo."

T — "Se você estivesse em algum lugar sentindo este medo, que lugar seria este? Diga a primeira palavra que lhe vier à mente."

C — "Corredor escuro."

EMOCIONAL: C — "Sinto uma tristeza profunda."

T — "Sinta esta tristeza profunda. Onde ela se localiza no seu corpo?"

C — "No meu peito."

SOMÁTICO: C — "Tenho dor no peito."

T — "Entre nesta dor. O que estaria provocando essa dor? É como se fosse o quê?"

Convém buscar a ligação entre o ponto de indução somático e o emocional. Estes são os mais fortes pontos indutores de regressão.

Quando se começa pelo ponto de indução verbal ou imaginativo, busca-se logo fazer a ligação com o emocional e o somático.

11. Observar a fala do cliente.

Muitas vezes, ela indica o assunto a ser trabalhado naquela sessão e/ou muitas vezes que o cliente já está regredido, e portanto a sessão já começou. Por exemplo, quando o cliente diz: "Não consigo escrever nada. É como se minhas mãos estivessem amarradas". Neste caso, o terapeuta já intervém no passado: "Feche os olhos. Imagine que você está em um lugar do seu passado e que suas mãos estão amarradas. Se você estivesse num lugar assim, que lugar seria este? Diga a primeira palavra que lhe vier à mente".

Declarações deste tipo, que para o cliente se referem ao presente, podem porém ser indicativos de experiências de outras vidas.

Como regra geral, trabalha-se com o que o cliente diz em primeiro lugar, mesmo que pareça estranho, não faça sentido ou esteja fora de propósito.

12. Observar a expressão corporal, emocional e verbal do cliente, verificando se existe coerência entre elas.

Incoerências, emoções deslocadas, desproporcionais aos fatos relatados, são caminhos por onde se pode iniciar o trabalho. É o caso do cliente que diz: "Não sinto nada", quando sua mão está cerrada e sua respiração, ofegante. Percebendo estes sinais, o terapeuta pode dizer-lhe: "Entre em contato com o seu corpo. Perceba sua mão cerrada. Perceba sua respiração ofegante. O que você sente no seu corpo? Dê palavras a esta sensação".

13. Saber o momento de confrontar o cliente.

A confrontação direta é pouco indicada no início da terapia. O cliente não está seguro e confiante no processo, no terapeuta e nele mesmo.

A confrontação é usada para quebrar os bloqueios que o cliente coloca no processo de terapia.

É necessário que o terapeuta entenda que se trata de um cliente que possui uma resistência muito grande.

A confrontação direta o leva a perceber sua vida tal como realmente é, e isto é muito difícil para ele, causa-lhe medo, por isso ele é resistente, teimoso ou não-cooperativo. O cliente pode ter-se acomodado a determinados padrões de comportamento que lhe dão certa segurança e equilíbrio. Sair deles pode ser sentido por ele como um passo muito arriscado. Em terapia, sabemos que essa segurança e esse equilíbrio são falsos, e que ele se esconde em um mundo controlado pelo seu passado. Se todavia atravessar esses momentos difíceis, desligando-se do passado, terá uma vida mais saudável e livre. Deverá gradualmente confiar no terapeuta para abandonar essa falsa proteção que o acompanha talvez há séculos.

Como fator complicador, temos o fato de que a realidade presente do cliente por vezes é muito dura, e a maneira por que optou viver pode lhe trazer, temporariamente, melhores sentimentos. Neste caso, temos a lhe oferecer a opção de uma vida mais viva e presente. Alguns podem não querer isto. É uma opção que cabe somente a ele. Exemplo: sair de um emprego estável, com salário fixo como secretário (profissão de que não gosta, mas que lhe dá segurança), para dedicar-se a uma profissão liberal como comerciante (de que gosta) pode ser muito arriscado e causar muito medo.

Se o cliente quiser sair desse controle passado e assumir uma vida mais plena, viva e presente, teremos muito trabalho pela frente, pois o caminho a ser percorrido com ele é lento e vai consumir muita energia, tanto nossa como dele.

14. Caminhar conforme o ritmo do cliente.

Não se adiantar em pressuposições, interpretações ou explicações. Inconscientemente, o cliente já sabe onde se localiza a origem de seus problemas. Esse conhecimento está oculto exatamente por ser para ele de difícil elaboração consciente. À medida que o cliente se sente fortalecido no presente, o inconsciente vai liberando as informações para o consciente, dando ao terapeuta condições de promover a dissociação (fatos passados X realidade presente), propiciando as devidas alterações atuais de comportamento.

15. O terapeuta deve abrir mão de sua onipotência.

Não acreditar que sabe mais sobre o cliente do que ele mesmo só porque possui a técnica e o conhecimento. O terapeuta entende o processo, possui a técnica, facilita e promove condições para que as mudanças no cliente aconteçam.

136

16. Questionar seus próprios pressupostos.

O terapeuta não deve pressupor coisa alguma. Não deve pensar que sabe mais do que sabe.

17. Abdicar da direção provinda única e exclusivamente de princípios teóricos, lógicos e racionais.

Cabe ao terapeuta desenvolver sua intuição, sua sensibilidade, sua capacidade de proteção e permissão, guiando-se sempre pelas pistas dadas pelo cliente.

18. Ser honesto.

Dizer ao cliente que não sabe. Comunicar ao cliente quando chegar aos seus limites.

19. Perguntar ao inconsciente do cliente que caminho é mais adequado seguir e/ou que pergunta deve ser feita.

20. Seguir as informações do cliente sem se preocupar se são verdades ou não.

O próprio inconsciente do cliente corrige, posteriormente, os dados fornecidos erroneamente.

Embora pareça absurdo, as informações dadas, por mais irreais, são informações que estão na mente do cliente, e, sendo assim, para ele são verdades.

21. Saber que, neste tipo de terapia, a maior parte dos clientes não sente necessidade de utilizar seus mecanismos de defesa, uma vez que é o próprio cliente quem dá a opção de trabalho, segue seu próprio ritmo e aprofunda-se no trabalho quando se sente fortalecido.

22. Evitar fazer regressão com clientes que fazem jogos de poder.

São clientes que possuem enorme resistência e para os quais é indicada, para melhores resultados, uma terapia convencional, e não regressiva. Esses clientes consomem uma grande quantidade de energia própria, uma vez que passam a sessão disputando, lutando com o terapeuta pelo controle da sessão, ou buscando provar a inabilidade do terapeuta como forma de evitar tomar contato com suas dificuldades. Em conseqüência disso, consomem grande quantidade de energia do terapeuta também. Esta energia, tanto do cliente quanto do terapeuta, é imprescindível para a sustentação, a harmonia e o equilíbrio da sessão. Quando não canalizada de forma positiva, pode ser muito prejudicial ao terapeuta e ao cliente. Ten Dam diz que é "melhor indicar a esses clientes outro tipo de terapia, onde irão trabalhar melhor este aspecto de confiança".

23. Saber que as fantasias que o cliente desenvolve a seu respeito podem revelar muito de si, de suas obsessões, de seus temores, de sua auto-imagem.

Os cuidados que o terapeuta deve tomar não foram aqui esgotados. É preciso que cada terapeuta compreenda que cada caso é um caso único, e a ele dedique toda a sua atenção, pesquisa, paciência e cautela. Aprendemos a cada dia e a cada encontro que devemos sempre ter a mente aberta e a humildade de quem se defronta com a grandeza do espírito humano e de sua eternidade.

Bibliografia

SATIR, V. — *Terapia do grupo familiar. Um guia para teoria e técnica.* Rio de Janeiro, Francisco Alves, 1988.

TRIGUEIRINHO — *A morte sem medo e sem culpa.* São Paulo, Pensamento, 1988.

TRIGUEIRINHO — *A energia dos raios em nossa vida.* São Paulo, Pensamento, 1987.

NETHERTON, M. & SHIFFRIN, N. — *Vidas passadas em terapia.* Itapetininga, ARAI-JU, 1984.

TEN DAM, H. W. — Seminários proferidos em São Paulo, 1987 e 1989.

Contribuições da parapsicologia

Ricardo Mazzonetto

Com a reflexão a respeito deste tema, quis dar a minha modesta contribuição aos meus colegas terapeutas e ao público interessado em geral, que têm desejado um conhecimento maior sobre o que é a Terapia de Vida Passada. Espero que a apresentação do conteúdo que se segue possa contribuir com alguma luz para o esclarecimento de todos aqueles que, honestamente, procuram cada vez mais o conhecimento da verdade relativa aos imensos mistérios que ainda jazem obscuros nas profundezas da alma humana.

Não estarei apresentando nada de absolutamente novo, pois autores de renome internacional, como Stanislav Grof,[29] dentre outros, depararam-se com experiências semelhantes às que serão relatadas aqui. O que pretendi foi dar uma visão geral do que ocorre com a consciência do paciente no momento terapêutico, procurando encontrar as explicações possíveis e as relações dessas realidades com algumas áreas consagradas do conhecimento humano. Além de uma despretensiosa exposição, procurei refletir sobre esses dados, que em si, talvez, representem o que de mais relevante foi descoberto neste século pelas ciências humanas.

Quero que este trabalho seja um ponto de partida para todos aqueles que se interessam pela instigante aventura do autoconhecimento.

História da paranormalidade

A disposição de escrever este capítulo começou com a constatação de que nos "estados alterados de consciência" (EAC) ocorrem manifestações que fogem aos padrões comumente conhecidos e aceitos como de normalidade, adentrando o campo que foi convencionalmente chamado de paranormal[1]. Assim sendo, antes de haver o aprofundamento desse tema, é preciso que seja feito um relato geral do estudo das manifestações paranormais através da história da humanidade. Para tanto, passamos a utilizar a classificação de Charles Richet,[2] que dividiu a história da paranormalidade em quatro períodos: mítico, magnético, espírito e científico.

O período mítico começou com as origens do Homem, terminando em 1776. Foi caracterizado pelo pensamento mágico, no qual a realidade é entendida e manipulada por forças invisíveis e divinas, passíveis de algum controle mediante rituais e oferendas aos deuses. Tem sido uma forma primitiva de entendimento e estabelecimento de contato com a realidade, tanto no Ocidente quanto no Oriente. Nesta fase do pensamento humano, a paranormalidade é entendida em duas faces: a revelada e a oculta. A face revelada tem sua manifestação nas várias religiões exotéricas*, vindo a fazer parte do domínio público. O lado oculto é compreendido apenas em círculos iniciáticos fechados, sendo apenas dominado por uma elite consagrada a esse estudo. Dentro da visão exotérica, as manifestações paranormais eram, por força de uma concepção ingênua, ora vistas como coisas diabólicas, atribuídas a gênios e espíritos maus, ora como a manifestação de bons gênios, espíritos celestiais, santos ou Deus. Eram julgadas de acordo com a natureza dos efeitos que provocavam aos olhos do observador, sendo então consideradas boas ou más.

Esse período teve início com as origens da humanidade, permeou toda a Antiguidade, Idade Média, Renascença e Idade Moderna, terminando com o advento do período magnético, com os trabalhos médicos de Franz Friedrich Anton Mesmer.

No Brasil e no mundo de hoje, são encontradas manifestações culturais remanescentes desse período, devido às influências religiosas primitivas e ao modo como os fenômenos da paranormalidade são vistos, isto é, como míticos ou ligados a alguma religião.

O período magnético foi iniciado com Mesmer em 1776 e vai até o aparecimento das irmãs Fox, em 1848. O iniciador desse período foi um médico e astrólogo alemão, que demonstrava interesse pela influência dos astros na saúde das pessoas. Sua tese de doutorado, inclusive, versou justamente sobre esse assunto. Relacionava o ferromagnetismo com o magnetismo dos astros, acreditando que estes poderiam alterar o funcionamento do organismo. Ele e alguns de seus seguidores descobriram, posteriormente, que

---

* Aquilo que é revelado, oposto a esotérico que faz referência àquilo que é oculto e psíquico.

o ímã poderia ser dispensado na eliminação dos distúrbios orgânicos. Veio a atender muitas pessoas, obtendo curas extraordinárias. Há a possibilidade de que Mesmer tenha atendido muitos pacientes com problemas histéricos e outros distúrbios emocionais e psicossomáticos, o que poderia explicar, em parte pelo menos, os seus sucessos.

Durante a aplicação dos passes magnéticos com vistas à recuperação da saúde, muitos pacientes entravam num estado de transe, ou EAC, quando então aconteciam manifestações paranormais, tais como as de leitura do pensamento, clarividência e incorporação mediúnica.

Mais tarde, compreendeu-se que o efeito produzido era dado pela sugestão e que não havia a necessidade da aplicação de passes. A partir daí o transe mesmérico ou hipnótico, como então foi chamado, passou a ser provocado basicamente por essa técnica.

Devido a suas atitudes sensacionalistas e posicionamentos bem pouco ortodoxos, Mesmer foi desacreditado junto à comunidade científica de sua época, que considerou seu trabalho como sendo de curandeirismo e charlatanismo.

Hoje está sendo discutida, na moderna parapsicologia, a hipótese da transmissão energética entre os seres vivos, como a aplicação da capacidade psicocinética, ou da ação da mente sobre a matéria[3]. Além disso, o trabalho pioneiro de Mesmer deu surgimento ao hipnotismo e suas várias aplicações terapêuticas, não sendo, portanto, mero charlatanismo. Que ele se equivocou em algumas de suas teses não há dúvida, mas que lidou com realidades e forças das quais desconhecia a extensão e o uso não é possível negar.

Após o período iniciado por esse autor, outros fenômenos de natureza paranormal tiveram lugar no mundo civilizado de então. Tratava-se dos chamados fenômenos espíritas, que atraíram a atenção da sociedade nessa época. Richet chamou esse período de espirítico e o situou entre 1848, com o surgimento dos acontecimentos experimentados pelas irmãs Fox, até 1872, com William Crookes, que deu início às pesquisas científicas sistemáticas da paranormalidade. Este período caracterizou-se, principalmente, pela manifestação dos fenômenos paranormais relacionados com a presença de possíveis espíritos de pessoas já falecidas. Tratava-se, no entanto, de um fenômeno antigo, que remontava às origens da humanidade, pois encontrava paralelos em quase todas as religiões antigas.

As histórias do neo-espiritualismo* e do espiritismo começa-

---

* Termo normalmente empregado nos países de língua inglesa, que faz referência a uma doutrina próxima, mas não idêntica, ao espiritismo conforme foi codificado por Kardec.

ram em Hydesville, no Estado de Nova Iorque, com as irmãs Fox. Kate e Margareth Fox perceberam a batida de sons surdos pela casa onde moravam. A partir daí, entabularam uma comunicação com o agente causador das batidas e convencionaram um código de ruídos, através do qual estabeleceram uma conversação com ele. O próprio agente, depois de vários contatos, deu informações sobre si. Identificou-se como sendo Charles Rosma, vendedor ambulante de quinquilharias, que fora assassinado em 1843, quando visitava a residência da família Bell, onde foi roubado em quinhentos dólares e em todos os objetos de que era portador. Informou ainda que fora assassinado com uma facada no pescoço, tendo sido usada uma faca de açougueiro, sendo o seu cadáver emparedado numa adega dessa residência.

Tempos antes desta comunicação, o casal Bell mudara-se dessa casa, indo morar no local a família Fox, de formação religiosa metodista.

Foi Kate Fox a pioneira no contato com o espírito do mascate, estalando os dedos das mãos e pedindo-lhe que fizesse ruídos em resposta. A curiosa telegrafia espiritual, que obedecia à convenção de que uma pancada equivalia ao sim e duas ao não, trouxe uma sugestiva evidência da imortalidade da consciência.

Apesar das indicações dadas pelo espírito de Charles Rosma, seu corpo não foi encontrado. Todavia, cinqüenta e seis anos após esses acontecimentos, precisamente em 23 de novembro de 1904, conforme o relato do *Boston Journal*, houve uma tempestade no local e a parede falsa ruiu. Crianças que brincavam nas imediações acharam o esqueleto do mascate.

Estava finalmente comprovada a história do espírito de Hydesville[4].

Do outro lado do oceano, na Europa, mais precisamente na França, havia sido popularizada uma prática a que davam o nome de "mesas girantes". Através dessa brincadeira de salão, os participantes perguntavam aos "espíritos" assuntos de interesse particular. Tal prática foi cedendo lugar a um estudo sistemático e sério levado a efeito por alguns pesquisadores, tendo sido seu maior expoente um pedagogo de nome Leon Hippolyte Denizard Rivail, que adotou o pseudônimo de Allan Kardec. Essas investigações duraram aproximadamente dez anos e propiciaram o desenvolvimento de uma nova doutrina, que foi por ele chamada de espiritismo, para diferenciá-la do termo espiritualismo, mais genérico e em voga na época. Esse corpo doutrinário, foi concebido sobre uma base científica que apoiava suas conclusões na observação dos fenômenos mediúnicos (paranormais), tendo conteúdo filosófico e implicações morais. Assim sendo, o surgimento do neo-espiritualismo e a codificação do espiritismo, caracterizaram essencialmente esse período.

Posteriormente surge, ainda segundo Richet, um outro período, o científico, que teve início com Crookes e se estende até a atualidade, visto que sua principal característica é a utilização do método científico na pesquisa dos fenômenos paranormais.

Sir William Crookes fez várias descobertas nos campos da química e da física, tendo inclusive descoberto o tálio* em 1861. No campo da paranormalidade, fez pesquisas atinentes à materialização tangível de um espírito, que chamava a si mesmo de Kate King, através do uso do ectoplasma da médium Florence Cook, que é a substância semimaterial desprendida do corpo dos médiuns de efeitos físicos. Durante aproximadamente quatro anos consecutivos, fez observações e análises desse fenômeno, utilizando vários recursos técnicos disponíveis em sua época[5].

Florence Cook era uma jovem de apenas quinze anos de idade, dotada de notável faculdade mediúnica. A médium ficava em estado de transe num dos compartimentos da residência de Crookes, onde ele possuía um laboratório de química e um estúdio fotográfico. Dentro de um período que variava entre vinte a sessenta minutos, depois de iniciada a experimentação, adentrava o laboratório de Crookes, que controlava o fenômeno juntamente com outros observadores, uma mulher bem diferente da médium. Houve o mais rígido controle científico, tendo sido constatadas todas as diferenças entre a médium Florence Cook e o espírito Kate King. Foram anotadas as diferenças de estatura, pulsação, cor da pele, forma dos dedos e da pele. Crookes fotografou o espírito mais de quarenta vezes durante aproximadamente quatro anos[6].

A partir daí, o interesse pela pesquisa científica da paranormalidade tomou vulto, com a participação de renomados cientistas, tais como Richet, Lombroso, Meyrs e Bozzano. Desse momento histórico é que surgiram as primeiras tentativas de estruturação de uma nova ciência que cuidasse da investigação desses fenômenos. Na Grã-Bretanha e nos demais países de língua inglesa, recebeu o nome de ciência psíquica; na França e em outros países latinos, de metapsíquica, e na Alemanha, de parapsicologia. Este último termo foi cunhado por Max Dessoir e apresentado ao público por volta de junho de 1889[7]. Mais tarde, em 1930,

---

* Elemento químico de peso atômico 204,39, número 81 e símbolo Tl. Trata-se de um metal mole, parecido com o chumbo, que se encontra distribuído em rochas, minérios, vegetais e em algumas fontes de água mineral, em pequenas quantidades.

Joseph Banks Rhine adotou esse termo para a designação das pesquisas experimentais a que dava início, cunhando também uma nova terminologia, para desvincular seus estudos das conotações já estabelecidas, muitas das quais enfeixadas dentro da metapsíquica. Uma das principais diferenças fazia referência ao método, que para a investigação tradicional era qualitativo e observacional, enquanto para Rhine deveria ser quantitativo e experimental.

Paralelamente, Bekhterev, no Instituto Reflexológico de Pesquisas do Cérebro, local onde Pavlov efetuou suas descobertas e Leonid L. Vassiliev, na Universidade de Leningrado, dedicaram-se também a esta área de pesquisa, criando toda uma plêiade de pesquisadores soviéticos[8].

Entre os anos de 1930 e 1937 ocorreram avaliações e conseqüentes aprovações das técnicas estatísticas utilizadas por Rhine, que foram consideradas irrepreensíveis[9].

De lá para cá, a parapsicologia sofreu um grande desenvolvimento em várias partes do mundo. Tem sido ensinada em universidades de renome internacional, tais como as de Duke, Long Island e da Califórnia, nos EUA; a Universidade de Edimburgh, na Grã-Bretanha; a de Freiburg, na Alemanha Ocidental, dentre muitas outras em várias partes do planeta. Aqui no Brasil, a Faculdade de Ciências Biopsíquicas do Paraná e as Faculdades Integradas Augusto Mota, no Rio de Janeiro, mantêm cursos nesta área. Está firmada hoje internacionalmente, havendo grande interesse pelos seus estudos[10].

Como ficou demonstrado, esses fenômenos fazem parte da natureza essencial do homem, já que estiveram e estão presentes em todos os momentos da história humana. Presentemente, contudo, podem ser estudados cientificamente, e por isso melhor compreendidos, sem os componentes míticos que têm sido a característica distintiva das experiências paranormais nas religiões e seitas tradicionais.

Parapsicologia

Nos estados alterados de consciência ocorrem freqüentemente experiências paranormais, sendo então necessário que adentremos no estudo da paranormalidade, que é objeto da moderna parapsicologia e nada de místico ou religioso possui, como normalmente se pensa em ambientes leigos a essas pesquisas.

A parapsicologia é a ciência atual que se ocupa do estudo da paranormalidade e de suas manifestações, bem como dos demais fenômenos inabituais de ordem psíquica e psicofisiológica.[12]

A paranormalidade é o conjunto das capacidades humanas que permite a aquisição de conhecimentos sem o concurso direto dos órgãos sensoriais, bem como a ação direta da mente na matéria, na qual são provocadas modificações físicas ou químicas.[7]

Depois do 1º Congresso Internacional de Parapsicologia realizado em Utrecht, Holanda, em 1953, foi convencionada uma nova terminologia, proposta por Thouless e Wiesner[1] e que tem sido usada desde então pela maioria dos parapsicólogos. O termo "psi-gamma" foi escolhido para a designação dos fenômenos relacionados com a telepatia, ou a comunicação mental sem o uso dos sentidos; a clarividência, definida como a capacidade que possibilita o conhecimento da realidade objetiva por vias paranormais; a pós e a pre-cognição, ou o conhecimento dos fatos do passado ou do futuro, sem o uso dos meios normais de aquisição de informações. A denominação "psi-kappa" foi a escolhida para os fenômenos da psicocinesia, ou da ação direta da mente sobre a matéria. Podem ser subdivididos em voluntários e em recorrentes espontâneos. No primeiro subgrupo, o paranormal provoca voluntariamente os efeitos na matéria, como no caso de Nina Kulagina[3]. No segundo subgrupo ocorrem *raps*, ruídos sem causa aparente, a parapirogenia ou fogo espontâneo, além do transporte paranormal de objetos e pessoas[14].

Estes últimos ocorrem sem uma explicação racional, a não ser a ação inconsciente de um epicentro, um paranormal, normalmente um adolescente com conflitos emocionais. Dentro dessa fenomenologia, uma vez que esse jovem receba atendimento psicoterápico e seus conflitos sejam resolvidos, normalmente esses eventos deixam de acontecer. Em alguns casos raros, esses epicentros não são encontrados, a não ser muito longe do local em que ocorrem os fenômenos[15].

Mais recentemente, em alguns meios, foi introduzida a denominação "psi-theta"[12], que engloba todos os fenômenos relacionados com a sobrevivência da consciência à morte corporal, fenômenos que vêm sendo pesquisados há mais de um século, desde os tempos da antiga metapsíquica[2 e 13]. Desde o início dos anos 60, a moderna parapsicologia tem promovido pesquisas nessa área, notabilizando-se os trabalhos de Pratt e Louise Rhine[32]. Fazem referência à memória extracerebral, termo usado para designar as lembranças de vidas passadas[33]; à transcomunicação instrumental ou seja, à comunicação feita através de aparelhos eletrônicos com seres que parecem existir num espaço ultradimensional e que se referem a si mesmos como sendo pessoas já falecidas em outras

145

épocas[16]; à OOBE, sigla em inglês de *Out of the Body Experience*, traduzida para o português, fica Experiências [da consciência] Fora do Corpo[10]; e às EQM, "Experiências de Quase Morte", que são OOBEs, em momentos agônicos, nos quais é relatada com freqüência a visão de seres extrafísicos, muitos dos quais identificados com parentes e amigos já falecidos[?].

Desde as mais remotas épocas, o ser humano tem-se deparado com fenômenos psíquicos que fogem aos padrões ditos normais e que ocorrem, freqüentemente, no dia-a-dia da pessoa comum. São pressentimentos de acontecimentos futuros que acabam ocorrendo, a lembrança súbita de alguém que não é visto há muito tempo e que inesperadamente entra em contato com o percipiente. Há ainda a aparição de pessoas mortas, visões de fatos reais distantes no tempo ou no espaço e toda sorte de ocorrências que têm sido creditadas ao folclore dos povos, às religiões ou às práticas místicas.

Como foi demonstrado, contudo, desde o século XIX esses fenômenos têm chamado a atenção de renomados cientistas de diversas áreas, que honestamente têm-se dedicado à pesquisa séria a esse respeito.

Embora o fenômeno paranormal seja de difícil identificação, pois tende a ser negado ou a passar desapercebido devido a bloqueios de natureza cultural, em condições controladas de laboratório pode ser isolado e compreendido em maior profundidade.

Várias obras sobre o assunto têm sido escritas, muitas delas de real valor, mas paradoxalmente algumas pessoas, principalmente nos meios universitários, tendem a rejeitá-las sem um exame mais detido.

A pesquisa parapsicológica, hoje, está na vanguarda do conhecimento humano, descortinando os imensos recursos que estão submersos na consciência, esperando que sejam despertados e venham à tona para contribuir com a libertação consciencial da humanidade.

Devemos agradecer, portanto, aos pioneiros dessa área, que, com coragem e enfrentando muitas vezes as mais fortes adversidades, com freqüência lutando contra forças gigantescas que a eles se opunham, deram início e desenvolvimento a este conhecimento que contribui para a evolução cultural através de uma maior compreensão da natureza humana.

Não é desejável que haja uma aceitação irrefletida das descobertas parapsicológicas, mas a negação pura e simples fere um dos princípios básicos da mente científica, que é o espírito crítico[18], pois, para que o conhecimento evolua, é necessário que haja abertura ao novo e procura da compreensão de verdades que existem independentemente da vontade humana.

146

Ressaltamos um dos fenômenos mais intrigantes e significativos para a TVP, que é o da memória extracerebral ou lembranças de vidas passadas, justamente o traço distintivo desta terapia. Hoje em dia, após mais de duas décadas de minuciosas pesquisas científicas de campo, levadas a cabo por cientistas como Stevenson[19], Banerjee[20] e Hernani Guimarães Andrade[21], que se somaram às descobertas feitas durante mais de um século nessa área[33], deslocou-se o interesse pelas vidas pretéritas da religião para a ciência.

Atualmente, essas vivências referentes a possíveis vidas anteriores não mais se situam apenas nos textos das religiões orientais e doutrinas espiritualistas; são objeto de estudo e pesquisa em ambientes acadêmicos.

Adicionando às investigações de campo as pesquisas experimentais levadas a efeito com o uso da hipnose regressiva, método usado desde o século passado, temos hoje pesquisados alguns milhares de casos, segundo autores de renome internacional[22].

Emergindo como conseqüência desse ambiente cultural moderno e sem preconceitos obliterantes, surge a terapia de vida passada, que, fazendo uso da regressão[23 e 24], adentra agora experiências que parecem aos pacientes relativas a esta e a vidas anteriores, sem que ocorram, conforme relatam seus principais autores, sugestões de tempo, lugar ou situação.

Novos horizontes surgem para o homem moderno. É preciso, portanto, que nasça o homem novo, produto das tranformações culturais pelas quais passa a humanidade. Negar tais descobertas *a priori* é olvidar uma realidade que, segundo esses cientistas, faz parte da natureza humana.

É preciso, sobretudo, estar aberto ao novo, ser flexível nas idéias e adaptável às mudanças, para poder aceitar os grandes desafios que o conhecimento tem oferecido ao homem neste final de século.

Esta ciência estuda um aspecto do ser humano que, se nem sempre foi temido, foi amplamente negligenciado por muitos daqueles que tiveram e têm a possibilidade da pesquisa científica. Nesses anos todos, exaustivos estudos foram efetuados, caracterizados por milhares de observações e experimentações levadas a cabo em várias décadas. Como conseqüência disso, conseguiu-se comprovar, em definitivo, a existência da paranormalidade como um atributo humano.[25]

A parapsicologia surge, então, como a moderna ciência que, fazendo rigoroso uso do método científico, tira suas conclusões de minuciosas observações, experimentações e análises estatísticas, demonstrando de modo indubitável a presença na personalidade humana de um fator que supera as leis conhecidas da física quando em manifestação observável. Massa, causalidade, tempo e espaço demonstraram não interferir nessa realidade. E esta conclusão surge como decorrência de pesquisas feitas em vários anos, e não como uma hipótese elaborada aprioristicamente.

Embora seja esta a mais nova das ciências humanas, seus enunciados têm sido formulados a partir das mais exigentes experimentações e observações científicas.

Estados alterados e transpessoais de consciência

Na TVP o trabalho é feito basicamente num estado de transe superficial, diferenciado portanto do estado normal de vigília, pois tem características próprias. O paciente em TVP conhece a si mesmo a partir de um estado alterado de consciência, EAC, que se caracteriza por ser ampliado, consciente, introspectivo, ativo e regressivo.

É ampliado porque permite ao cliente conhecer o que ocorre em seu inconsciente, possibilitando-lhe, inclusive, manifestações de cunho paranormal. Segundo posição aceita na parapsicologia moderna, a PES, percepção extra-sensorial, obedece a mecanismos inconscientes, sendo, por isso, seu controle consciente extremamente difícil. O sensitivo ou paranormal tende a manifestar seus dotes durante um certo período, mas muitas vezes pode vir a perdê-los de uma hora para outra, dando um nível de respostas na experimentação com as cartas ESP* dentro dos limites da normalidade. Para melhor ilustração, ver Rhine, que fez estudos sobre alterações no nível de respostas dos sensitivos[25].

Não se deve entender com isso que todos os pacientes possam apresentar manifestações de cunho paranormal, mas sim que alguns deles, por possuírem um potencial maior de paranormalidade, poderão manifestar vivências desse tipo, conseguindo experiências que vão além das que conseguem obter no estado normal de vigília.

Nesse estado, podem relatar experiências ultradimensionais, ou seja, falam de ocorrências que para eles provêm de uma dimensão extrafísica e interpenetrada nesta. Algumas vezes, podem fazer referência à presença de seres extrafísicos de diferentes tipos, muitos dos quais lhes parecem pessoas já falecidas. Falam ocasio-

---

* Baralho de vinte e cinco cartas, de cinco naipes diferentes: círculo, quadrado, ondas, estrela e cruz, usado na pesquisa experimental dos fenômenos psi-gamma.

nalmente da presença de parentes e amigos que já se despediram desta existência física e que querem ajudá-lo.

Extraímos do texto de Kenneth Ring[26] as transcrições dos excertos que vêm a seguir e que ilustram algo do que acabamos de expor:

"A dor de cabeça martelante, a náusea e o vômito que ocorreram me forçaram a deixar o meu corpo. Viajei para outros espaços e encontrei outros seres, entidades ou consciências. Encontreime com duas delas, que haviam se aproximado de mim através de um grande espaço vazio e me olharam, me sentiram e me transmitiram pensamentos de orientação e de ensinamentos...".

Este trecho relata uma experiência de alteração da consciência, experimentada por um paciente hospitalizado e gravemente enfermo. Adiante, ele relata o seguinte:

"...Dizem-me que ainda não é tempo de eu deixar permanentemente o meu corpo, que eu ainda tenho uma opção de voltar a ele..."; e ainda: "Não existe qualquer necessidade para um ato de fé; é daquela maneira e eu a aceito".

"Dizem-me que são os meus guardiães, que eles estiveram comigo anteriormente...".

Como ficou claro, tratava-se de uma experiência benéfica, que incluía alguma forma de ajuda. Em alguns casos, o paciente expõe também a percepção de outros, que, conforme ele percebe, atuam no sentido de prejudicá-lo, interferindo no processo terapêutico por uma espécie de intromissão telepática.

Referimo-nos em páginas anteriores deste mesmo capítulo às pesquisas dos fenômenos psi-theta. Dentre eles, para uma maior compreensão desse tipo de experiência, citamos as Experiências Fora do Corpo, quando o sensitivo ou médium vê a si próprio fora do corpo, muitas vezes mantendo contato com seres extrafísicos; além dos casos de Experiência de Quase Morte, nos quais freqüentemente é relatada a presença de seres incorpóreos, muitos dos quais identificados com parentes e amigos já falecidos e, finalmente, os de transcomunicação nos quais são utilizados aparelhos eletrônicos modernos, ou mesmo sensitivos, para o estabelecimento de contato com essas prováveis individualidades[10, 16 e 17].

Fantasia ou não, dois pontos devem ser considerados: primeiro, que essas vivências parecem ser vividamente reais para quem as experimenta; e, segundo, porque muitos deles, quando se dizem libertos da ação desses seres, passam a regredir normalmente, entrando em contato com suas mais profundas emoções, lembranças e motivações, gerando as modificações interiores necessárias para a promoção de seu bem-estar.

Não é fácil determinar se se trata de um conteúdo simbólico

da resistência, ou realmente uma experiência ultradimensional, visto que podem ser apresentadas argumentações nos dois sentidos. O fato é que esta libertação, experiencialmente vivida como real, é o prenúncio do crescimento interno do paciente.

No entanto, sem que tomemos uma posição definitiva sobre esse ponto, fica testemunhado um relato com que, em maior ou menor grau, todos os terapeutas que trabalham com estados alterados de consciência podem se deparar um dia ou outro[26].

Outra característica desse estado é o de ser também consciente, pois ao paciente é possível saber o que está ocorrendo com ele e com o ambiente, podendo julgar e atribuir valores à sua experiência.

O nível de transe normalmente estabelecido é o hipnoidal, diferenciado, pelas suas características, da hipnose profunda[27].

Edith Fiore[24] relata que, utilizando a hipnose clássica, descobriu casualmente que seus pacientes às vezes manifestavam vivências regressivas a outras vidas. Inclusive cita casos de pacientes profundamente hipnotizados que tiveram seus sintomas eliminados por esse meio.

Não discordamos de que o uso da hipnose regressiva em níveis mais profundos permita um trabalho proveitoso e de bons resultados nesse sentido[36]. O que colocamos é que não é necessário que o paciente atinja esses níveis para regredir a estágios passados de sua vida e então superar suas dificuldades.

Normalmente a terapia é desenvolvida dentro de um nível de consciência que não envolve as alterações próprias dos níveis hipnóticos mais profundos[27].

Como ilustração, podemos transcrever um trecho de um texto apresentado por Netherton à página 24 de seu livro[23]. Diz ele: ".....Nossa primeira tarefa em qualquer sessão, claro está, é obter a exposição dos acontecimentos: voltar atrás aos incidentes que o inconsciente gravou. Muitos psicólogos têm trabalhado para esse objetivo utilizando-se do hipnotismo e da sugestão, mas tenho constatado que esse método prejudica o paciente. Entrega ao terapeuta o controle necessário, mas não é capaz de desenvolver uma atitude positiva para apagar o acontecimento no inconsciente. Quem deve fazer esse trabalho há de ser sempre o paciente, não o terapeuta. Para conseguir isso, o paciente precisa estar plenamente consciente do que está sendo reproduzido e de como aquilo o afeta".

Conquanto concordemos com Netherton quando diz que é preciso que o paciente esteja plenamente consciente para poder elaborar o conteúdo que emerge de seu inconsciente, discordamos dele quando supõe que o hipnotismo extrai do paciente a capacidade de julgamento, pois, nos níveis mais superficiais e principalmente no hipnoidal, o paciente pode refletir e ter os *insights* necessários à sua recuperação. Cremos que ele, implicitamente, faz referência apenas aos estágios mais profundos da hipnose.

Assim sendo, todo o controle dos processos mentais que uma pessoa tem em estado normal de vigília, o paciente em sessões de transe superficial em TVP também possui, podendo contribuir ativamente para o que lhe ocorre. Logo, esse estado de consciência é ativo também, porque, estando plenamente consciente e, mais que isso, vivendo um momento de expansão da consciência, o paciente participa ativamente do que lhe ocorre, podendo mudar antigas decisões e tomar novas, ter *insights* das relações entre suas experiências passadas e seu comportamento atual, bem como cooperar conscientemente na busca de uma maior autocompreensão.

Exerce ativamente um trabalho sobre si mesmo, participando com o terapeuta de sua recuperação e de seu desenvolvimento. Nisso consiste, então, a sua responsabilidade na cooperação em prol das transformações que experimenta.

Podemos exemplificar essa atitude ativa do paciente num pequeno excerto de um caso no qual a paciente tinha grande dificuldade de manter um bom relacionamento com um homem[23]. Citamos o seguinte trecho da sessão:

Ann: "Estou grávida. É inútil. É de um homem a quem não amo. Somos ambos grandes e desajeitados, e o bebê também será assim. Ninguém irá amá-lo."

Dr. Netherton: "Repita."

Ann: "Ninguém jamais irá amá-lo."

Dr. Netherton: "Certo. Que vem a seguir?"

Ann: "Aperto. Uma compressão pelas minhas costas. É aquele esmagamento outra vez. O mesmo esmagamento. Uma voz dizendo: Lindos olhos grandes, mas tudo o que sinto é essa pressão. Não consigo respirar. Está melhorando agora, mas estou assustada. Está melhorando. Está muito claro. Estou assustada. É a sala do parto. Acabo de chegar."

Dr. Netherton: "Bem, você sente nesse momento alguma ligação com algumas das coisas com que vimos trabalhando? Vê, ouve ou sente algo que a mantenha vinculada a esses incidentes?"

Neste momento, o terapeuta a interroga esperando que ela participe consciente e ativamente da elaboração desses conteúdos e modifique suas disposições.

Continuando então nesse processo:

Ann: "Não."

Dr. Netherton: "Certo. E o que sente agora?"

Ann: "Muito calma. Muito... [Aqui ela abre os olhos.] Sinto-me ótima. Muito tranqüila."

Como podemos notar, num primeiro momento ela avalia sua situação, e num segundo situa-se plenamente no presente, decidindo o momento em que ocorre a suspensão da sessão regressiva.

Além disso tudo, esse estado caracteriza-se por ser introspectivo, porquanto o paciente volta-se predominantemente para o seu interior, promovendo o autoconhecimento, sem no entanto perder o contato com a realidade externa. Volta sua atenção para dentro de si mesmo, isto é, para suas emoções, somatizações, imagens, recordações e pensamentos, expressando mímica e oralmente o que lhe está acontecendo.

Os exemplos citados anteriormente são suficientes para a ilustração desta característica.

Por fim, entendemos que esse estado é regressivo, pois dirige-se ao passado para promover uma melhor compreensão do presente. Há a evocação de fatos verdadeiramente ocorridos na existência atual, que surgem ao nível consciente do cliente, de modo a não lhe deixar dúvidas quanto à sua autenticidade. Esses mesmos fatos são com freqüência verificados junto a pessoas mais velhas que o paciente, que confirmam a exatidão das lembranças que amiúde fazem referência a momentos de tenra idade. Juntamente com a recordação dessas experiências, acontecem outras, que para ele parecem ser de vidas passadas. Vêm muitas vezes carregadas de fortes emoções. Essas lembranças ou vivências surgem sem que tenham sido dadas sugestões de tempo, local ou situação.

Isto constitui o que de mais distintivo caracteriza esta terapia. Aceita, portanto, o tratamento de vivências que normalmente não fazem parte das que quotidianamente caracterizam a vida da pessoa.

Como exemplo, podemos apresentar um pequeno trecho de um caso atendido por Edith Fiore:

Dra. F.: "Em que país vive?"

P.: "Suécia?... Suécia."

Dra. F.: "Como se chama a sua cidade? Vive perto da cidade?"

P.: "Não. Vivemos... vivemos no campo."

Dra. F.: "Vive perto de alguma cidade?"

P.: "Hum... não é muito perto... Vem-me ao espírito... Knightstown."

Dra. F.: "Pode descrevê-la? Consegue vê-la daí, onde está sentada?"

P.: "Não, é muito longe."

Dra. F.: "Que ano é, Kimberly?"*

---

* Nome dado anteriormente pela paciente como sendo seu na vida passada que estava descrevendo.

P.: "Hum."

Dra. F.: "Isso surgir-lhe-á quando eu contar até três. Um... dois... três."

P.: "Mil oitocentos e qualquer coisa... mil oitocentos e vinte e cinco, veio-me à cabeça."

Fica claro que a paciente fazia a narração de uma experiência que para ela parecia ser de uma vida anterior, sem que a terapeuta desse qualquer sugestão a esse respeito, não influindo, portanto, nesses mesmos conteúdos, que eram a expressão do inconsciente da própria cliente.

Embora não esteja na maioria das vezes profundamente hipnotizado, não se pode dizer que o paciente em TVP esteja em vigília, já que sua consciência está alterada em relação aos padrões normais.

Cabe ao terapeuta aceitar e não julgar esses conteúdos, atribuindo falsidade ou veracidade a essas afirmações. Deve, ao contrário, aceitá-los, respeitando integralmente seu paciente, permitindo-lhe quaisquer manifestações, a fim de que, como autor de sua experiência, possa elaborar as modificações necessárias em sua personalidade.

Para Rogers[28], uma das características essenciais da relação de ajuda é a aceitação incondicional. O terapeuta torna-se um facilitador do crescimento pessoal de seus clientes, na medida em que cria um clima permissivo, não ameaçador, no qual eles podem explorar abertamente seus sentimentos e atitudes.

As atitudes de rejeição, julgamento ou impessoalidade tendem a bloquear a manifestação dos sentimentos e por conseguinte o autoconhecimento.

O terapeuta de vida passada aceita as expressões de seus pacientes, sejam elas quais forem, desta ou de outras vidas, pois são manifestações *sentidas* como reais e qualquer tentativa de bloqueá-las seria percebida como uma rejeição, prejudicando o processo de desenvimento interior. Não há nenhum motivo para não aceitar e não permitir a livre manifestação de lembranças que para o paciente parecem ser de vidas anteriores, como não há qualquer sentido em bloquear outras vivências relativas à atual existência.

Interromper sua livre expressão é, no mínimo, destrutivo.

Nada mais justo, portanto, do que o terapeuta *aceitar* as manifestações que parecem aos seus pacientes provirem de vidas passadas, da vida intra-uterina, do parto ou de quaisquer outros momentos da vida atual, bem como todas as outras, muitas das quais, por força da própria ampliação momentânea da consciência, parecem mostrar a presença e a ação interferente, benéfica ou prejudicial, de seres que existem num universo provavelmente extrafísico. E isto nada tem a ver diretamente com a religião, porquanto trata-se de vivências que surgem espontaneamente no universo fenomenológico do paciente.

Pelo menos é uma hipótese que deve ser discutida e verificada, pois emerge do próprio trabalho terapêutico, não tendo sido estabelecida *a priori*. Por outro lado, é preciso que o terapeuta esteja atento ao significado que essas experiências têm para o paciente e a sua influência no processo terapêutico.

Embora pesquisas da parapsicologia apontem nessa direção, não se pode descartar a possibilidade de que sejam fantasias. No entanto, entender como inexistente tudo aquilo que não é compreendido perfeitamente, ou que não está inserido no quadro de referência interno do observador, é não estar aberto a possibilidades novas, que estão além dos limites do conhecido.

Corroborando esta posição, a história da ciência é prodigiosa em apresentar mudanças no *status quo* das "verdades estabelecidas". Com a microbiologia, Pasteur revolucionou a medicina e a biologia de sua época, mudando a concepção do microcosmo orgânico; Einstein substituiu a visão newtoniana-cartesiana do universo, demonstrando a existência de um *continuum* entre matéria e energia; Freud descortinou os imensos recursos ocultos do inconsciente, contribuindo para que fosse reelaborada a visão do homem aceita até então; Marx demonstrou a ação das forças econômicas na cultura e nas relações da sociedade; Galileu modificou a concepção geocêntrica, colocando a Terra em seu devido lugar na concepção da dinâmica dos astros.

Depois de novas descobertas, verdades aceitas e tidas como imutáveis foram substituídas por outras, muitas vezes com muita luta e esforço por parte daqueles que as descobriram. Passam então, num determinado momento histórico, a ser uma expressão mais aproximada da realidade e assim, frente a novos avanços da ciência, passíveis de serem modificadas por sua vez.

Por tudo isso, só resta ao cientista e ao terapeuta uma atitude: a humildade de reconhecer a sua pequenez e a sua falibilidade frente ao Homem e à natureza, sem jamais colocar seus interesses ou crenças de qualquer tipo acima da verdade que os fatos por si só apresentam.

Frente a tudo isso, fica a pergunta: em que categoria pode ser classificado este tipo de estado alterado de consciência (EAC)?

Por tudo o que sabemos a esse respeito, só podemos enquadrá-lo no *nível das experiências transpessoais*, pois possui muitas características desse estado[11]. Lembranças embrionárias, fetais, bem como de vidas anteriores, de acordo com Grof[29] fazem parte das experiências transpessoais. As demais, tais como as de contato com seres extracorpóreos, de saída da consciência fora do corpo (OOBE) e de percepção extra-sensorial, não fazem parte costumeiramente das sessões de TVP, mas, devido à alteração da consciência, bem como às predisposições paranormais de alguns pacientes, podem ocorrer naturalmente.

Um livro que pode ser consultado para maiores esclarecimentos a esse respeito é o de Márcia Tabone[30], o qual traz uma síntese das principais contribuições no campo da psicologia transpessoal.

Além disso, essas mesmas experiências propiciam um maior nível de integração, desenvolvimento e bem-estar nas pessoas, contribuindo decisivamente para a sua saúde mental. Nada de psicopatológico, portanto, existe, visto que durante e após esse estado o indivíduo atinge níveis maiores de crescimento pessoal, aceitação e compreensão da realidade.

Fica claro, mais uma vez, que a única relação que pode ser estabelecida com a psicopatologia é a de que esta terapia contribui decisivamente para a superação das dificuldades e problemas psíquicos de fundo emocional. É particularmente útil no tratamento de toda uma vasta gama de distúrbios emocionais e psicossomáticos[23], não servindo no entanto à resolução de todos os males.

Não é o objetivo deste capítulo fazer a apresentação dos resultados terapêuticos conseguidos através da TVP. Para isso, indicamos a leitura de publicação recente efetuada em nosso meio, e que diz respeito a uma pesquisa introdutória nessa área[27].

Conclusão

Vimos neste capítulo como a paranormalidade tem sido entendida na história humana, desde o período mítico, que teve suas origens nos primórdios da humanidade, até o científico, que predomina nos dias de hoje, passando pelo magnético e o espirítico. Compreendemos, então, que a paranormalidade tem sido uma manifestação que acompanha a experiência humana na Terra e nada tem de anormal ou sobrenatural, sendo, nada mais, nada menos, do que um dos muitos atributos do Homem.

Em decorrência disso, apresentamos um resumo do que é a parapsicologia moderna, enfatizando suas principais descobertas e sua metodologia, bem como sua utilidade enquanto recurso de conhecimento auxiliar para todos os terapeutas.

Adentramos o estudo do estado alterado de consciência em

TVP e observamos que ele tem elementos pessoais e transpessoais que, combinados, propiciam melhoras consideráveis na saúde mental dos pacientes. Ficou claro que essas experiências ocorrem dentro de um EAC, que se caracteriza por ser ampliado, consciente, ativo, introspectivo e regressivo.

Explanamos, contudo, a relevância das pesquisas sobre a paranormalidade, antigas e modernas, como subsídio para uma melhor compreensão das vivências que ocorrem nas sessões desta forma de terapia.

Por fim, entendemos que ela representa um passo a mais no descobrimento de verdades que possam cada vez mais ajudar na libertação da consciência humana.

Bibliografia

1) ANDRADE, H. G. — *Parapsicologia experimental*. São Paulo, Pensamento, s/d.

2) RICHET, C. — *Tratado de metapsíquica*. São Paulo, Lake, s/d, tomo I.

3) FARIA, O. A. — *Parapsicologia — panorama atual das funções psi*. Rio de Janeiro, Atheneu, 1981.

4) DOYLE, A. C. — *História do espiritismo*. Trad. Júlio Abreu Filho. São Paulo, Pensamento, s/d.

5) CROOKES, W. — *Fatos espíritas*. Trad. Oscar D'Argonnel. Rio de Janeiro, FEB, s/d.

6) GODOY, P. A. — *Anuário Espírita*, 1966, p. 94.

7) PAULA, J. T. — *Dicionário enciclopédico ilustrado — espiritismo, metapsíquica, parapsicologia*. Porto Alegre, Bels, 1976.

8) EBON, M. — *Parapsicologia: segredo dos russos*. Trad. Clóvis Paiva. Rio de Janeiro, Artenova, 1973.

9) RHINE, J. B. — *Novas fronteiras da mente*. Trad. Leonidas Gontijo de Carvalho. São Paulo, Ibrasa, 1965, cap. 7.

10) VIEIRA, W. — *Projeciologia*. Rio de Janeiro, publicação especial, 1986.

11) TART, C. A. — "Fundamentos científicos para o estudo dos estados alterados de consciência", in *Pequeno tratado de psicologia transpessoal*. Petrópolis, Vozes, 1978, tomo II, cap. 3.

12) PIRES, J. H. — *Parapsicologia hoje e amanhã*. São Paulo, Edicel, 1987.

13) ZÖLLNER, J. K. F. — *Provas científicas da sobrevivência*. Trad. João Teixeira de Paula. São Paulo, Edicel, 1978.

14) ANDRADE, H. G. — "O Poltergeist de Guarulhos". Monografia n.º 6. São Paulo, publicação especial do IBPP, 1984.

15) _____ — "O Poltergeist de Suzano". Monografia n.º 5. São Paulo, publicação especial do IBPP, 1982.

16) _____ — "O Caso Ruytemberg Rocha". Monografia n.º 1. São Paulo, publicação especial do IBPP, 1980.

17) MOODY JR., R. A. — *Vida aepois da vida*. Trad. Rodolfo Azzi.

São Paulo, Círculo do Livro, s/d.

18) CERVO, A. L. & BERVIAN, P. A. — *Metodologia científica*. São Paulo, McGraw-Hill, 1978.

19) STEVENSON, I. — *Vinte casos sugestivos de reencarnação*. Trad. Agenor Pegado e Silvya Melle Pereira da Silva. São Paulo, Difusora Cultural, 1970.

20) BANERJEE, H. N. — *Vida pretérita e futura*. Trad. Sylvio Monteiro. Rio de Janeiro, Nórdica, s/d.

21) ANDRADE, H. G. — *Reencarnação no Brasil*. Matão, O Clarim, 1988.

22) WAMBACH, H. — *Recordando vidas passadas*. Trad. Octávio Mendes Cajado. São Paulo, Pensamento, s/d.

23) NETHERTON, M. & SHIFFRIN, N. — *Vidas passadas em terapia*. Trad. Agenor Mello Pegado e Thereza dos Reis. Itapetininga, ARAI-JU, 1984.

24) FIORE, E. — *Já vivemos antes*. Trad. Maria Luísa Ferreira da Costa. Póvoa de Varzim, Portugal, Publicações Europa-América, s/d.

25) RHINE, J. B. — *O alcance do espírito*. Trad. E. Jacy Monteiro. São Paulo, Bestseller, 1965, cap. XI, p. 186-187.

26) RING, K. — "Uma visão transpessoal da consciência". In: *Pequeno tratado de psicologia transpessoal*. Petrópolis, Vozes, 1978, tomo I, cap. 3, p. 78.

27) PINCHERLE, L. T. & outros — *Psicoterapias e estados de transe*. São Paulo, Summus, 1985.

28) ROGERS, C. R. — *Tornar-se pessoa*. Trad. Manuel José do Carmo Ferreira. São Paulo, Martins Fontes, 1977.

29) GROF, S. — "Variedades das experiências transpessoais: observações da psicoterapia com LSD", in *Pequeno tratado de psicologia transpessoal*. Petrópolis, Vozes, 1978, cap. 3.

30) TABONE, M. — *Psicologia transpessoal*. São Paulo, Cultrix, 1988.

31) HILGARD, E. R. & ATKINSON, R. C. — *Introdução à psicologia*. Trad. Dante Moreira Leite. São Paulo, Ed. Nacional, 1979.

32) RHINE, L. E. — *Canais ocultos do espírito*. Trad. E. Jacy Monteiro. São Paulo, Bestseller, 1966.

33) MULLER, K. E. — *Reencarnação baseada em fatos*. Trad. Harry Neredig. São Paulo, Edicel, 1978.

34) LYRA, A. — *Parapsicologia e inconsciente coletivo*. São Paulo, Pensamento, s/d.

35) HEYDECKER, J. J. — *Fatos da parapsicologia*. São Paulo, Freitas Bastos, 1984.

36) McCLAIN, F. W. — *Guia prático de regressão a vidas passadas*. Trad. Regina Maria Cruz Camargo. São Paulo, Siciliano, 1989.

37) WILLISTON, G. & JOHNSTONE, J. — *Em busca de vidas passadas*. Trad. J. E. Smith Caldas. São Paulo, Siciliano, 1989.

Desdobramento e vivências extracorpóreas (um estado de vigília transistencial)

Tirço José Merluzzi Filho

Desde os primórdios da civilização o homem tem-se preocupado com aquilo que acontece depois da morte e com o que se dá com ele durante o sono. A ciência oficial tem ainda poucas respostas para essas duas grandes incógnitas.

Inúmeras vezes pessoas têm relatado que durante o sono têm a impressão de experimentar um desdobramento do eu. Isto significa uma duplicação da imagem corporal. Uma parte permanece lá, com suas funções fisiológicas e regida por "leis físicas", enquanto outra parece penetrar numa *dimensão diferente*, onde é capaz de volitar e onde parece possuir uma maior plasticidade.

Esse fenômeno é conhecido como *viagem astral* ou *extracorpórea*. Hoje em dia têm-se ouvido com mais freqüência esses relatos.

As pessoas que referem experiência em viagem astral relatam ainda que nesse lapso entram em contato com pessoas de suas relações já falecidas.

Infelizmente, tais informações em sua maioria ficam restritas ao ambiente familiar, e a ciência oficial nada tem relatado a respeito, talvez por se tratar apenas de um fenômeno subjetivo, sem correspondente que possa ser captado por aparelhos de medição, mesmo em laboratórios de sono.

Talvez no futuro novos pesquisadores consigam penetrar nesse mistério, desde que universidades como a UNICAMP, de Campinas, ou a Universidade de Brasília têm-se mostrado mais abertas a fenômenos antes restritos ao "ocultismo".

A especialidade que estuda o assunto chama-se *projeciologia*.

Definição: *Projeciologia* é o ramo, subcampo, ou subdisciplina da ciência humana, parapsicologia, que trata das projeções energéticas da consciência (duplo etérico) e das projeções da própria consciência — através do psicossoma e do corpo mental — para fora do corpo humano, ou seja, das ações da consciência que operam fora do estado de restringimento físico do cérebro e de todo o corpo biológico.

Esta é a definição que Valdo Vieira dá em seu magnífico livro sobre o assunto, no qual afirma que se trata de um conhecimento tão antigo quanto a história, pois, já no antigo Egito (5004-3064 a.C.), se prestava o culto aos mortos através do *kha*, o duplo, o psicossoma.

Inserimos aqui algumas linhas sobre a projeção astral, pois não é raro que ela nos seja referida por clientes que nos procuram e que às vezes, assustados, nos perguntam o que vem lhes acontecendo quando o fenômeno se dá espontaneamente.

Técnica

Provavelmente, qualquer pessoa pode ter voluntariamente experiências extracorpóreas, que todavia podem surgir espontaneamente e mesmo em estado de vigília, em doentes graves ou sob o impacto de grande emoção.

O treinamento inicial pode ser realizado a qualquer hora, mas parece ser mais fácil durante a madrugada, entre três e quatro horas.

É importante estar bem acordado e aconselho a ingestão de um copo de água.

1) Iniciar com um relaxamento gradual em decúbito dorsal.

2) Cobrir-se com cobertor para não esfriar demais.

3) Braços ao lado do corpo, com as palmas das mãos viradas para baixo.

4) Pés afastados trinta centímetros aproximadamente.

5) Relaxar inicialmente a face, respirando pela boca para afrouxar a mandíbula e secar as mucosas, evitando excesso de salivação.

6) Podem surgir prurido, formigamento ou alguma sensação dolorosa, que tendem a desaparecer com o relaxamento.

7) Peso, perda sensória de certas regiões do corpo e visão de círculos, coloridos ou não, que parecem formar um cone no espaço (principalmente se houver certa iluminação do local).

8) O fluxo do pensamento diminui.

9) Após cerca de duas horas, virar lentamente o corpo em posição normal de dormir, penetrando em estado de sono, que desaparecerá com a penetração em plano astral.

Propostas profundas de realizar uma obra benéfica facilitam a experiência e o estado de concentração.

É importante perder o medo do desconhecido, de não saber voltar ou de desestruturar-se. Isto não acontece, ou melhor, a desestruturação reformula uma estruturação melhor do ponto de vista terapêutico. Durante o sono normal, mesmo sem o saber, freqüentemente vamos ao astral e voltamos.

Podemos ter encontros com entidades protetoras que nos orientarão. Podemos cruzar com espíritos encarnados também em viagem astral, ou desencarnados há tempo. Recebemos ensinamentos, assistimos a cultos religiosos ou tratamentos. Podemos ir ao passado ou ao futuro, se isso for predeterminado. Certa ocasião, eu me vi prestando socorro a um jovem caído no chão. A cena preocupou-me durante dois anos, até que ela aconteceu quando tive que socorrer um rapaz que havia sido eletrocutado.

Podem acontecer vivências regressivas, úteis para uma redecisão. Certa vez, enquanto eu fazia uma viagem astral, me vi com as mãos enroladas num terço preto com um crucifixo. Entrei num quarto em penumbra, iluminado apenas por uma espécie de abajur que emitia uma luz fosforescente. Senti que me dirigiram a uma cama, e que alguém segurava minha cabeça por trás e a seguir tocava minha fronte. Repentinamente, percebi que estava num local com pilares altos. Talvez Roma antiga. Olhei para mim e vi que tinha braços grossos e fortes, e que era bem mais alto e robusto. Diante de mim estava um homem também alto, porém calvo e gordo. Senti que avancei em sua direção e o golpeei inúmeras vezes, até que ele caiu morto no chão. Logo depois dessa visão, voltei ao meu corpo físico, sentindo a cena nítida em mim.

Naquele tempo eu não tinha ainda tomado contato com as terapias de regressão, mas percebi que me haviam mostrado uma encarnação anterior, em que eu fora assassino, e que isso se dera na época dos primórdios do cristianismo. Foi uma tomada de consciência muito forte. Isso me explicou o grande interesse que sempre tive por filmes dessa época.

Quero aqui responder a algumas perguntas que costumam me fazer quando falo nas experiências extracorpóreas.

1) Muitas pessoas me perguntam o que pode ocorrer fisicamente durante um desdobramento. Nada que seja muito sério. Todavia, podem surgir sintomas tais como tremores palpebrais, irritabilidade, depressão passageira, tristeza, formigamentos, náuseas, sonolência excessiva, arrepios, dor no corpo. Às vezes, todavia, podem surgir tiques, como também aparecimento ou desaparecimento súbito de alguma doença. Tudo isso é todavia apenas transitório e não obriga a uma parada das comunicações com o plano astral.

161

2) Outro esclarecimento interessante diz respeito à passagem do tempo nessa outra dimensão. Numa de minhas viagens extracorpóreas vi-me na frente de um grupo de jovens desencarnados, e, ao perguntar a um deles há quanto tempo lá estava, ele virou-se para um companheiro e disse: "Como é mesmo a regra da conversão?" Após receber uma informação que não entendi, respondeu-me: "Sou de Sabará e estou desencarnado há um ano".

3) Com que forma vamos ao astral? A forma que mantemos fora do corpo pode ser a atual, a de qualquer de nossas encarnações anteriores, ou de outra idade, pois o corpo astral tem uma qualidade que chamo de plasticidade.

4) Ao sair do corpo, encontramos o nosso protetor (espírito guia, ou qualquer outro nome que se lhe dê). Às vezes, se ele considerar útil, poderá surgir ou ser apresentado por outrem.

5) Se todas as pessoas durante o sono fazem desdobramentos, para onde vão? A maioria fica ligada à esfera terrestre. Assim, um padeiro poderá ir à padaria, um pesquisador ao laboratório e uma criança à escola ou ao local que freqüenta normalmente durante o dia.

6) Quanto tempo podemos permanecer no astral? Em desdobramentos duradouros sentimos que de vez em quando temos que voltar ao corpo, nem que seja apenas por um instante.

Um fato que me parece curioso é que às vezes no astral me acontece de ouvir uma programação de rádio normal.

Relato completo de minha primeira experiência no astral

Vou relatar uma experiência muito lúcida que vivenciei, sentindo-me plenamente vígil.

Há alguns anos estava de plantão como médico de um hospital psiquiátrico. Fui acordado na madrugada para atender a um paciente, e ao voltar não conseguia conciliar o sono. Tentei relaxar e, ao virar-me de lado, percebi que não sentia mais meu corpo físico e que não identificava em que posição estava. Mantinha-me plenamente consciente. Subitamente, adormeci por alguns instantes e comecei a sonhar que minha cabeça se movimentava para a frente e que minha boca tentava alimentar-se. Acordei sentindo-me fora do corpo físico.

Nunca experimentara tal sensação antes. Não senti pânico, porque fui invadido por uma indescritível plenitude espiritual. Lembro-me de que um pensamento me ocorreu: "Sou realmente um espírito"

Olhei para baixo e não vi nenhum corpo. Percebi que não respirava, entretanto continuava no mesmo quarto. Ouvi vozes de pessoas, mas não via ninguém. Num determinado momento, captei a voz do enfermeiro supervisor que eu havia encarregado de me chamar às cinco horas da manhã: "Doutor, está na hora do senhor acordar". Fiquei tão preocupado de como voltaria ao meu corpo físico, que somente então percebi estar atrás de mim, deitado na cama. Senti que uma mão tocava a minha. Segurei-a e imaginei tratar-se de um "protetor", que talvez telepaticamente compreendera minha aflição. Fui levado através dos cobertores ao meu corpo, e mesmo durante a travessia continuei enxergando o quarto. Mas notei que a mobília que eu via antes não era a mesma e nem mesmo o local da porta nem o assoalho. A mudança ocorreu de um modo súbito.

Vi-me encaixado no corpo, de olhos abertos, e notei que a visão do quarto com a mobília diferente se dera através de um "olho" situado na região frontal. Notei também que, não sei quando, havia mudado de decúbito. Antes eu estava deitado do lado esquerdo, e agora, ao voltar, do lado direito. Levantei-me, chamei o enfermeiro e perguntei-lhe o que estava fazendo. Fiquei surpreso com a resposta de que estava procurando no posto a anotação, pois não lembrava a hora em que deveria me chamar.

Temos então duas memórias. Uma física e uma astral. A física poderia reter a memória ocorrida em outro plano. Por que isso? Será que é para lembrarmos de que na terra estamos apenas de passagem por uns curtos espaços de tempo, para realizar experiências íntimas?

Na vida física, sou médico e tenho experiência mediúnica. Também no plano astral tenho atividade similar em esferas diferentes...

Essas esferas são como camadas de uma cebola. Quanto mais altas, tanto mais leves e transparentes.

As mais próximas da terra têm uma constituição semelhante a esta, com suas casas e seus hospitais, etc. (Isso explicou-me a "mudança" dos móveis e do quarto na primeira experiência.) Os locais podem ser próximos aos físicos. Às vezes encontro no astral pessoas que na terra necessitam de cuidados por problemas espirituais. Vi certa vez um paciente oligofrênico ser levado durante o sono a uma distância de uns onze quilômetros, para um hospital que estava no astral, sobreposto a um outro hospital na terra. Lá ele recebia tratamento como aqui, mas naquele plano tinha ainda mais dificuldade de deambular, tinha maiores limitações, pois até a alimentação ele recebia deitado, o que não era necessário aqui.

163

Ao deslocar-me nesses planos encontro casas, escolas e inúmeras instituições semelhantes às da terra, e sinto que tudo isso está a uns trinta quilômetros de altura. Lá podemos nos deslocar por volitação, como por meio de um transporte que chamo de aerobus. A capacidade de um espírito para a volitação é diretamente proporcional ao seu nível de capacidade intelectual. Ir para cima depende da força moral do espírito. Isto pode crescer com sucessivas encarnações.

Há espíritos presos em cavernas subterrâneas ou abaixo dos mares que sabem volitar, mas não têm condições morais para subir. Seu envoltório espiritual é mais denso.

Existem inúmeras cidades astrais, e não esqueço uma chamada Eternidade, onde está a Instituição de Gil Gomes, bem em cima do Rio de Janeiro. Jesus está acima de Minas Gerais onde eu me encontrei com Dionésio; Eternidade e Santa Cruz, próximas a Recife.

Bibliografia

1. MONROE, R. A. — *Viagem fora do corpo*. 5.ª ed. Rio de Janeiro, Record, 1972.
2. BLACKMORE, S. J. — *Experiências fora do corpo*. São Paulo, Pensamento, 1982.
3. MOODY, R. A. M. — *Vida depois da vida*. São Paulo, Círculo do Livro, s/d.
4. VIEIRA, W. — *Projeções de consciência: diário da experiência fora do corpo físico*. 2.ª ed. São Paulo, Lake, 1982.
5. _____ — *Projeciologia. Panorama das experiências da consciência fora do corpo humano*. Rio de Janeiro, Ed. do Autor, 1986.
6. ANDRADE, H. G. — *Espírito, periespírito e alma*. São Paulo, Pensamento, 1984.
7. BOSC, E. — *Viagem astral*. São Paulo, Pensamento, s/d.
8. MULDOON, S. J. & CARRINGTON, H. — *Projeção do corpo astral*. São Paulo, Pensamento, s/d.

A reencarnação do ponto de vista científico

Michel C. Maluf

Um breve instante, e o meu desejo recolherá poeira e espuma para um outro corpo. Um breve instante, um momento de repouso ao vento, e uma outra mulher dar-me-á à luz.
GIBRAN KHALIL GIBRAN

Generalidades

O assunto que vamos abordar neste capítulo é tão velho quanto a humanidade e objeto de polêmica desde que dois homens começaram a discutir entre si na face da Terra. Continua e continuará polêmico até que se possa provar indiscutivelmente que a reencarnação é uma lei natural e evolutiva do ser humano.

A ciência não aceita a reencarnação, e faz muito bem, porque até o presente momento não tem provas de que realmente ela seja a via natural de evolução do ser humano.

Entretanto, é necessário levar em consideração que a ciência comete exageros quando *a priori* não aceita uma teoria baseada em fatos que, depois de terem sido analisados a partir de todas as hipóteses explicativas existentes, somente se enquadram numa doutrina que é lógica e explica perfeitamente o fato em si.

O conservadorismo é uma espécie de herança atávica do ser humano, que em geral é avesso a toda inovação e luta desesperadamente para manter a todo custo o *statu quo* vigente, seja no caminho da religião, da filosofia ou da ciência. E vai mais além: sacrifica de todas as maneiras possíveis e imagináveis aqueles que tentam renovar o Olimpo que ele adora. A história está cheia de exemplos de seres humanos que tentaram introduzir novos conceitos na religião, na filosofia ou na ciência e foram condenados, anatematizados ou sacrificados até a morte.

Geralmente são os hereges que promovem o progresso da religião, da filosofia ou da ciência. A história está cheia de exemplos dessa natureza.

Os conservadores assemelham-se a certos "doentes" que amam a sua assim chamada "doença" em troca de alguma vantagem, claro, de natureza negativa, desde que essa mesma "vantagem" os mantenha no estado que desejam.

Aqueles que supervalorizam determinados conceitos estão sujeitos a sofrer desilusões. Nada é perene na face da Terra, tudo é relativo e mutável, inclusive a própria idéia que o homem tem de Deus. O *conceito* que ele atribui às coisas e lhe confere perenidade está sujeito a mudanças. Deus só pode ser um conceito dinâmico e mutável para a mente humana na medida em que o homem evolui material, mental e espiritualmente. É claro que Deus em si é imutável, infinito, onipresente, onipotente e onisciente.

Claude Bernard (1813-1878), o maior fisiologista de todos os tempos, diz na introdução de sua obra *O método científico*: "Quando um fato contraria uma teoria dominante, abandone a teoria e conserve o fato, mesmo que ela seja apoiada pelas maiores mentalidades da época".

Charles Richet (1850-1935), seu discípulo, Prêmio Nobel de Medicina e Fisiologia em 1913 pela descoberta da soroterapia e professor de fisiologia da Faculdade de Medicina de Paris, ao deixar a cátedra na universidade em 24 de junho de 1925, numa conferência realizada na faculdade, dirigiu-se aos estudantes de medicina e aos médicos nos seguintes termos: "Caros alunos e ilustres colegas, uma nova ciência se abre ao conhecimento humano e ainda não entrou no ensino oficial da fisiologia, da qual faz parte integrante. Esta nova ciência é a metapsíquica, cujas características foram traçadas por um dos maiores sábios de nosso tempo e de todos os tempos, Sir William Crookes. Depois dele, procurei fazer desta ciência um corpo de doutrina homogêneo e rigorosamente científico. Diremos que um fenômeno é metapsíquico quando não é explicado pelos fatos conhecidos, classificados, clássicos, quer da psicologia, da mecânica ou da fisiologia normal. Ler uma carta hermeticamente fechada em um invólucro opaco não é certamente um fato habitual. É estranho, prodigiosamente estranho. Entretanto, a leitura dessa carta é ainda um fenômeno normal, porque é certamente regido por leis. Que as conheçamos ou não, pouco importa. Antes de admitir a realidade desses fatos inverossímeis, inabituais, é preciso observar uma disciplina rígida, feroz e implacavelmente severa. É preciso eliminar todas as hipóteses, mesmo as mais plausíveis, antes de concluir por um fenômeno metapsíquico. Àqueles que me criticarem e considerarem essa nova ciência ilusória, responderei dizendo: notai bem que eu, professor de fisiologia, não admito outro guia que não a experiência, e convido-os a trilhar o meu caminho de quarenta anos de pesquisas experimentais, seguindo os princípios de meus grandes mestres, Claude Bernard, Vulpian, De Marcy, De Berthelot e De Wurtz, para depois opinar a respeito dessa ciência. Sentir-me-ia cientificamente desonrado se não seguisse os exemplos e as lições desses mestres ilustres

166

e se não aceitasse constantemente a experiência como soberana senhora de minhas opiniões".

William Crookes (1822-1919), um dos mais eminentes sábios do século, físico e químico inglês, membro e presidente da Sociedade Real de Ciências, de Londres, foi encarregado pelo governo inglês de destruir as "crendices" do neo-espiritualismo na Inglaterra. Era materialista confesso dirigiu-se à Sociedade de Pesquisas Psíquicas de Londres desafiando-a com dez proposições que derrubariam qualquer teoria que não estivesse baseada em sólidos alicerces. Após exaustiva análise, concluiu o que se segue. Convidou cientistas, pesquisadores e outros especialistas de diversos ramos do conhecimento humano para uma conferência na Academia Real de Ciências de Londres, a fim de comunicar o resultado de suas pesquisas sobre o neo-espiritualismo. Quando todos estavam presentes, com certeza para ouvir que o resultado tinha sido desfavorável à Sociedade de Pesquisas Psíquicas de Londres e ao neo-espiritualismo, o famoso cientista, considerado o fundador da metapsíquica, disse: "Meus caros colegas, cientistas, pesquisadores e representantes do governo: os fenômenos do neo-espiritualismo que investiguei com rigor são tão reais quanto os fenômenos físicos e químicos que verifico em meu laboratório". Não é preciso dizer que a academia quase veio abaixo com os protestos e vociferações. Inclusive, chamaram Crookes de vítima do ilusionismo e do charlatanismo, etc. Entre os presentes estava o famoso criador da teoria do criminoso nato, Lombroso (1836-1909), que, apesar de ser contra a afirmativa de Crookes, ficou impressionado com sua firmeza e foi procurá-lo em seu laboratório de pesquisas para assistir a uma sessão de teleplastia experimental (materialização). A certa altura de seu diálogo com Crookes, Lombroso disse: "Fico admirado de que um cientista de sua estatura acredite em fenômenos dessa natureza e faça afirmativas categóricas em uma Academia de Ciências". Saiu do laboratório do cientista impressionado com o que tinha visto. Ao chegar à Itália e à Universidade de Turim, repetiu as experiências de Crookes com a famosa paranormal Eusápia Paladino e em seguida escreveu a Crookes, pedindo-lhe desculpas por ter desconfiado da probidade científica do famoso pesquisador e disse: "Os fenômenos do neo-espiritualismo são tão reais quanto os fenômenos físicos e químicos que você pesquisou em seu laboratório".

Esses fatos foram citados para mostrar que o pioneirismo na ciência, as novas idéias e descobertas são muito combatidos no início, e sobre eles é lançado o anátema científico. Esperemos para ver. O número de profissionais habilitados nessa técnica cresce a cada dia, as pesquisas nesse campo aumentam continuamente, até que um dia o acervo acumulado será tão grande em pesquisas clínicas e formais, obras publicadas, número crescente de técnicos, que a teoria, se não tiver embasamento, cairá por si mesma ou entrará definitivamente para o campo científico. O descobridor do cateterismo cardíaco foi um médico alemão da Universidade de Berlim, em 1856. Em virtude de sua ousadia altruística, enfrentou a comunidade médica, que adotava o conceito de que o coração era intocável. Sua carreira na Universidade de Berlim foi cortada porque recebeu o anátema do Olimpo científico ortodoxo, e sua descoberta ficou enterrada durante cem anos! Um século depois, em 1956, médicos americanos descobriram o cateterismo cardíaco e consultaram a literatura médica a fim de verificar se alguém antes deles havia feito alguma pesquisa a respeito do assunto. Com surpresa, descobriram que o trabalho de seu ilustre colega alemão havia permanecido no ostracismo dezenas de anos. Recebeu o Prêmio Nobel cem anos depois de sua morte!

O ilustre médico italiano Forlanini (1847-1918), da Universidade de Pávia, segundo o professor A. Salmanoff, ao descobrir o pneumotórax, foi condenado pela comunidade médica italiana, e todos os médicos que visitassem o ilustre colega seriam cassados no exercício da medicina. O pobre Forlanini morreu no ostracismo, sufocado pela sua asma e pela fria indiferença dos caros colegas! Ironia, verdadeira ironia! Ao lado dessa ironia aconteceu um paradoxo, porque dezesseis anos depois de sua morte a Universidade de Roma erigiu um monumento à sua memória!

Assim é o destino das descobertas científicas. Primeiro são ferozmente condenadas, proibidas de serem postas em prática, e seus descobridores sofrem duras sanções do Olimpo científico; depois são aceitas, recomendadas, e seus autores, aplaudidos! Engraçado, não?

Muitos homens célebres foram reencarnacionistas, e vamos citar alguns deles, porque a enumeração de todos ocuparia um volume inteiro: Pitágoras, Platão, Virgílio, Cícero, César, Dante, Spinoza, Benjamin Franklin, Goethe, Schopenhauer, Shelley, Walter Scott, Napoleão, Lamartine, Vítor Hugo, Ghandi, Balzac, Flaubert, Disraeli, Emerson, Ibsen, Tolstoi, Edison, Huxley, Hitler, Himmler, Goering e o general Patton. Este último, quando estava na África e pisou o solo da Tunísia, próximo a Cartago, atirou-se no chão e exclamou: "Que saudades desta terra, onde estive há mais de dois mil anos!"

O dr. Raymond Moody, psiquiatra do Hospital da Universidade da Virgínia, colecionou mais de trezentos testemunhos de indivíduos muito diferentes (homens ou mulheres, crentes ou não), que após terem sido considerados "clinicamente mortos" foram trazidos de novo à vida graças aos processos modernos de reanimação.

O referido psiquiatra publicou esse inquérito em dois livros intitulados *Life after life* e *Reflexions on Life after life*.

A pesquisa dos trezentos casos de morte clínica feita pelo dr. Raymond Moody vem enriquecer o arsenal das investigações sobre a reencarnação e incitar novos investigadores a pesquisar neste campo, principalmente pelo aporte de novos e ricos subsídios para a psiquiatria, a psicologia, a parapsicologia e a psicoterapia analítica de profundidade, na melhoria ou solução de problemas emocionais e mentais. Além disso, uma grande repercussão aconteceria no campo da ciência em geral, das ciências sociais, da filosofia e da própria orientação de vida e do destino do ser humano.

Carl Gustav Jung (1875-1964), famoso psiquiatra e um dos maiores psicanalistas deste século, ex-discípulo do mais famoso psicanalista da história, Sigmund Freud (1856-1939), em seu livro *Ma vie*, tradução do dr. Cahen e Y. Le Lay, Ed. Gallimard, relata uma experiência extraordinária de saída do seu corpo físico quando, gravemente doente, se encontrava em estado de coma.

Aspectos da reencarnação

Em virtude da exigüidade do espaço de que dispomos, não podemos discorrer a respeito da reencarnação sob vários pontos de vista; vamos apenas abordar o assunto sob o ponto de vista científico.

Entretanto, citaremos os diversos aspectos sob os quais a doutrina da reencarnação deveria ser encarada:

1) a reencarnação sob o ponto de vista histórico;
2) a reencarnação sob o ponto de vista religioso;
3) a reencarnação sob o ponto de vista filosófico;
4) a reencarnação sob o ponto de vista do testemunho de pensadores, pesquisadores, sábios, santos, religiosos, místicos, filósofos, cientistas, poetas, escritores, estadistas, militares, vultos da arte, da música, da pintura e do teatro, imperadores, rainhas, reis, jurisconsultos, médicos, psicólogos, parapsicólogos e engenheiros;
5) a reencarnação sob o ponto de vista científico.

Conceitos

Sobre reencarnação, encarnação, carnação, reencarne, encarne, encarnar, palingenesia, metemsarcose, metemsomatose, renascimento; transmigração, metempsicose; ressurreição, ressuscitação, ressuscitar; transfiguração, transfigurar.

A) *REENCARNAÇÃO*: É o fenômeno pelo qual o espírito, separado do corpo no momento da morte, poderia, passado um tempo mais ou menos longo, alojar-se em outro corpo humano.

B) *ENCARNAÇÃO*: O mesmo que reencarnação.

C) *CARNAÇÃO*: Idem.

D) *REENCARNE*: Tomar novamente a carne. É sinônimo de reencarnação.

E) *ENCARNE*: O mesmo que reencarnação.

F) *ENCARNAR*: Tomar ou criar carne, tornar-se carne, o ato ou efeito de encarnar, tornar-se homem, humanar-se, ir-se convertendo em carne. É sinônimo de reencarnação.

G) *PALINGENESIA*: Doutrina da pluralidade e da unidade das existências corpóreas, isto é, do nascimento ou renascimento dos espíritos tanto na esfera terrena como na de outros planetas. É sinônimo de reencarnação, encarnação, carnação, reencarne, encarne, encarnar, metemsarcose, metemsomatose, renascimento, ressurreição, ressuscitação e ressuscitar. Os três últimos termos são entendidos de maneira diferente por certas religiões.

H) *METEMSARCOSE*: Idem.

I) *METEMSOMATOSE*: Ibidem.

J) *RENASCIMENTO:* É o ato de voltar a viver novamente. Este termo é sinônimo de reencarnação em algumas religiões; em outras, não.

K) *RENASCER*: Nascer de novo, voltar após algum intervalo.

L) *RESSURREIÇÃO*: Esta palavra é entendida de maneira diferente conforme a religião. É dogma católico e protestante que no juízo final o homem irá ressuscitar na carne. No sentido das religiões reencarnacionistas, ressurreição é sinônimo de reencarnação.

M) *RESSUSCITAR*: O mesmo que ressurreição.

N) *RESSUSCITAÇÃO*: Idem.

O) *METEMPSICOSE*: É o fenômeno pelo qual uma alma passa de um corpo para outro. É uma designação mais genérica, pois não é limitada pelo renascimento num corpo humano, mas inclui a idéia, então aceita, de que a alma poderia renascer também num corpo animal ou vegetal.

P) *TRANSMIGRAÇÃO*: É a passagem da alma de um para outro corpo, segundo a opinião dos pitagóricos. A mesma escola, segundo a doutrina de Pitágoras e Platão, admitia a preexistência e a transmigração das almas, não só para os corpos humanos, mas até para os animais.

Q) *TRANSFIGURAÇÃO*: Literalmente, significa mudança de uma figura noutra; transformação, metamorfose.

A teoria transfigurística diz que todo ser humano deve ser reconduzido à pátria original, verdadeira "Terra da Promissão" de onde, em passado remoto, por efeito de uma catástrofe provocada pela desobediência do homem às eternas e inalteráveis leis divinas, ele caiu, de uma ordem de natureza divina — A Ordem Celestial de Deus —, para uma outra ordem — em que existimos agora —, incluindo a morada dos assim chamados mortos (o Além).

Esse acontecimento é conhecido nos círculos religiosos pela denominação de "A queda" (é o paraíso perdido segundo outras religiões). Não confundir transfiguração com transmigração.

Reencarnação e memória extracerebral

Aristóteles (384-322 a.c.), célebre filósofo grego, há séculos disse o seguinte: "*Nihil est in intelectu quod prius non fuerit in sensu*" (Nada vai ao intelecto que não tenha passado primeiro pelos sentidos). Esta afirmativa aristotélica já caiu por terra em virtude de descobertas científicas que reconhecem no ser humano determinadas capacidades ainda inexplicáveis, cujas manifestações são estudadas pela parapsicologia, que verifica a existência de percepções extra-sensoriais de que o cérebro não participa.

Em virtude disto, os investigadores da reencarnação estudaram e continuam estudando um tipo de memória existente nos seres humanos que não está ligada ao cérebro físico e que se convencionou chamar de "memória extracerebral", que pode se manifestar espontaneamente ou através de determinadas técnicas. Este tipo de memória foi batizada pelo professor H.N. Banerjee (1929-1985), que prefere este termo a "reencarnação", para não dar às pesquisas a conotação de religiosidade e não ferir a ciência ortodoxa.

Outros autores divergem um pouco do ponto de vista do referido investigador ao empregar o termo "memória extracerebral" (ECM) em lugar de "reencarnação", pois segundo eles o termo não engloba todos os casos estudados.

Um deles, K. E. Muller, acha que o termo ECM está limitado à memória e muitos casos não podem ser considerados sob esta restrição. Por outro lado, este termo pode dar a impressão de estar ligado ao cérebro, quando na verdade a ECM envolve inevitavelmente considerações de ordem espiritual. Por essas razões, o termo "memória paranormal" é tão apropriado quanto ECM.

Puharich propôs, para caracterizar o fenômeno, a sigla MCC — Mobil Center of Consciousness (Centro Móvel de Consciência).

H. G. Andrade, investigador de casos de reencarnação no Brasil, em seu livro *Reencarnação no Brasil*, O Clarim, 1988, p. 167-8, diz: "A hipótese da reencarnação envolve a admissão da sobrevivência de algum outro fator que fazia parte do ser quando vivo. Este fator poderia genericamente ser identificado com um espírito. Ele conservaria o estoque de informações adquiridas pela personalidade durante a vida corporal. Uma vez perecido o corpo físico, o espírito o abandona, mas leva consigo a memória das experiências e a maneira de ser que caracterizaram a personalidade do falecido. Em estado de liberdade, o espírito continua a manter íntegra a sua identidade. Após um período de tempo que varia desde alguns instantes até séculos, o espírito deverá retornar outra vez à experiência carnal. Ele voltará a renascer em outro corpo físico, passando a constituir outra personalidade, sucessora da anterior. Mas as experiências adquiridas anteriormente não se perdem. Ficam arquivadas na individualidade (espírito) e poderão influir na nova personalidade que se está formando".

Investigações sobre a reencarnação[1]

Investigações sobre a reencarnação	Fases	A) Pré-científica	Pesquisas pré-científicas não sistematizadas
			Pesquisas pré-clínicas não sistematizadas
		B) Científica	Pesquisas científicas formais
			Pesquisas clínicas propriamente ditas

A) Fase pré-científica

a) *Pesquisas pré-científicas não sistematizadas*: Neste breve histórico do início das investigações científicas, citaremos os que abriram o caminho às pesquisas propriamente ditas.

Franz Anton Mesmer (1734-1815), com suas experiências sobre o magnetismo animal e o seu sistema de tratamento, o "mesmerismo", abriu o campo para as pesquisas no domínio do psiquismo humano e, conseqüentemente, as portas para o hipnotismo.

Armand Marie Jacques Chastenet de Puységur, marquês de Puységur (1751-1825), e seu irmão Chastenet de Puységur (conde de Chas-

---

[1] A divisão da investigação a respeito da reencarnação foi feita pelo autor deste capítulo para melhor sistematização do assunto. Todas as informações a respeito deste assunto foram retiradas das obras citadas na bibliografia:

tenet), discípulos de Mesmer, descobriram, em 1783, o sonambulismo magnético e contribuíram de maneira mais positiva para o esclarecimento dos fenômenos hipnóticos.

Fernando Colavida, em 1877, na Espanha, através da "regressão de idade", levou pessoas a se lembrarem de suas vidas anteriores. O coronel Eugène Auguste Albert D'Aiglun de Rochas (1837-1914) fez investigações sobre a reencarnação empregando a técnica da regressão de idade, sem saber nada a respeito dos trabalhos de Colavida.

Gabriel Delanne deu um cunho científico às suas investigações sobre a reencarnação e publicou, em 1924, uma obra intitulada *Documents pour servir à l'étude de la reincarnation*.

Innocenzo Calderone publicou em 1931, em Milão, uma obra intitulada *La Reincarnazione, inchiesta internazionale* (A Reencarnação, pesquisa internacional), em que relata casos sugestivos de reencarnação tanto no Oriente como no Ocidente.

Citaremos ainda vários outros investigadores: P. Pal, B. L. Atreya, Ananda Maitreya, J. B. Rhine, R. Bahadur, K. N. Sahay e S. Ch. Bose publicaram vários casos de crianças com lembranças de vidas anteriores; John Bjorken (1910-1963) fez muitas experiências de regressão; Morey Bernstein e o famoso "Caso Bridey Murphy"; C.J. Ducasse, I. E. P. Veniaminov, G. B. Brownell e Bezerra de Menezes.

Poderíamos continuar enumerando centenas e centenas de publicações a respeito de casos sugestivos de reencarnação, porém isto seria fastidioso e ocuparia muito espaço, do qual não dispomos. Entretanto, a citação dos trabalhos acima é suficiente para mostrar que a teoria da reencarnação está começando a despertar o interesse de muitos investigadores, que começam a montar metodologias mais acuradas de pesquisa, caminhando na esteira de seus predecessores, que publicaram casos esparsos ou não.

b) *Pesquisas pré-clínicas não sistematizadas*: Constitui a fase inicial das pesquisas clínicas e está desprovida de uma diretriz, com relatos esparsos e sem especificação de seus objetivos. Muitos médicos descobriram acidentalmente a regressão hipnotizando seus pacientes, porém não sabiam como trabalhar o material que fluía do inconsciente do paciente, como aconteceu com o autor deste capítulo em 1962. Alguns conheciam o trabalho de De Rochas (1815-1891) e tentaram verificar os resultados a que ele chegou, porém quase nada foi divulgado. Um bonito trabalho em matéria de regressão foi feito por um médico sueco, John Bjorkhen (1910-1963), doutor em medicina, que verificou em muitos casos que a personalidade revelada durante a experiência realmente existira. Por razões profissionais, essas confirmações são superficialmente abordadas em seu livro *De*

Hypnotiska Hallucinationerma (As alucinações hipnóticas), lançado em Estocolmo em 1942. Uma obra que se tornou um *best-seller* e provocou grande celeuma no mundo ocidental foi o livro de Morey Bernstein, *The search for Bridey Murphy* (A procura de Bridey Murphy), editado em Nova York em 1956, que relata um caso de regressão hipnótica à vida passada. A partir da descoberta da regressão, muitos médicos, psiquiatras ou não, passaram a levar seus pacientes a regredir a vidas anteriores e se surpreenderam com seus relatos espontâneos. Os que aceitavam a reencarnação encaravam normalmente o fato, mas não sabiam o que fazer com o material aflorado; os que não a aceitavam consideravam as descrições dos pacientes como fantasias.

B) Fase científica

a) Generalidades

As pesquisas científicas sobre a reencarnação tiveram seu início no começo deste século, e para melhor compreensão podemos dividi-las em dois grupos:
— pesquisas científicas formais;
— pesquisas clínicas propriamente ditas.

As pesquisas científicas formais são aquelas em que o investigador se preocupa somente com o aspecto puramente descritivo, levando em consideração o estudo do caso em si com o objetivo de enquadrá-lo dentro de padrões metodológicos a fim de poder ou não considerá-lo um caso sugestivo de reencarnação.

As pesquisas clínicas são aquelas em que o investigador se preocupa com o aspecto sintomatológico, sinalógico (sintomas e sinais) e com a anamnese do paciente, empregando técnicas adequadas no sentido de provocar a emergência da memória extracerebral a fim de aliviar ou liberar o paciente de seu problema. Têm portanto finalidade terapêutica, e é evidente que podem ter um cunho estritamente clínico ou, então, associam dois aspectos: o clínico e o de investigação, com o objetivo de poderem ser enquadradas na gama dos casos sugestivos de reencarnação.

Entre os investigadores puramente formais situam-se alguns citados acima, principalmente os que iniciaram uma pesquisa sistemática, tendo à testa os professores I. Stevenson, H. N. Banerjee, H. G. Andrade, K. E. Muller, M.L. Albertson e K. P. Freeman, H. Wambach e, em segundo lugar, H. Holzer, O. J. Leal e outros, dos quais até o presente momento não tenho conhecimento.

Entre os investigadores clínicos citam-se os seguintes M. Netherton, E. Fiore, S. Grof, P. Drout, J-L. Siémons, D. Desjardins,

I. Ferreira e M. J. P. M. P. Peres, H. W. Ten Dam e R. Assagioli e outros.

b) Plano geral de estudo dos casos sugestivos de reencarnação

I) Generalidades

Os investigadores que pesquisam sistematicamente os casos sugestivos de reencarnação estabelecem um plano de pesquisa e usam para isto o método indutivo, que se baseia na observação dos fatos, colecionando-os em quantidade suficiente para depois estabelecer as hipóteses e deduzir as leis gerais que permitam a explicação dos fenômenos observados. Este método é muito empregado pela ciência para o estudo dos fenômenos.

O método de investigação desse tipo não usa a hipnose ou a regressão, que são mais utilizadas em casos clínicos.

II) Métodos

Os métodos utilizados pelos investigadores da reencarnação são os seguintes:
— método do historiador;
— método do jurista;
— método do psiquiatra.

No método do historiador, o investigador entra em contato com os acontecimentos que pertencem ao passado, e tudo depende de sua habilidade nas entrevistas e na análise dos documentos.

O método do jurista é aquele empregado nos processos de direito e baseia-se essencialmente nos seguintes itens:
— interpretação gramatical;
— interpretação lógica;
— interpretação científica.

O método do psiquiatra é o que promove a reconstituição dos fatos passados através de uma anamnese e de exames subsidiários.

Uma vez que toda a sistemática acima tenha sido cumprida, é prudente rejeitar os casos incompletos e conservar os sugestivos de reencarnação, a fim de submetê-los a uma análise crítica detalhada e poder enquadrá-los ou não dentro de hipóteses explicativas, tais como:

		interesses comerciais
	Fraude	desejo de autopromoção
		fama
		propaganda filosófica ou religiosa

III) Hipóteses explicativas	Hipóteses normais	Percepção extra-sensorial (ESP)	criptomnésia telepatia clarividência super-ESP percepção extra-sensorial e personificação outras evidências de percepção extra-sensorial projeção de imagens
			Memória genética Incorporação mediúnica Reencarnação
	Hipóteses que incluem sobrevivência	Possessão Teoria dos psicons de W. Carington Reencarnação	

Expusemos todas as hipóteses que poderiam explicar os casos de "memória extracerebral". Evidentemente, se algum caso se encaixar completamente em alguma das teorias apresentadas, então ele será excluído como sugestivo de reencarnação. Do contrário, a única explicação possível seria a palingenesia. Deixamos de analisar cada uma das teorias em si em virtude da exigüidade de espaço de que dispomos.

c) Pesquisas científicas formais

I) Generalidades

As fases pré-científicas já foram descritas acima.

A fase científica formal começou praticamente a partir das primeiras décadas deste século, na Índia, onde as crianças desde tenra idade chamavam a atenção de seus familiares pelo fato de falarem sobre suas vidas anteriores e manifestarem o desejo de ir embora de seus lares atuais, a fim de retornarem às suas residências anteriores, junto de seus familiares pregressos: pais, esposas, irmãos, etc. O número de crianças que manifestavam esse desejo aumentava progressivamente, a ponto de causar alarme no seio de suas famílias.

Alguns pais chegavam a satisfazer o desejo de seus filhos levando-os aos locais por eles indicados, anotando tudo (nome das cidades, das ruas, número das casas, locais de trabalho, cemitérios onde foram enterrados, nomes e sobrenomes de seus antigos familiares, parentes, amigos, etc.), antes de saírem de seus atuais lares.

Evidentemente, quando essas crianças eram levadas aos locais indicados, lá reconheciam seus antigos familiares, que confirmavam os dados fornecidos por elas.

Esses casos foram aumentando progressivamente, a ponto de ultrapassarem os limites de seus ambientes e chegarem aos ouvidos de investigadores, que se propuseram por sua vez a fazer investigações sobre o assunto.

Os povos orientais têm um conceito diferente do dos ocidentais a respeito da finalidade da vida. Para eles, a reencarnação é uma via natural de evolução, e quando suas crianças falam sobre vidas anteriores, levam a sério o que elas dizem e as encaram com naturalidade, sem ridicularizá-las ou desqualificá-las, como acontece com as ocidentais, que, além de tudo o que foi dito, são proibidas de falar no assunto, pois tudo o que elas dizem é considerado fantasia ou imaginação fértil. A própria psicologia está cheia desses exemplos. Para não continuar sendo ridicularizada ou repreendida, a criança cala-se, e tudo fica por isso mesmo. Seus relatos ficam cada vez mais enterrados no seu subconsciente, pois, como se sabe, a emersão dessas recordações de vidas anteriores surge na primeira infância, atingindo seu ponto máximo entre dois e quatro anos de idade, para decrescer rapidamente por volta dos sete ou oito anos. São raros os que conservam a memória extracerebral de fatos anteriores durante a vida toda. O fato de as crianças ocidentais sofrerem sanções do meio em que vivem explica por que há mais casos de memória extracerebral entre as orientais.

Uma vez que passamos ligeiramente por esta introdução geral, vamos discorrer a respeito de alguns trabalhos de investigação científica da reencarnação, começando primeiramente pelo pesquisador hindu.

II) Investigadores

1) Hemendra Nath Banerjee (1929-1985)

Qualificação: Professor e diretor do Departamento de Parapsicologia da Universidade de Rajastan, Jaipur, Índia, investigou durante vinte e cinco anos, juntamente com uma assessoria de professores e pesquisadores, 1.100 casos de reencarnação em todo o mundo. Formou em torno de seus estudos e pesquisas um centro internacional de investigações sobre a reencarnação, cujo objetivo é polarizar a atenção da comunidade científica para o estudo rigoroso dos casos sugestivos de memória extracerebral, a fim de que um dia o volume de trabalhos engrosse as fileiras já existentes e o acervo de provas convença logicamente os cientistas.

Trabalhos científicos: Este autor publicou numerosos trabalhos científicos sobre a reencarnação, dos quais dois dos mais importantes referem-se ao "Caso Gopal Gupta", apresentado no 5º Congresso Internacional de Medicina Psicossomática e Hipnose na Universidade de Gutenberg, Mainz, Alemanha Ocidental, em maio de 1970, e ao "Caso David Palladin" e ao do famoso artista russo Vassíli Kandinski.

Estudo de casos: Dos 1.100 casos estudados por esse investigador durante um quarto de século, de treze a quinze casos, muito bem escolhidos por ele, são *sugestivos* de reencarnação.

Conclusões: "Em vista de minha extensa pesquisa científica durante vinte e cinco anos, e depois de ter analisado exaustivamente todas as hipóteses parapsicológicas para explicar os casos estudados, posso dizer que a hipótese reencarnacionista é a mais plausível e a reencarnação é um fato da natureza, e não uma ficção".

2) Ian Stevenson (1918-   )

Qualificação: Livre-docente de psiquiatria, chefe do Departamento de Neuropsiquiatria, professor do curso de pós-graduação em psiquiatria, diretor do laboratório de parapsicologia da Universidade da Virgínia, é atualmente o maior investigador da reencarnação. As organizações científicas oficiais e para-oficiais disputam a publicação de seus livros e artigos em virtude do seu rigor científico.

Trabalhos publicados: Este investigador publicou numerosos trabalhos, artigos, separatas e livros. A mais importante de suas obras, *Twenty cases suggestive of reincarnation* (Vinte casos sugestivos de reencarnação), apresentou no Congresso de Parapsicologia na Alemanha trinta novos casos de reencarnação, em 1968.

Estudo de casos: Durante vinte e cinco anos, o professor Stevenson estudou e analisou cerca de 2.500 casos possíveis de reencarnação colecionados até hoje em todo o mundo. Segundo ele, um dos seus casos mais importantes foi o de Marta Lorenz, ocorrido no Brasil, e que o impressionou muito pelas suas características fortemente sugestivas de reencarnação.

Conclusão: O professor Stevenson é muito prudente em suas conclusões, pois sente e sabe que não é fácil dizer categoricamente que um determinado caso, ainda que bem estudado, seja um caso de reencarnação, porém afirma que o número de casos sugestivos de reencarnação aumenta dia a dia, parecendo inclinar o fiel da balança para a teoria reencarnacionista.

3) Hernani Guimarães Andrade

Qualificação: Investigador brasileiro da reencarnação sob o ponto de vista científico, já ultrapassou as fronteiras do Brasil e da América Latina, tornando-se conhecido internacionalmente. É fundador do Instituto Brasileiro de Pesquisas Psicobiofísicas (IBPP).

Trabalhos publicados: Além de numerosas obras no campo das ciências psíquicas, tem um notável livro sobre *Reencarnação no Brasil*, em que estuda minuciosamente oito casos sugestivos de reencarnação.

Conclusões: "Mesmo quando todas as evidências saltam, revelando um quadro real e reforçando hipóteses já estudadas, o pesquisador exigente, o cientista rigoroso, não assume o risco de afirmar: *esta é a verdade.*

"Não condenamos o rigoroso método científico, que exige absoluta correção e investigações minuciosas, visando apurar a verdade dos fatos. Concordamos em que de nada servem *as falácias e as ilusões. Mas não aprovamos o ceticismo sistemático e obliterante*, que tudo *nega* sem oferecer nada mais do que *exigências descabidas* ou um deserto árido de dúvidas e incertezas" (grifos do autor).

4) Maurice L. Albertson e Kenneth P. Freeman

Qualificação: O primeiro, doutor em Ciências, chefe do Departamento de Engenharia Civil e professor da Universidade do Colorado; o segundo, doutor em Filosofia, chefe do Departamento de Filosofia e professor da mesma universidade.

Trabalhos publicados: "Research related to reincarnation" (Pesquisa relacionada à reencarnação), apresentado no Congresso Internacional de Parapsicologia, sob o título: "Proceedings of the First International Conference on Paranormal Research, 7-10 July 1988 at CSU in Fort Collins, Co.".

Estudo de casos: Os investigadores usam dados de onze fontes diferentes — experiências de morte clínica, memórias espontâneas de crianças, lembranças antes do nascimento, vida antes da vida, regressão a vidas passadas, terapia de vida passada, espíritos próximos da terra, experiências fora do corpo (projecciologia), informações através de mensagens, reencarnação nas diversas religiões do mundo e a tradição filosófica ocidental e a reencarnação — para avaliar vinte e cinco hipóteses (e contra-hipóteses) que estão relacionadas a diferentes aspectos da reencarnação.

Conclusões: Os autores acreditam ter criado através dessa pesquisa uma nova base para o desenvolvimento de uma metodologia de pesquisa adequada relacionada à reencarnação. A comparação das hipóteses com os dados disponíveis da pesquisa sustenta a idéia da reencarnação.

5) Karl E. Muller (1893-1968)

Qualificação: Doutor em Ciências Técnicas, engenheiro eletricista, membro da Sociedade Suíça de Pesquisas Psíquicas, conselheiro científico da Associação Suíça de Parapsicologia, fundador da Sociedade Espírita Suíça, vice-presidente da Federação Espírita Internacional, pesquisador da reencarnação e colaborador da revista *Yours Fraternally*, conferencista internacional das ciências psíquicas e colaborador do professor Ian Stevenson, da Universidade da Virgínia.

Trabalhos publicados: *Reincarnation based in facts* (Reencarnação baseada em fatos), no qual relata 177 casos sugestivos de reencarnação, tanto no Oriente como no Ocidente.

Estudo de casos: O estudo dos 177 casos é feito por métodos variados de pesquisa, discriminados da seguinte maneira:

— memórias de crianças .... 41 casos
— memórias de adultos .... 39 casos
— investigação experimental .... 12 casos
— sensitivos e místicos .... 28 casos
— o espiritismo moderno e suas evidências .... 33 casos
— provas conjuntas .... 19 casos
— alguns problemas correlatos .... 05 casos

— total .... 177 casos

Conclusão: "Os vários grupos expostos acima demonstram uma diversidade que torna difícil qualquer explicação, a não ser pelo acolhimento da idéia da reencarnação".

6) Helen Wambach

Qualificação: Psicóloga clínica do Centro Médico de Montmouth, em Long Branch, Nova Jersey, EUA, professora de psicologia em Mount Holly.

Trabalhos publicados: *Reliving past lives* (Recordando vidas passadas).

Estudo de casos: A pesquisa foi realizada pela psicóloga, que se utilizou da técnica regressiva sob hipnose, separando os pacientes em grupos e apresentando questionários para serem respondidos por eles em transe hipnótico.

7) Oswaldo José Leal

Qualificação: Médico, presidente da Associação Baiana de Hipnose Médica, vários outros títulos.

Trabalhos publicados: *Vidas anteriores.*

Estudo de casos: Este investigador utilizou-se da técnica hipnótica para despertar a memória extracerebral e pesquisou 39 casos.

8) Hans Holzer

Qualificação: Pesquisador sério e qualificado em assuntos psíquicos.

Trabalhos publicados: *Born again — the truth about reincarnation* (A verdade sobre a reencarnação). Tem dezenas de livros publicados, de grande sucesso.

Estudo de casos: Este investigador expõe em sua obra o resultado de suas pesquisas sobre reencarnação, efetuadas com base no processo de regressão hipnótica, e relata vários casos sugestivos de vidas passadas.

Conclusão: Holzer conclui que o destino humano não pode se cumprir no breve período de uma existência; portanto, a reencarnação é uma possibilidade explicativa para tais casos, e uma teoria racional.

III) Considerações sobre as pesquisas científicas formais

Banerjee, Stevenson, Andrade, Albertson, Freeman e Wambach são os investigadores que realmente empregaram uma metodologia mais adequada às suas pesquisas sobre a reencarnação. Durante anos e anos, colheram dados e verificaram que todas as hipóteses, tais como a:

— percepção extra-sensorial (ESP),
— a superpercepção extra-sensorial,
— a telepatia,
— a fraude deliberada,
— a criptomnésia,
— a memória genética,
— a clarividência,
— a possessão,
— a incorporação mediúnica,
— a percepção extra-sensorial e personificação,
— a projeção de imagens,
— e a teoria caringtoniana

não explicam integralmente todos os casos estudados; em virtude deste fato, todos estão de acordo em que a hipótese da reencarnação é uma alternativa a ser levada em consideração, e a melhor que tem servido à maioria dos casos, principalmente em se tratando de crianças que se recordam de uma ou mais vidas anteriores, mencionando acontecimentos, pessoas, lugares, identificações, dos quais de maneira alguma poderiam ter tomado conhecimento na vida presente.

Os outros investigadores formais não apresentam uma metodologia tão segura, porém não deixam de ter valor como provas corolárias, que vêm enriquecer e reforçar a hipótese da reencarnação.

d) Pesquisas clínicas propriamente ditas

I) Generalidades

As pesquisas clínicas propriamente ditas são as que seguem de uma maneira sistemática uma metodologia, com o objetivo de libertar pacientes com traumas encistados no inconsciente durante a vida intra-uterina, no momento do nascimento, na primeira infância ou então em uma vida anterior.

O método foi descoberto pelo psicólogo clínico Morris Netherton. Edith Fiori também reivindica a maternidade da descoberta.

Seja como for, ambos os psicólogos são de formação *protestante* e *nunca* se interessaram por reencarnação, parapsicologia, neo-espiritualismo, espiritismo ou ocultismo. Utilizando-se das correntes psicoterapêuticas conhecidas para tratamento dos distúrbios emocionais e mentais, *ambos foram parar sem querer nas malhas da reencarnação.*

II) Investigadores clínicos

1) Morris Netherton

Qualificação: Ph.D. em psicologia nos Estados Unidos.

Trabalhos publicados: *Past Lives Therapy* (Terapia de Vidas Passadas), publicado nos EUA em 1979 e traduzido para o português em 1984.

Estudo de casos: O autor trabalha nesta técnica psicoterapêutica há mais ou menos vinte anos, tendo tratado neste período mais de 15.000 pacientes com resultados satisfatórios e excelentes.

Técnica empregada: Consiste essencialmente em levar o paciente a retroceder, através da regressão *consciente* (não hipnótica ou outra), a estágios anteriores de sua vida atual (estágios mais precoces, infância, nascimento e vida intra-uterina) ou a *outra existência*, com o objetivo de detectar vivências traumáticas reprimidas no inconsciente, responsáveis por distúrbios de natureza psíquica, ou psicossomática, distúrbios comportamentais ou orgânicos, e revivê-los para se libertar.

Conclusão: "Baseado nos casos de que tratei pessoalmente e da pesquisa independente que tenho feito, sinto que a *teoria da reencarnação* explica mais logicamente os fenômenos que testemunhei, e tenho o prazer de dizer a quem quer que seja que a terapia *funciona* (os grifos são do autor do capítulo).

2) Edith Fiore

Qualificação: É Ph.D. e psicóloga clínica, membro da American Society of Clinical Hypnosis, do International Congress of Hypnosis, da San Francisco Academy of Hypnosis e da American Psychological Association.

Trabalhos publicados: É autora de dois livros: *You have been here before* (Já vivemos antes) e *The unquiet dead* (Possessão espiritual).

Estudo de casos: Trabalha com esta técnica há mais ou menos quinze anos e já realizou mais de 15.000 regressões individuais.

Técnica empregada: Utiliza a *hipnose* (regressão não consciente) como meio de regredir seus pacientes. Usava essa técnica em tratamentos comuns e *sem querer* resvalou para vidas anteriores, verificando tratar-se de casos sugestivos de reencarnação.

Conclusão: "Estou convencida de que muitos problemas têm suas raízes em épocas anteriores — em vidas anteriores".

3) Inácio Ferreira

Qualificação: Médico psiquiatra, jornalista, diretor do Sanatório Espírita de Uberaba e um dos investigadores clínicos mais antigos da reencarnação e especialista no tratamento das obsessões.

Trabalhos publicados: *Novos rumos à medicina* (dois volumes), *Espiritismo e medicina* e *A psiquiatria em face da reencarnação*.

Estudo de casos: Há dezenas de anos este admirável psiquiatra trata de pacientes portadores de obsessões, desde o tempo em que era uma loucura um médico afirmar influências de entidades na gênese de distúrbios emocionais e mentais. Apesar de não haver uma evolução clínica científica, os resultados terapêuticos falam por si mesmos. É um dos pioneiros da técnica desobsessiva na América Latina, baseada na reencarnação. Sua casuística é imensa.

Conclusões: "Mais da metade dos pacientes encaminhados ao Sanatório como obsidiados nada mais eram do que portadores de doenças orgânicas ou funcionais, mas de âmbito médico". (Esta afirmativa contraria aqueles que vêem obsessão em todos os doentes emocionais e mentais, segundo o dr. Ary Lex).

"Setenta por cento das tragédias humanas, mormente as angústias, os desesperos ou essas afinidades que separam ou aproximam as criaturas entre si, somente podem ser explicados com a *reencarnação*. Psiquiatria! Psiquiatria! Ainda não percebe o marulhar da fonte da *reencarnação*."

O referido investigador selecionou muitos casos de patologia mental, tratados pela técnica desobsessiva, nos quais os elementos sugestivos de reencarnação são evidentes.

4) Hans W. Ten Dam

Qualificação: Psicólogo clínico e autodidata.

Trabalhos publicados: Publicou várias obras sobre terapia regressiva em holandês e em inglês.

Estudo de casos: Desenvolveu técnicas próprias de indução à regressão, tais como:
— acupressão,
— estados de ego,
— aura-análise.

Todas elas levam o paciente à infância, à vida intra-uterina e a outras vidas, buscando traumas reprimidos no inconsciente e/ou outros problemas.

Sua atividade consiste em difundir as técnicas acima citadas através de cursos e seminários, aqui no Brasil e em vários países, principalmente na Holanda. Sua casuística é grande.

Conclusão: A reencarnação é uma das perspectivas encaradas em suas técnicas.

5) Maria Júlia P. M. P. Peres

Qualificação: Médica, mestrado em Saúde Pública, bacharel em Direito, introdutora da técnica de M. Netherton no Brasil, pesquisadora clínica, etc.

Trabalhos publicados: É autora de uma técnica mista de regressão.

Estudo de casos: Tem um arquivo com uma casuística razoável.

6) Stanislav Grof

Qualificação: Responsável, com outros autores, pelo desenvolvimento da psicologia transpessoal, é pesquisador revolucionário dos estados de consciência de nosso século, inscrevendo-se definitivamente ao lado de Freud, Jung e outros pensadores. É chefe de pesquisa psiquiátrica no Maryland Psychiatric Research Center e professor-assistente de psiquiatria na Johns Hopkins University School of Medicine. Atualmente é professor residente no Instituto Esalen.

Trabalhos publicados: Tem numerosas obras publicadas, entre as quais destacam-se *Beyond the brain* (Além do cérebro) e *Além da morte*.

Estudo de casos: Investiga há trinta anos estados alterados de consciência, com uma grande casuística.

7) Patrick Drouot

Qualificação: Doutor em Ciências pela Universidade de Columbia, EUA.

Trabalhos publicados: *Nous sommes immortels* (Somos imortais) e *La reincarnation face à la nouvelle physique* (A reencarnação face à nova física).

Estudo de casos: Participou durante seis anos das pesquisas americanas sobre estados de consciência alterados e tem uma casuística de mais de mil casos, com a realização de 2.500 sessões individuais. *Conclusão*: "A reencarnação é uma teoria a ser levada em consideração nos estados alterados de consciência".

Além de P. Drouot, e dentro da psicologia transpessoal, citamos ainda Jéan-Louis Siémons e Carla A. Visha.

8) Roberto Assagioli

Qualificação: Criador da psicossíntese, uma forma espiritual de psicologia transpessoal que tem por objetivo a formação ou reconstrução da própria personalidade em torno do eu permanente. A psicossíntese é usada na Terapia de Vida Passada.

Pistas condutoras ao estudo científico e clínico que podem ser sugestivas de reencarnação

1) Lembranças espontâneas em crianças e adultos
2) Lembranças de fatos já vividos por crianças ou adultos
3) Lembranças do mundo espiritual em crianças ou adultos
4) Memórias em adultos iniciadas na infância
5) Recordações por semelhança
6) Memórias causadas por situações similares
7) Memórias despertadas por estados doentios
   a) estados pré-agônicos
   b) delírios
   c) alucinações, etc.
8) Psicanálise profunda
9) Experiências com mesmerismo
10) Experiências com hipnotismo
11) Experiências com letargia
12) Relaxamento e hipnose superficial
13) Outras técnicas de regressão
14) Ações farmacológicas
   a) drogas hipnóticas
   b) alucinógenos
15) Projeção astral
16) Traumas violentos
17) Sonhos

a) comuns
b) incomuns
c) recorrentes
d) anunciadores
e) premonitórios
18) Conhecimento paranormal em crianças e adultos
19) Crianças que referem a presença de "amigos e tias"
20) Visões do passado
21) "Flashes"
22) Conhecimento por via paranormal
23) Informações de videntes
24) Sensitivos com lembranças de estados de consciência alterados
25) Sensitivos com memória da própria existência
26) Sensitivos com memória da existência de outros
27) Sensitivos em transe
28) Predição de renascimento
29) Estados de êxtase (*samadhi*)
30) Transe com emersão da personalidade anterior
31) Emersão espontânea da personalidade anterior
32) Meditação
33) Crianças cônscias do renascimento
34) Obsessões e reencarnação
35) A reencarnação e as perturbações físicas, emocionais e mentais
36) As habilidades
37) As qualidades
38) Defeitos
39) Talentos
40) Modos de ser
41) Características psicológicas trazidas de vidas passadas
42) Transexualismo
43) Homossexualidade masculina e feminina
44) Casos mistos
45) Carma
46) Personalidades proeminentes
47) Defeitos congênitos
48) Marcas de nascença (*birthmarks*)
49) Atrações imediatas incompreensíveis
50) Superdotados
51) Reconhecimento de personagens ligados à vida anterior
52) Informações da própria personalidade reencarnante, antes ou depois da morte, anunciando o regresso.
53) Genialidade
54) Taras

55) Tendências e paixões
56) Mulheres estéreis
57) Subdotados
58) Crianças prodígio
59) Dotes naturais para diversas atividades
60) Recordações vinculadas a marcas de nascimento
61) Fobias
   A) Pantofobias
   B) Monofobias
      a) fobias de objetos
      b) topofobias (medo de lugares)
      c) fobia dos elementos
      d) nosofobias (medo de doenças)
      e) fisiofobias (medo de atos fisiológicos)
      f) fobia de seres vivos
62) "Déjà-vu"
63) Impressões visuais
64) O já ouvido
65) Xenoglossia em crianças, principalmente, e em adultos
66) Sons ou ruídos que provocam lembranças anteriores
67) Sensações de toque físico
68) O já falado
      a) palavras estranhas
      b) repetição constante de palavras ou frases
69) Impressões estranhas
70) Antipatias e simpatias sem causa aparente
71) Gêmeos univitelinos
72) Partos falhos
73) Gravidezes que nunca chegam a termo
74) Hostilidades familiares
75) Órfãos
76) Celibatários
77) Infidelidade
78) Divorciados
79) Acidentes
80) Doenças congênitas e hereditárias
81) A herança psíquica
82) Personalidades múltiplas
83) Impressões digitais da vida atual e da anterior
84) O instinto maternal
85) Odores que provocam lembranças anteriores etc.

    Estas pistas servem como roteiros para a investigação científica formal ou clínica propriamente dita, que o investigador, tanto num campo como no outro, de acordo com o histórico, os sinais e sintomas e outras características dos casos estudados, leva em consideração em suas pesquisas ou no tratamento de pacientes portadores de distúrbios tais como:

— psíquicos,
— psicossomáticos,
— orgânicos,
— comportamentais.

Ao terminar a citação das pistas, quero dizer algumas palavras a respeito daqueles que, aqui no Brasil ou em outras partes do mundo, aplicam de maneira séria e honesta a terapia de vivências passadas (fases mais precoces da vida, infância, vida intra-uterina e vidas passadas), médicos ou psicólogos pioneiros que estão propagando esta nova técnica de psicologia transpessoal a todos os recantos do planeta, e de cujas fileiras sairão outros investigadores, formais ou clínicos, que se somarão progressivamente aos já existentes e paulatinamente levarão para as universidades uma técnica terapêutica que já existiu em civilizações que se perderam na poeira dos tempos...

Associações

As associações de terapia regressiva a vivências passadas, mesmo as de caráter estritamente científico, multiplicam-se cada vez mais com dupla finalidade — pesquisa pura e tratamento de pacientes portadores de distúrbios de natureza diversa —, com recolhimento de dados que vão enriquecendo progressivamente o arsenal de provas sugestivas de reencarnação. Estão espalhadas em vários países e começam a difundir-se por todo o mundo. Citaremos algumas de nosso conhecimento, cujos nomes e endereços são os seguintes:

1) Association for Past-Life Research and Therapy, Inc. (APRT) P.O. Box 20151 Riverside, California 92516, USA;

2) Association for the Alignment of Past Life Experience (AA-PLE), 2130 Hungtington Drive, Suite 311 - South Pasadena, CA 91030, USA;

3) Lorian Association (LA) David Spangler, P.O. Box 663. Issaquah, Washington, 98027, USA;

4) The Association for Transpersonal Psychology (ATP), P.O. Box 3049, Stanford, California 94305, USA;

5) Brain Mind (BM), P.O. Box 42211, Los Angeles, California 90042, USA;

6) Department of Parapsychology University of Virginia (DPUU), Charlottesville, Virginia 22901, USA;

7) Department of Parapsychology, Colorado State University (DPCSU), Fort Collins, Co., USA;

188

8) Associação Brasileira de Terapia de Vida Passada (ABTVP), Rua Goiás, 193, S. Paulo, Brasil;
9) Instituto Nacional de Terapia de Vivências Passadas (INTVP), Rua Maestro Cardim, 887, 1º andar, S. Paulo, Brasil;
10) Université Populaire de Paris (UPP), 48, Rue de Ponthieu 75008, Paris, França;
11) Institut Karma Ling (IKL), Ancienne Chartreuse de Saint Hugo 73110, Arvillard, França;
12) Instituto Brasileiro de Pesquisas Psicobiofísicas (IBPP), São Paulo, Brasil.

Conclusão final

Chego ao fim deste capítulo, após uma exposição sucinta e abrangente das investigações científicas e clínico-terapêuticas sugestivas de reencarnação.

Assim como Freud abriu a porta do inconsciente, os novos Freuds começam a enveredar pelas longas avenidas da memória extracerebral e dos estados alterados de consciência, no sentido de melhorar ou resolver problemas emocionais e mentais e esclarecer o destino do ser humano após a morte.

A morte é início ou é fim? Primeiro ou último capítulo?

A esta altura, uma pergunta decorre da interrogação acima: Existe a reencarnação? A reencarnação é um fato ou uma falácia?

Os investigadores estariam perseguindo o planeta Vênus, como foi dito a respeito do capitão Mantel quando seguia um objeto aéreo não identificado?

Será que todos eles são míopes e confundem uma manada de bois com um trem que passa ao longe?

Se dissermos que sim, estaremos afirmando que todos são vítimas inocentes de fatos ilusórios e presas de uma síndrome denominada "alucinação reencarnatória".

Será que dentre todos esses estudiosos da teoria da reencarnação não existe um que tenha percebido, após uma longa pesquisa, o engodo armado pelas religiões e escolas filosóficas que pregam a palingenesia?

Se aceitarmos esta tese, estaremos admitindo que todos foram diplomados nas mais diversas especialidades por universidades que dão atestados de aptidão a indivíduos ineptos. Essas faculdades, formadas, por sua vez, por ilustres catedráticos, não passam de organizações incompetentes em suas funções, pois, durante anos e anos, engoliram com leviandade a pseudocompetência desses senhores assim chamados universitários, para, no fim do curso, lhes outorgar um diploma que os considerou aptos ao exercício de suas respectivas especialidades.

Acredito que isto é impossível, e penso que a maioria concordará com esta conclusão.

Se optarmos pelo contrário, isto é, pelo interesse puro e simples de verificação da autenticidade ou não de uma teoria, estaremos admitindo que onde há fumaça há fogo!

Para comprovar se atrás da fumaça há fogo é necessário lançar mão de uma metodologia extensa e difícil, pô-la em prática, verificar suas vantagens e desvantagens, pesar estes elementos, examinar se confirmam ou não a eficácia da metodologia escolhida. Uma vez posta em andamento essa metodologia, surge uma série de implicações que exigem um espírito de observação acurado, trabalho intenso e constante, contornando os mais variados obstáculos, além da necessidade de deslocar alguns investigadores de seus respectivos ambientes de trabalho para outros locais, muitas vezes distantes, onde possam colher dados que venham ou não corroborar suas hipóteses de trabalho.

Tudo isto exige suor, sangue e lágrimas, dadas as dificuldades inerentes a uma investigação num terreno movediço.

Após anos de trabalho e pesquisa, muita coisa é rejeitada por falta de dados e a bem da verdade.

Entretanto, é prudente eliminar mil casos incompletos e conservar um único sugestivo. É heróico chegar ao fim de uma pesquisa e afirmar que seu objeto é uma falácia. É estultice sustentar uma teoria que não esteja alicerçada em fatos.

Tudo isto foi dito para mostrar que estes valorosos investigadores estão enxergando ao longe a nesga de verdade desta teoria. Segundo um professor de filosofia oriental, os ocidentais precisam de mais meditação e menos experimentação, e os orientais, de mais experimentação e menos meditação. Com isto ele quer sugerir a criação de uma filosofia universal que estabeleça o elo que ligará Ocidente e Oriente, pois a ciência está chegando hoje à conclusão de que os grandes meditadores orientais atingiram, através da introspecção, verdades científicas que os ocidentais alcançam através da experimentação, expressão máxima do método indutivo.

Se as pesquisas que já se realizaram a respeito da reencarnação não contivessem elementos sugestivos, teriam desaparecido da memória extracerebral do tempo, como os cérebros que pertenceram a essas memórias desapareceram na poeira dos túmulos...

Seguindo o rasto da fumaça, esses investigadores perceberam que atrás dela havia fogo, isto é, elementos dignos de serem estudados. Descobriram também que, depois de passá-los por uma peneira analítica, restaram algumas "brasinhas" que não se apagaram e provavelmente nunca se apagarão. Estas brasinhas são o que prudentemente se convencionou chamar de "elementos sugestivos", porque realmente ninguém até hoje conseguiu provar indiscutivelmente a teoria da reencarnação. Entretanto, é preciso levar em consideração que o resultado das pesquisas realizadas até hoje constituiu um passo gigantesco e abre novos caminhos para investigações mais amplas e de âmbito universitário, como as das universidades da Virginia e do Colorado, nos Estados Unidos.

Da mesma maneira que Rhine e outros introduziram a parapsicologia em ambientes universitários, a teoria da reencarnação, que constitui um fato histórico, religioso, filosófico e atualmente começa a ser científico, entrará um dia nas universidades, para estudos mais amplos e profundos, cuja perspectiva mudará o destino da humanidade.

Bibliografia

1) ALBERTSON, M.L. & FREEMAN, K.P. — *Research related to reincarnation*, Colorado State University, Fort Collins, Co., Proceedings of the International Conference on Paranormal Research, USA, July 7-10, 1988.

2) ANDRADE, H.G. - *Reencarnação no Brasil*. Matão, O Clarim, 1988.

3) ANDRADE, H.G. - *Reencarnação — Sua aceitação pelo oficialismo científico.*

4) BANERJEE, H.N. - *The once and future*. Nova York, Dell Publishing Co., 1979. *Vida pretérita e futura*. Trad. S. Monteiro. São Paulo, Nórdica, 1979.

5) CHAN, WING-TSIT; GONGER, G.P.; TAKADUSU, J.; SUZUKI, D.T.; SAKAMAKI, S. - *Philosophy — East and West*. Princeton University Press, 1944. *Filosofia del Oriente*. Trad. de J.H. Campos y Portilla. México - B. Aires, Fondo de Cultura Econômica, 1950.

6) CROLARD, J.-F. — *Renaître aprés la mort*. Paris, R. Laffont, 1979. *Renascer após a morte*. Porto, Ed. E. América, s/d.

7) DELANNE, G. — *A reencarnação*. Trad. C. Imbassahy. Rio, F.E.B.

8) DHUROUT, E. — *Claude Bernard*. Paris, Press. Univ. de France, 1947.

9) DROUOT, P. — *Nous sommes imortels*. La reincarnation face à la nouvelle physique. Paris, Garancière, 1987.

10) DUNCAN, C.M. — *Reencarnação*. Fatos e teoria. Trad. D.J. Junior. Tecnoprint, 1984.

11) FERREIRA, I. — *A psiquiatria em face da reencarnação*. São Paulo, FEESP, 1987.

12) FIORE, E. — *You have been here before*. Nova York, Coward, McCann & Geoghegan, 1978. *Já vivemos antes*. Porto, Ed. América, s/d.

13) GIUDICISSI, R. — *La reincarnacion, un impulso social*. Barcelona, Muñoz Moya y Montraveta, 1985.

14) GRANJA, P. — *Afinal quem somos?* São Paulo, Brasiliense, 1951, 2ª ed.

15) GRANONE, F. — *Tratato di ipnosi (sofrologia)*. Turim, Boringhieri,

s. — p.a. 2ª ed. *Tratado de hipnosis (sofrologia)*. Trad. F.C. Cristo. Barcelona, Cient. Médica, 1973.

16) GARCIA, V.P.S. — *Aspectos transpessoais*.

17) GROF, S. — *Beyond the brain. Birth, death and transcendence in Psychotherapy*. University of New York, Albany, 1985. *Além do cérebro. Nascimento, morte e transcendência em Psicoterapia*. Trad. W. de O. Roselli. São Paulo, McGraw Hill, 1988.

18) HOLZER — *A verdade sobre a reencarnação*. Trad. de Lemos. S. Paulo, Record, 1970.

19) IMBASSAHY, C.; Melo, M. C. — *A reencarnação e suas provas*. Curitiba, Liv. F.E.P. s/d.

20) IMBASSAHY, C. — *Ciência metapsíquica*. Rio de Janeiro, Mundo Espírita, 1949.

21) LACERDA, N. — *A reencarnação através dos séculos*. São Paulo, Pensamento, s/d.

22) LEAL, O.J. — *Vidas anteriores*. Salvador, Odean Ltda., s/d.

23) LECTORIUM ROSICRUCIANUM — *Escola Internacional dos Rosacruzes*: Bakenessergracht 11, Haarlem, Holanda.

24) LELLO, J.; LELLO, E. — *Lello universal, dic. enc. luso-brasileiro*. Porto, Lello & Irmão, 4 vols.

25) MIRANDA, H.C. — *Reencarnação e imortalidade*. Rio de Janeiro, FEB, 1975. *A memória e o tempo*. 2ª ed. São Paulo, Edicel, 1986.

26) MOODY, R. — *Life after life*. Nova York, Mockingbird Books, 1975 e 1979.

27) MULLER, K.E. — *Reencarnation based on facts*. Londres, Psychic Press Ltd., 1970. *Reencarnação baseada em fatos*. 4ª ed. São Paulo, Edicel, 1978.

28) NETHERTON, M. & SHIFRIN, N. — *Past lives therapy*. Nova York, Morrow, 1978. *Vidas passadas em terapia*. Itapetininga, Araí-Ju, 1984.

29) PAULA, J.T. de — *Dic. enc. ilust. de espiritismo, metapsíquica e parapsicologia*. São Paulo, Bels, 1976.

30) PERES, M. J. P. M. P. — "Noções sumárias sobre terapia regressiva a vivências passadas", apostila, São Paulo, 1983.

31) RAVIGNANT, P. — *La reincarnation*. Paris, M.A., 1983. *A reencarnação*. São Paulo, Martins Fontes, 1986.

32) STEVENSON, I. — *Twenty cases suggestive of reincarnation*. Proceedings of the American Society for Psychical Research. Nova York, 1986, vol. XXVI. *Vinte casos sugestivos de reencarnação*. Trad. A. Pegado e S.M.P. da Silva. Superv. H.G. Andrade. São Paulo, Dif. Cult., 1970.

33) WAMBACH, H. — *Life before life*. Nova York, Bantam Books, Inc., 1970. *Recordando vidas passadas*. São Paulo, Pensamento, 1978.

Biografias

Livio Tulio Pincherle nasceu em Trieste, Itália, em 1924. Chegou ao Brasil em 1939. Formou-se médico pela Escola Paulista de Medicina em 1950 e passou a trabalhar no Hospital das Clínicas da Faculdade de Medicina da Universidade de São Paulo. Assumiu a cidadania brasileira em 1951. Aposentou-se após quarenta anos de trabalho, inicialmente como médico alergista da clínica pediátrica e mais tarde dedicando-se à psiquiatria como chefe do Grupo de Modificações do Comportamento do Instituto da Criança Prof. Pedro de Alcântara (FMUSP). Deu inúmeros cursos de hipnose médica. Pertenceu ao primeiro grupo que introduziu a análise transacional entre nós. Aprovado por banca internacional, foi *provisional teaching member* nessa matéria. Foi presidente do Instituto Brasileiro de Análise Transacional e mais tarde primeiro-secretário e ainda presidente da comissão de ética da União Nacional das Associações de Análise Transacional. Como hipnólogo, interessou-se pela terapia de regressão, tendo sido eleito, em 1987, o primeiro presidente da Associação Brasileira de Terapia de Vida Passada, da qual é sócio fundador e didata, e cuja presidência voltou a ocupar em 1989. Tem diversos trabalhos publicados em revistas nacionais e estrangeiras e é co-autor do livro *Psicoterapias e estados de transe*. Tem trinta e dois anos de experiência em hipnologia e nove em psicoterapia de vida passada.

Maria Elisa dos Santos nasceu em São Paulo, formou-se em pedagogia no ano de 1978, sendo orientadora educacional. É técnica especializada do Instituto Astronômico e Geofísico da Universidade de São Paulo. Formou-se posteriormente em psicologia em 1983, pelas Faculdades Metropolitanas Unidas. Está em formação para membro clínico da UNAT em análise transacional. Estudou TVP com o dr. Morris Netherton, com a dra. E. Fiore e Hans Ten Dam. Foi eleita secretária-geral da Associação Brasileira de TVP, da qual é membro fundador e didata.
É psicóloga clínica do "Espaço Reviver", em São Paulo.

Dirce Barsottini é psicóloga clínica pela PUCSP e Active membership of Association for Past-life Research and Therapy, CA-USA. É membro didata da Associação Brasileira de Terapia de Vida Passada. Tem curso e treinamento em Past Lives Therapy, em São Paulo, com Morris Netherton, em 1982, 1983 e 1986. Fez cursos de técnicas e metodologias de regressão, em São Paulo, com Hans Wolfgang Ten Dam, em 1988 e 1989. É co-autora, juntamente com o dr. Livio Pincherle, de: "Hipnose regressiva: sua relação com AT e Terapia de Vidas Passadas", apresentação no VII Congresso Brasileiro de Análise Transacional, em São Paulo, em maio de 1984. É autora de: "Contribuições ao emprego da técnica em Terapia de Vidas Passadas (Past Lives Therapy)", apresentado no I Congresso Internacional de Terapias Alternativas, São Paulo, fevereiro de 1985, e de "Terapia das Vidas Passadas, reencarnação e ciência", publicado no livro *Psicoterapia e estados de transe*, editado pela Summus Editorial em 1985. É co-autora, juntamente com o dr. Livio T. Pincherle, de "Memórias dos primórdios da vida", apresentação no I Congresso Holístico Internacional, Brasília, março de 1987. (Adaptado para publicação na *Revista de Pediatria*, 10:42-44, São Paulo, 1988.)

Dra. Maria Teodora Guimarães é médica psiquiatra, diretora científica e membro didata da Associação Brasileira de Terapia de Vida Passada. É membro clínico avançado em análise transacional pela International Transactional Analysis Association e União Nacional de Análise Transacional. Fez cursos sobre terapia para pacientes psicóticos em análise transacional no Cathexis Institute, Califórnia, USA; cursos de formação, treinamento e técnicas em Terapia de Vida Passada com Morris Netherton, Hans Wolfgang Ten Dam e na Assocation for Past-Life Research and Therapy, Califórnia, USA. É active membership of APRT, Califórnia, USA. Fez trabalho em psicoterapia com pacientes psicóticos em grupos (AT) e individual (TVP) há 9 e 5 anos e é autora de catorze trabalhos apresentados em congressos médicos psiquiátricos desde 1973.

Hermínia Prado Godoy é psicóloga formada em 1978 pelo Instituto Unificado Paulista — Faculdade Objetivo. Analista transacional pela União Nacional de Análise Transacional. Especializada no tratamento de adolescentes, casais e famílias. Membro fundador e didata da Associação Brasileira de Terapia de Vida Passada, onde ocupa o cargo de tesoureira. Fez sua formação em TVP com Morris Netherton, em 1986, e com Hans Wolfgang Ten Dam, em 1987-89. Clinica em São Paulo.

Ricardo Mazzonetto é psicólogo há doze anos. Formado pela Universidade de Guarulhos, SP (UnG), tem experiência nas áreas clínica, educacional e do trabalho. Professor universitário desde 1980, iniciou suas atividades no ensino da parapsicologia a partir de 1986. Ministrou conferências em várias entidades. É articulista da *Folha Metropolitana* de Guarulhos, onde escreve artigos na coluna de parapsicologia. É membro fundador da Associação Brasileira de Terapia Vida Passada e diretor do Centro de Pesquisas da Consciência (CPC), uma entidade voltada para o ensino e a pesquisa em parapsicologia.

Tirço José Merluzzi Filho é médico formado pela Faculdade de Medicina de Jundiaí em 1979, especialista em psiquiatria, homeopatia e medicina legal. Médico psiquiatra do Ambulatório Regional de Saúde Mental de São José do Rio Preto e do Centro de Saúde 1 de Fernandópolis, Secretaria de Saúde do Estado do Paraná.
Terapeuta clínico em TVP pela Associação Brasileira de Terapia de Vida Passada.

Michel C. Maluf é médico psiquiatra pela Faculdade de Medicina da Universidade de São Paulo, em 1951, e especialista em psiquiatria pelos Conselhos Regional, Federal e Latino-Americano de Psiquiatria sob o n.º 358. É hipno e psicoterapeuta, membro da Associação Brasileira e Paulista de Medicina e da Associação Brasileira de Psiquiatria, membro-didata e vice-presidente da Associação Brasileira de Terapia de Vida Passada, psiquiatra da higiene mental da Secretaria de Saúde do Estado.

NOVAS BUSCAS EM PSICOTERAPIA
VOLUMES PUBLICADOS

1. *Tornar-se presente* — Experimentos de crescimento em Gestalt-terapia — John O. Stevens.
2. *Gestalt-terapia explicada* — Frederick S. Perls.
3. *Isto é Gestalt* — John O. Stevens (org.).
4. *O corpo em terapia* — a abordagem bioenergética — Alexander Lowen.
5. *Consciência pelo movimento* — Moshe Feldenkrais.
6. *Não apresse o rio (Ele corre sozinho)* — Barry Stevens.
7. *Escarafunchando Fritz* — dentro e fora da lata de lixo — Frederick S. Perls.
8. *Caso Nora* — consciência corporal como fator terapêutico — Moshe Feldenkrais.
9. *Na noite passada eu sonhei...* — Medard Boss.
10. *Expansão e recolhimento* — a essência do t'ai chi — Al Chung-liang Huang.
11. *O corpo traído* — Alexander Lowen.
12. *Descobrindo crianças* — a abordagem gestáltica com crianças e adolescentes — Violet Oaklander.
13. *O labirinto humano* — causas do bloqueio da energia sexual — Elsworth F. Baker.
14. *O psicodrama* — aplicações da técnica psicodramática — Dalmiro M. Bustos e colaboradores.
15. *Bioenergética* — Alexander Lowen.
16. *Os sonhos e o desenvolvimento da personalidade* — Ernest Lawrence Rossi.

17. *Sapos em príncipes* — programação neurolingüística — Richard Bandler e John Grinder.
18. *As psicoterapias hoje* — algumas abordagens — Ieda Porchat (org.)
19. *O corpo em depressão* — as bases biológicas da fé e da realidade — Alexander Lowen.
20. *Fundamentos do psicodrama* — J. L. Moreno.
21. *Atravessando* — passagens em psicoterapia — Richard Bandler e John Grinder.
22. *Gestalt e grupos* — *uma perspectiva sistêmica* — Therese A. Tellegen.
23. *A formação profissional do psicoterapeuta* — Elenir Rosa Golin Cardoso.
24. *Gestalt-terapia: refazendo um caminho* — Jorge Ponciano Ribeiro.
25. *Jung* — Elie J. Humbert.
26. *Ser terapeuta* — depoimentos — Ieda Porchat e Paulo Barros (orgs.)
27. *Resignificando* — *programação neurolingüística e a transformação do significado* — Richard Bandler e John Grinder.
28. *Ida Rolf fala sobre Rolfing e a realidade física* — Rosemary Feitis (org.)
29. *Terapia familiar breve* — Steve de Shazer.
30. *Corpo virtual* — *reflexões sobre a clínica psicoterápica* — Carlos R. Briganti.
31. *Terapia familiar e de casal* — *introdução às abordagens sistêmica e psicanalítica* — Vera L. Lamanno Calil.
32. *Usando sua mente* — *as coisas que você não sabe que não sabe* — Richard Bandler.
33. *Wilhelm Reich e a orgonomia* — Ola Raknes.
34. *Tocar* — *o significado humano da pele* — Ashley Montagu.
35. *Vida e movimento* — Moshe Feldenkrais.
36. *O corpo revela* — *um guia para a leitura corporal* — Ron Kurtz e Hector Prestera.
37. *Corpo sofrido e mal-amado* — *as experiências da mulher com o próprio corpo* — Lucy Penna.
38. *Sol da Terra* — *o uso do barro em psicoterapia* — Álvaro de Pinheiro Gouvêa.
39. *O corpo onírico* — *o papel do corpo no revelar do si-mesmo* — Arnold Mindell.
40. *A terapia mais breve possível* — *avanços em práticas psicanalíticas* — Sophia Rozzanna Caracushansky.
41. *Trabalhando com o corpo onírico* — Arnold Mindell.
42. *Terapia de vida passada* — Livio Tulio Pincherle (org.).
43. *O caminho do rio* — *a ciência do processo do corpo onírico* — Arnold Mindell.

44. *Terapia não-convencional — as técnicas psiquiátricas de Milton H. Erickson —* Jay Haley.

45. *O fio das palavras — um estudo de psicoterapia existencial —* Luiz A.G. Cancello.

46. *O corpo onírico nos relacionamentos —* Arnold Mindell.

47. *Padrões de distresse — agressões emocionais e forma humana —* Stanley Keleman.

48. *Imagens do self — o processo terapêutico na caixa-de-areia —* Estelle L. Weinrib.

49. *Um e um são três — o casal se auto-revela —* Philippe Caillé

50. *Narciso, a bruxa, o terapeuta elefante e outras histórias psi —* Paulo Barros

51. *O dilema da psicologia — o olhar de um psicólogo sobre sua complicada profissão —* Lawrence LeShan

52. *Trabalho corporal intuitivo — uma* abordagem Reichiana — Loil Neidhoefer

53. *Cem anos de psicoterapia... — e o mundo está cada vez pior —* James Hillman e Michael Ventura.

54. *Saúde e plenitude: um caminho para o ser —* Roberto Crema.

55. *Arteterapia para famílias — abordagens integrativas —* Shirley Riley e Cathy A. Malchiodi.

56. *Luto — estudos sobre a perda na vida adulta —* Colin Murray Parkes.

57. *O despertar do tigre — curando o trauma —* Peter A. Levine com Ann Frederick.

58. *Dor — um estudo multidisciplinar —* Maria Margarida M. J. de Carvalho (org.).

59. *Terapia familiar em transformação —* Mony Elkaïm (org.).

60. *Luto materno e psicoterapia breve —* Neli Klix Freitas.

61. *A busca da elegância em psicoterapia — uma abordagem gestáltica com casais, famílias e sistemas íntimos —* Joseph C. Zinker.

62. *Percursos em arteterapia — arteterapia gestáltica, arte em psicoterapia, supervisão em arteterapia —* Selma Ciornai (org.)

63. *Percursos em arteterapia — ateliê terapêutico, arteterapia no trabalho comunitário, trabalho plástico e linguagem expressiva, arteterapia e história da arte —* Selma Ciornai (org.)

64. *Percursos em arteterapia — arteterapia e educação, arteterapia e saúde —* Selma Ciornai (org.)

IMPRESSO NA
sumago gráfica editorial ltda
rua itauna, 789 vila maria
02111-031 são paulo sp
telefax 11 **6955 5636**
sumago@terra.com.br

------- dobre aqui -------

CARTA-RESPOSTA
NÃO É NECESSÁRIO SELAR

O SELO SERÁ PAGO POR

AC AVENIDA DUQUE DE CAXIAS
01214-999 São Paulo/SP

------- dobre aqui -------

TERAPIA DE VIDA PASSADA

summus editorial

CADASTRO PARA MALA-DIRETA

**Recorte ou reproduza esta ficha de cadastro, envie completamente preenchida por correio ou fax,
e receba informações atualizadas sobre nossos livros.**

Nome: _____ Empresa: _____

Endereço: ☐ Res. ☐ Coml. _____ Bairro: _____

CEP: _____-_____ Cidade: _____ Estado: _____ Tel.: (   ) _____

Fax: (   ) _____ E-mail: _____ Data de nascimento: _____

Profissão: _____ Professor? ☐ Sim ☐ Não Disciplina: _____

1. Você compra livros:
☐ Livrarias   ☐ Feiras
☐ Telefone   ☐ Correios
☐ Internet   ☐ Outros. Especificar: _____

2. Onde você comprou este livro?
_____

3. Você busca informações para adquirir livros:
☐ Jornais   ☐ Amigos
☐ Revistas   ☐ Internet
☐ Professores ☐ Outros. Especificar: _____

4. Áreas de interesse:
☐ Educação   ☐ Administração, RH
☐ Psicologia   ☐ Comunicação
☐ Corpo, Movimento, Saúde   ☐ Literatura, Poesia, Ensaios
☐ Comportamento   ☐ Viagens, *Hobby*, Lazer
☐ PNL (Programação Neurolingüística)

5. Nestas áreas, alguma sugestão para novos títulos?
_____

6. Gostaria de receber o catálogo da editora? ☐ Sim ☐ Não

7. Gostaria de receber o Informativo Summus? ☐ Sim ☐ Não

Indique um amigo que gostaria de receber a nossa mala-direta

Nome: _____ Empresa: _____

Endereço: ☐ Res. ☐ Coml. _____ Bairro: _____

CEP: _____-_____ Cidade: _____ Estado: _____ Tel.: (   ) _____

Fax: (   ) _____ E-mail: _____ Data de nascimento: _____

Profissão: _____ Professor? ☐ Sim ☐ Não Disciplina: _____

summus editorial
Rua Itapicuru, 613 – 7º andar   05006-000   São Paulo - SP   Brasil   Tel.: (11) 3872 3322   Fax: (11) 3872 7476
Internet: http://www.summus.com.br   e-mail: summus@summus.com.br

cole aqui